The Catalyst • Jonah Berger

New York Times-Bestsellerautor
JONAH BERGER

THE CATALYST

DER ÜBERZEUGUNGSKÜNSTLER

So ändern Sie
jedermanns Meinung

BOOKS4SUCCESS

Die Originalausgabe erschien unter dem Titel
THE CATALYST: How to Change Anyone's Mind bei Simon & Schuster
ISBN 978-1-9821-0860-1

Übersetzung: Frank Sievers
Gestaltung Cover: Daniela Freitag
Gestaltung, Satz und Herstellung: Timo Boethelt
Lektorat: Sebastian Politz
Druck: GGP Media GmbH, Pößneck

ISBN 978-3-86470-834-3

Bibliografische Information der Deutschen Nationalbibliothek:
Die Deutsche Nationalbibliothek verzeichnet diese Publikation in der Deutschen Nationalbibliografie; detaillierte bibliografische Daten sind im Internet über <http://dnb.d-nb.de> abrufbar.

BÖRSEN MEDIEN
AKTIENGESELLSCHAFT

Postfach 1449 • 95305 Kulmbach
Tel: +49 9221 9051-0 • Fax: +49 9221 9051-4444
E-Mail: buecher@boersenmedien.de
www.books4success.de
www.facebook.com/plassenbuchverlage
www.instagram.com/plassen_buchverlage

Für
Jordan, Jasper, Zoë und Little Pico,
weil sie mein Leben auf die beste Art und Weise
geändert haben

INHALT

EINLEITUNG

Als Agent des FBI war Greg Vecchi auf internationalen Drogenhandel, Geldwäsche und Erpressung spezialisiert. Viele Leute, mit denen er zu tun hatte, waren harte, gewalttätige Berufsverbrecher. Typen, die Helikopter an das Medellín-Kartell verkauften oder sich alte russische U-Boote besorgten, um Kokain von Kolumbien in die USA zu schmuggeln.

Einmal überwachte Greg drei Jahre lang das Telefon eines Verdächtigen der russischen Mafia und sammelte penibel alle Informationen, um genügend Beweismaterial zu haben und ihn dingfest zu machen. Als der Haftbefehl erlassen wurde, berief Greg ein Sondereinsatzkommando: Dutzende stämmige Kerle in voller Montur, die das Haus des Verdächtigen stürmen, die bösen Jungs festnehmen und die Beweise einsammeln sollten.

Als er sein Team über die Situation informierte, nannte er auch mögliche Schwierigkeiten. Der Verdächtige könnte bewaffnet sein und war in jedem Fall gefährlich. Greg entwickelte mit dem Sondereinsatzkommando einen Plan, bei dem kein Fehler passieren durfte. Es musste alles richtig gemacht werden, sonst würde die Lage sehr schnell eskalieren.

Am Ende der Sitzung verließen alle den Raum, bis auf einen Mann. Er war Greg schon vorher aufgefallen. In einem Raum voller Kommandosoldaten wirkte er irgendwie deplatziert. Er war dick, kleinwüchsig und kahl und hatte mit den anderen, kantigen Typen in seinem Team wenig gemeinsam.

„Erzählen Sie mir mehr über ihn", bat der Mann. „Ich will mehr über ihn wissen."

„Ich weiß nicht, was Sie meinen", erwiderte Greg. „Das habe ich doch gerade getan. Ich habe doch gerade erklärt, ich habe hier eine dicke Akte mit ..."

„Nein. Nein, nein, nein", wandte der Mann ein. „Ich meine nicht seine kriminelle Vergangenheit. Ich meine nicht, was er früher schon Schlimmes angestellt hat. Sie haben ihn doch abgehört, richtig?"

„Ja", sagte Greg.

„Was ist er für ein Mensch?", fragte der Mann.

„Was meinen Sie mit ‚was ist er für ein Mensch'?"

„Was macht er? Was hat er für Hobbys? Erzählen Sie mir was über seine Familie. Hat er ein Haustier?"

Ob der Verdächtige ein Haustier hat?, dachte Greg. *Wir hetzen diesem Kerl eine paramilitärische Einheit auf den Hals und Sie wollen wissen, ob er ein Haustier hat? Was soll der Quatsch? Kein Wunder, dass im Kommando keiner mit dem Typen zu tun haben will.*

Dennoch stellte ihm Greg brav alle Informationen zur Verfügung und sammelte dann seine Papiere ein.

„Noch eine letzte Frage", sagte der Mann. „Der Verdächtige ist gerade zu Hause, oder?"

„Ja", antwortete Greg.

„Dann geben Sie mir bitte seine Telefonnummer", sagte der Mann und ging zur Tür hinaus.

Schließlich kam der Zeitpunkt der Verhaftung. Das Sondereinsatzkommando stand bereit. In einer Reihe vor dem Gebäude, einer hinter dem anderen, jederzeit bereit, die Tür einzutreten. Ganz in Schwarz gekleidet, das Schutzschild vor der Brust, die Waffe gezogen. „In Deckung! In Deckung!", würden sie rufen, bevor sie ins Haus stürmten und sich den Verdächtigen schnappten.

Aber die Uhr tickte und das Kommando stand immer noch vor der Tür. Die Minuten verstrichen. Minute um Minute.

Plötzlich bekam Greg Angst. Niemand kannte den Verdächtigen besser als er. Er hatte gehört, wie er mit seinen Freunden und Partnern gesprochen hatte. Dieser Mann war gefährlich. Er würde sie alle töten, wenn er es konnte. Er war in Russland im Gefängnis gewesen und hatte keinerlei Angst vor Gewalt.

Da ging die Tür auf.

Der Verdächtige kam heraus. Mit erhobenen Händen.

Greg war sprachlos. Seit Jahren arbeitete er im Gesetzesvollzug. Erst als Sonderermittler für die U.S. Army und das Landwirtschaftsministerium. Dann hatte er als verdeckter Ermittler im ganzen Land gearbeitet und zuletzt an der Grenze zu Mexiko, wo er für die Antikorruptionsbehörde tätig war. Er hatte wirklich reichlich Erfahrung. Aber dass ein solcher Typ aus freien Stücken aus seinem Haus kam und sich ohne Gegenwehr verhaften ließ? So was hatte er noch nicht erlebt.

Dann fiel ihm ein: Der kleine kahle Mann, mit dem er geredet hatte, war Verhandlungsführer bei Geiselnahmen. Und genau dieser Mann hatte den Verdächtigen von etwas überzeugt, was niemand für möglich gehalten hätte: dass er sich am helllichten Tag den Behörden stellte, ohne sich zur Wehr zu setzen.

Wahnsinn, dachte Greg. *Das will ich auch können.*

Inzwischen arbeitet Greg seit über 20 Jahren als Verhandlungsführer bei Geiselnahmen. Er hat mit internationalen Kidnappern verhandelt, Saddam Hussein nach dessen Festnahme befragt und die legendäre Verhaltensanalyseeinheit des FBI geleitet. Er hat Bankräuber und Serienmörder besänftigt und Menschen unter scheinbar unmöglichen Bedingungen zur Umkehr bewegt.

Die Technik der Krisenverhandlung wurde nach den Olympischen Spielen 1972 in München entwickelt, als Terroristen bei einer Geiselnahme elf israelische Olympiateilnehmer töteten. Bis dahin hatte man vor allem auf Zwang und Gewalt gesetzt und den Verbrechern gesagt: „Kommen Sie mit erhobenen Händen heraus oder wir schießen!"

Aber nach München und einigen anderen missratenen Einsätzen, die ins Licht der Öffentlichkeit gerieten, war irgendwann klar, dass der Ansatz, Verbrecher zum Aufgeben drängen zu wollen, nicht funktionierte. Deshalb begann man, psychologische Fachliteratur zu wälzen und Prinzipien aus der Verhaltensforschung zu nutzen, um neue Ausbildungsmethoden zu entwickeln, mit denen sich eine Krise deeskalieren ließ.[1]

Seit vielen Jahren wenden Verhandlungsführer wie Greg dieses neue Modell an. Und es funktioniert. Es funktioniert bei internationalen Terroristen, die man davon überzeugen will, ihre Geiseln freizulassen, und bei Menschen, die man von ihren Selbstmordabsichten abbringen will. Sogar bei einem Mann, der gerade seine Familie getötet und sich mit seinen Geiseln in einer Bank eingeschlossen hat, der weiß, dass er mit einem Polizeibeamten spricht, und die Konsequenzen kennt. Der weiß, dass sich sein Leben von Grund auf ändern wird. In neun von zehn Fällen kommt er freiwillig heraus.

Und zwar, weil ihn jemand darum gebeten hat.

Die Macht der Trägheit

Jeder Mensch hat etwas, das er ändern möchte. Verkäufer wollen die Meinung ihrer Kunden ändern, Marketingleute Kaufentscheidungen.

Angestellte wollen, dass ihr Chef seine Ansicht ändert, Unternehmensleiter wollen ihre Organisation umstrukturieren. Eltern wollen, dass sich ihre Kinder anders benehmen. Neu gegründete Unternehmen wollen ihre Branche ändern, gemeinnützige Organisationen die Welt.

Aber Veränderung ist schwer.

Wir reden und machen und tun, aber sosehr wir uns auch bemühen, meistens bewegt sich rein gar nichts. Die Dinge ändern sich allerhöchstens in Zeitlupe, wenn überhaupt. In der Geschichte von der Schildkröte und dem Hasen ist die Veränderung ein Dreifingerfaultier bei der Mittagspause.

Von Isaac Newton stammt die berühmte Sentenz, dass ein Gegenstand, der in Bewegung ist, meist auch in Bewegung bleibt, während ein ruhender Gegenstand ruhend bleibt. Bei Newton ging es um physische Objekte – Planeten, Pendel und Ähnliches –, aber das Konzept lässt sich auch auf die soziale Welt übertragen. Wie Monde und Kometen werden Menschen und Organisationen von der Bewegung geleitet, die sie gerade ausführen. Trägheit. Alle tun, was sie immer schon getan haben.

Anstatt darüber nachzudenken, welcher Kandidat ihre Werte am ehesten vertritt, entscheiden sich Wähler für denjenigen, der die Partei vertritt, die sie schon immer gewählt haben. Anstatt neu anzusetzen und zu überlegen, welche Projekte lohnenswert wären, nehmen Unternehmen das Budget vom letzten Jahr und richten ihre Aktivitäten danach aus. Anstatt ihre Portfolios zu rebalancieren, sehen sich Investoren an, worin sie zuletzt investiert haben, und bleiben bei diesem Kurs.

Trägheit ist der Grund dafür, dass Familien jedes Jahr in denselben Urlaubsort fahren und Unternehmen ungern neue Initiativen starten und es hassen, alte Abläufe über Bord zu werfen.

Wenn wir versuchen, diese Trägheit zu überwinden und andere zu einer Veränderung zu bewegen, wenden wir meistens Druck an. Der Kunde will Ihr Angebot nicht annehmen? Dann schicken Sie ihm einen Stapel Fakten und Belege. Ihr Chef interessiert sich nicht für Ihre Idee? Dann geben Sie ihm noch mehr Beispiele oder holen Sie zu einer weitschweifigen Erklärung aus.

Ob wir die Unternehmenskultur ändern oder unsere Kinder dazu bringen wollen, ihr Gemüse zu essen, immer nehmen wir an, dass wir unser Ziel mit mehr Nachdruck erreichen werden. Wenn wir mehr Informationen liefern, mehr Fakten, mehr Belege und Argumente oder einfach nur ein bisschen mehr Druck ausüben, dann wird sich der andere schon ändern.

Damit nehmen wir implizit an, dass Menschen wie Murmeln sind. Wenn wir sie in eine bestimmte Richtung anstoßen, bewegen sie sich auch dorthin.

Nur leider geht ein solches Vorgehen oft nach hinten los. Die anderen Menschen sind keine Murmeln und rollen nicht einfach so, wie Sie es wollen. Sie setzen sich zur Wehr. Ihr Kunde sagt nicht Ja, sondern hört irgendwann auf, Sie zurückzurufen. Ihr Chef stimmt Ihnen nicht zu, sondern sagt Ihnen, dass er darüber nachdenken wird, was die freundliche Variante von „Danke, nein" ist. Anstatt mit erhobenen Händen herauszukommen, bleibt der Verdächtige in seinem Versteck und eröffnet das Feuer.

Wenn Sie also mit Zwang und Druck nichts erreichen – womit dann?

Wie Sie jedermanns Meinung ändern

Werfen wir zur Beantwortung dieser Frage einen Blick auf ein völlig anderes Feld: die Chemie.

Ohne Einfluss von außen können chemische Veränderungen unendlich lange dauern. Algen und Plankton, die sich in Öl verwandeln, Kohlenstoff, der zu Diamanten gepresst wird. Damit eine Reaktion abläuft, müssen die Moleküle die Verbindungen zwischen den eigenen Atomen kappen und neue Verbindungen herstellen. Das ist ein langsamer, arbeitsintensiver Vorgang, der Tausende, wenn nicht gar Millionen Jahre dauert.

Um die Veränderung zu beschleunigen, setzen Chemiker oft bestimmte Substanzen ein. Diese stillen Helden reinigen den Auspuff Ihres Autos und entfernen den Dreck von Ihren Kontaktlinsen. Sie machen aus Luft Düngemittel und aus Erdöl Fahrradhelme. Sie beschleunigen die Veränderung, sodass Molekülreaktionen, die sonst Jahre dauern würden, in wenigen Sekunden ablaufen.

Das Faszinierendste daran aber ist, *wie* diese Substanzen die Veränderung herbeiführen.

Chemische Reaktionen benötigen normalerweise eine bestimmte Menge an Energie. Zum Beispiel muss Stickstoff, der in Düngemittel verwandelt werden soll, auf über 1.000 °C erhitzt werden. Mithilfe von Temperatur und Druck wird Energie dazugegeben, um die Reaktion zu bewirken.

Bestimmte Substanzen können diesen Vorgang beschleunigen. Aber sie steigern nicht die Temperatur oder den Druck, sondern gehen einen anderen Weg. Durch sie sinkt die für die Reaktion benötigte Menge an Energie.

Das klingt erst einmal widersinnig. Nach Magie. Denn wie kann dieselbe Veränderung mit *weniger* Energie herbeigeführt werden? Das widerspricht allen Gesetzen der Thermodynamik.

Aber diese besonderen Substanzen verfolgen einen völlig anderen Ansatz. Sie erhöhen nicht den Druck, sondern senken die Hürden, die die Veränderung behindern. Diese Substanzen nennt man Katalysatoren.*

---

* Eine Reaktion tritt ein, wenn Moleküle aufeinandertreffen. Doch statt die Anzahl dieser Zusammenstöße zu erhöhen – was passiert, wenn man Energie zuführt –, erhöhen Katalysatoren die Erfolgsrate. Der Katalysator springt nicht von Blind Date zu Blind Date und hofft, irgendwann auf den richtigen Partner zu treffen, sondern er agiert wie ein Heiratsvermittler, indem er die Reaktionspartner dazu bringt, sich genau an der richtigen Stelle zu treffen, damit die Reaktion auch tatsächlich ablaufen kann.

Katalysatoren haben die Chemie revolutioniert. Aus ihrer Entdeckung resultierten mehrere Nobelpreise, sie haben Milliarden Menschen vor dem Hungertod gerettet und zu einigen der großartigsten Erfindungen der letzten Jahrhunderte geführt.

Doch das dahinterliegende Prinzip lässt sich ebenso gut in der sozialen Welt anwenden. Denn es gibt bessere Wege, um Veränderungen herbeizuführen, als durch Druck. Und nicht, indem Sie besonders überzeugend auftreten oder sich zum Überredungskünstler machen. Diese Taktik mag ab und an funktionieren, meist aber führt sie dazu, dass Ihr Gegenüber sein Visier hochfährt.

Machen Sie sich stattdessen zum Katalysator – bringen Sie andere dazu, ihre Meinung zu ändern, indem Sie Hindernisse beseitigen und die Hürden senken, die sie davon abhalten, zu handeln.

Genau das tun Verhandlungsführer bei Geiselnahmen. Wer ein Sondereinsatzkommando vor sich sieht, das auf ihn zielt, der fühlt sich in die Ecke gedrängt, sei er nun ein russischer Mafioso oder ein Bankräuber, der seine Waffe auf seine drei Geiseln gerichtet hat. Wenn Sie versuchen, ihn zu irgendetwas zu zwingen, dann dreht er durch. Wenn Sie ihm sagen, was er tun soll, dann stoßen Sie meist auf taube Ohren.

Ein guter Verhandlungsführer geht die Sache anders an. Er hört dem Geiselnehmer erst einmal zu und versucht Vertrauen aufzubauen. Er bringt den Verdächtigen dazu, von seinen Ängsten und Beweggründen zu erzählen und ihm zu sagen, wer gerade zu Hause auf ihn wartet. Oder wenn sich gerade nichts mehr bewegt, dann redet er auch über Haustiere, falls ihn das weiterbringt.

Denn das Ziel des Verhandlungsführers ist es, den Druck herauszunehmen, anstatt die Tür einzutreten. Er versucht, die Ängste, Ungewissheit und Feindseligkeit des Verdächtigen zu mindern, und zwar so lange, bis dieser sich seine Situation selbst ansieht und feststellt, dass das Beste, was er tun kann, das eigentlich Undenkbare ist: mit erhobenen Händen herauszukommen.

Ein guter Verhandlungsführer übt keinen Druck aus. Er steigert in einer angespannten Situation nicht noch die Temperatur. Stattdessen findet er heraus, welche Hürde den anderen daran hindert, aufzugeben, und beseitigt diese Hürde. Dadurch braucht es weniger statt mehr Energie, um die gewünschte Reaktion zu bewirken.

Genau wie bei einem Katalysator.

Veränderungen katalysieren

Ich habe irgendwann angefangen, mich mit Katalysatoren zu beschäftigen, weil ich nicht mehr weiterkam. Ein Unternehmen, das zu den 500 umsatzstärksten Unternehmen der USA gehörte, hatte mich gebeten, ihm bei der Markteinführung eines revolutionären neuen Produkts zu helfen. Aber die gewohnten Vorgehensweisen funktionierten nicht. Traditionelle Werbung, Pushnachrichten und alle anderen gewohnten Taktiken hatten es nicht gebracht.

Deshalb suchte ich in Büchern nach Rat.

In meinem Hauptberuf als Professor an der Wharton School an der University of Pennsylvania habe ich mich mehr als zwei Jahrzehnte mit der Erforschung des sozialen Einflusses, der Mund-zu-Mund-Propaganda und der Frage befasst, warum etwas plötzlich populär wird. Zusammen mit vielen großartigen Kollegen habe ich Hunderte Experimente durchgeführt. Von der Frage, warum Menschen etwas kaufen, bis hin zu der Frage, was zur Entscheidungsfindung führt und wie wir etwas auswählen.

Ich hatte das Vergnügen, Tausende Studierende und Führungskräfte zu unterrichten und Hunderten Unternehmen wie Apple, Google, Nike oder General Electric helfen zu dürfen, ihre Meinungen, ihre Verhaltensweisen und ihr Handeln zu ändern. Ich habe Facebook bei der Einführung einer neuen Hardware geholfen, die Bill & Melinda Gates-Stiftung zu ihrem Kommunikationsstil beraten und kleinen neu gegründeten Unternehmen, politischen Kampagnen und gemeinnützigen Organisationen geholfen, ihre Produkte, Dienstleistungen und Ideen an den Mann zu bringen.

Aber je mehr ich las, umso klarer wurde mir, dass die meisten Bücher denselben traditionellen Ansatz verfolgten. Überreden, überzeugen und Anreize geben. Druck, Druck, Druck. Und wenn das nicht funktioniert, fing man einfach noch mal von vorn an. Aufs Gaspedal drücken, die Daumenschraube anlegen.

Aber all das funktionierte diesmal nicht.

Deshalb überlegte ich, ob es nicht vielleicht eine bessere Möglichkeit gab. Ich befragte Unternehmensgründer, um zu erfahren, wie sie neue Produkte und Dienstleistungen bekannt machten. Ich sprach mit Unternehmensleitern und Managern, um zu verstehen, wie sie größere Umwandlungen in ihrer Organisation umsetzten. Ich redete mit Top-Verkäufern, um zu erfahren, wie sie schwierige Kunden überzeugten. Und ich fragte Verantwortliche aus dem Gesundheitswesen, wie sie bei den Menschen eine Verhaltensänderung bewirkten und die Verbreitung wichtiger medizinischer Neuerungen beschleunigten.

Ganz allmählich zeichnete sich dabei eine neue Methode ab. Ein alternativer Ansatz, wie man Veränderungen herbeiführen könnte.

Wir probierten ihn noch in einer Rohfassung an einem Kunden aus und sahen, dass der Ansatz Potenzial hatte. Daraufhin überarbeiteten wir ihn und sahen, dass er jetzt noch besser funktionierte. Angespornt durch die ersten Erfolge, versuchten wir den Ansatz in einem anderen Unternehmen anzuwenden, das ihn ebenfalls sinnvoll fand. Schon bald wandte ich die Technik bei allen meinen Beratungsprojekten und Produkteinführungen an. Ich wandte sie an, um eine Verhaltensänderung zu bewirken oder die Unternehmenskultur zu ändern.

Eines Tages fragte mich ein potenzieller Kunde, ob ich den Ansatz schon einmal zu Papier gebracht hätte und ihm zeigen könnte. Etwas, das unsere Strategie dokumentieren würde.

Ich stellte ein paar Folien aus verschiedenen PowerPoint-Präsentationen zusammen, merkte aber bald, dass das nicht ausreichte. Ich musste alle Informationen, die ich zu dem Thema gesammelt hatte, bündeln und in einem leicht verständlichen Ratgeber zusammenfassen.

Dieses Buch ist das Ergebnis.

Die Handbremse lösen

Ich verfolge in diesem Buch einen neuen Ansatz, um Veränderungen herbeizuführen.

Leider denken wir nur selten daran, Hindernisse abzubauen, wenn es darum geht, Veränderungen herbeizuführen. Wenn Sie Menschen fragen, was sie tun würden, um jemand anderen dazu zu bringen, seine Haltung oder sein Verhalten zu ändern, werden 99 Prozent der Antworten irgendwie mit Druck oder Zwang zu tun haben. „Fakten und Beweise vorlegen", „Meine Gründe erläutern" oder „Den anderen davon überzeugen" sind typische Gedanken.

Wir sind so sehr auf das gewünschte Ergebnis fixiert, dass wir nur darüber nachdenken, wie wir unser Gegenüber in diese Richtung bringen können. Dabei vergessen wir aber, wer der Mensch ist, den wir zu ändern versuchen. Und was ihn davon abhält, sich zu ändern.

Anstatt danach zu fragen, wie wir den anderen überzeugen können, setzen Katalysatoren bei einer grundsätzlicheren Frage an: *Warum hat sich diese Person bislang noch nicht geändert?* Was hindert sie daran?

Darum geht es in diesem Buch: wie Sie Trägheit überwinden, Handeln bewirken und beim anderen eine Haltungsänderung hervorrufen können – nicht, indem Sie versuchen, noch überzeugender zu sein oder noch mehr Druck auszuüben, sondern indem Sie sich zum Katalysator machen und die Hindernisse entfernen, die der Veränderung im Wege stehen.

Immer wenn Sie ins Auto steigen, legen Sie den Gurt an, stecken den Schlüssel ins Zündschloss und drücken aufs Gaspedal. Manchmal braucht der Wagen etwas mehr Gas, etwa wenn Sie eine Steigung hinauffahren, aber im Normalfall fährt das Auto umso schneller, je mehr Sie Gas geben.

Aber was, wenn sich das Auto nicht bewegt, sosehr Sie auch aufs Gaspedal drücken?

Was tun Sie dann?

Immer wenn eine Veränderung, die wir uns wünschen, nicht eintritt, denken wir, wir müssten stärker aufs Gas drücken und bräuchten einfach nur mehr PS. Ihre Angestellten halten sich nicht an die neue Strategie? Dann schicken Sie noch eine E-Mail raus, um sie daran zu erinnern, was sie tun sollen. Ihre Kunden kaufen Ihr Produkt nicht? Dann geben Sie noch mehr Geld für Werbung aus oder sagen der Verkaufsabteilung, sie soll sie noch mal kontaktieren.

Doch während wir immer fester aufs Gas drücken, übersehen wir, dass es einen viel leichteren, effektiveren Weg gibt: indem wir herausfinden, wodurch die Veränderung verhindert wird. Und dieses Hindernis beseitigen.

Manchmal braucht es gar nicht mehr PS, um etwas zu ändern. Manchmal müssen wir einfach nur die Handbremse lösen.

In diesem Buch geht es darum, die Handbremse zu lösen. Die versteckten Hindernisse zu finden, die Veränderungen verhindern. Die Wurzel oder die Hauptprobleme zu erkennen, die andere Menschen vom Handeln abhalten, und zu lernen, wie wir sie lösen können.

Wir werden uns in jedem Kapitel eines dieser Haupthindernisse und einige mögliche Lösungen ansehen.

Erstes Hindernis: Abwehrhaltung

Wenn Menschen zu etwas gedrängt werden, schießen sie zurück. Wie bei einem Raketenabwehrsystem, das anfliegende Geschosse abwehrt, haben wir ein Anti-Persuasionssystem, einen Radar, der Überredungsversuche abwehrt. Um diesen Radar zu senken, regen Katalysatoren ihr Gegenüber dazu an, sich selbst zu überzeugen. Im ersten Kapitel erfahren Sie alles über diese Abwehrhaltung, darüber, wie Warnungen zu Empfehlungen werden, und über die Wirkmacht der taktischen Empathie. Sie erfahren, wie ein Angestellter des öffentlichen Gesundheitssystems Jugendliche dazu gebracht hat, mit dem Rauchen aufzuhören, und wie ein Verhandlungsführer knallharte Verbrecher dazu brachte, mit erhobenen Händen herauszukommen – einfach nur, indem er sie darum bat.

Zweites Hindernis: Festhalten am Status quo

Ein altes Sprichwort sagt: Man soll nicht reparieren, was nicht kaputt ist. Wir alle bleiben gern bei dem, was wir immer schon gemacht haben. Und solange wir das nicht ganz und gar unerträglich finden, wollen wir auch nichts daran ändern. Um diesen Besitztumseffekt, das Festhalten am Status quo, zu lockern, zeigt der Katalysator dem anderen, dass sein Nichtstun für ihn gar nicht so günstig ist. In diesem Kapitel erfahren Sie, warum Verkäufer Dinge mehr wertschätzen als Käufer, warum die Vorteile 2,6-mal größer sein müssen als die Nachteile, damit Menschen etwas annehmen, und warum es schmerzhafter sein kann, sich einen Finger zu verstauchen, als ihn sich zu brechen. Sie erfahren, wie Finanzberater ihre Kunden dazu bringen, cleverer zu investieren, und wie IT-Angestellte ihre Kollegen dazu bewegen, neue Technologien anzuwenden.

Drittes Hindernis: Distanz

Menschen haben ein inneres Anti-Persuasionssystem, aber selbst wenn wir ihnen nur reine Informationen liefern, schießen sie manchmal zurück. Warum? Eine weitere Hürde ist die Distanz. Liegen neue Informationen innerhalb des Gleichgültigkeitsbereichs einer Person, dann ist sie bereit, sie aufzunehmen. Aber wenn sie zu weit weg von ihr sind, im Ablehnungsbereich, dann kippt die Situation. Die Informationen werden entweder ignoriert oder, was noch schlimmer ist, sie provozieren zusätzlichen Widerstand. In diesem Kapitel erfahren Sie, wie Sie Wahlberechtigte dazu bringen können, eine andere Partei zu wählen, und wie ein politischer Aktivist Erzkonservative davon überzeugte, liberale Ideen wie zum Beispiel Rechte für Transgendermenschen zu unterstützen. Warum Sie, wenn Sie große Veränderungen anstoßen wollen, weniger verlangen müssen, statt noch mehr Druck auszuüben. Und wie Katalysatoren den nicht festbetonierten Punkt finden, um Menschen selbst bei den heikelsten Themen zum Umdenken zu bewegen.

Viertes Hindernis: Ungewissheit

Veränderungen bedeuten oft Ungewissheit. Ist das neue Produkt, die neue Dienstleistung oder Idee genauso gut wie die alte? Ganz sicher können wir da nie sein und wegen dieser Ungewissheit drücken wir oft die Pause-Taste und unternehmen erst einmal gar nichts. Um diese Hürde zu überwinden, sorgen Katalysatoren dafür, dass sich etwas leicht ausprobieren lässt. Kostenlose Proben im Supermarkt oder Testfahrten beim Autohändler reduzieren das Risiko, da die Kunden das Produkt erst einmal kennenlernen können. In diesem Kapitel erfahren Sie, wie nachsichtige Rücksendebedingungen zu höheren Umsätzen führen können, warum Landwirte hilfreiche Neuerungen ablehnen und wie ein ehemaliger Ticketverkäufer im Minor League Baseball ein milliardenschweres Unternehmen aufbaute, indem er seinen Kunden kostenlosen Versand anbot. Und wenn Sie denken, dass dieser Ansatz nur bei großen Unternehmen funktioniert, die ein Produkt oder eine Dienstleistung anbieten, zeige ich Ihnen, dass sich dieses Prinzip überall anwenden lässt, vom Tierheim über die Buchhaltung bis hin zu Vegetariern und Organisationen.

Fünftes Hindernis: Fehlende Beweise

Manchmal ist ein einziger Mensch nicht genug, und sei er noch so kenntnisreich oder überzeugend. Manchmal braucht es einfach mehr Belege. Beweise, mit denen Sie das Übersetzungsproblem lösen und Veränderungen bewirken können. Gut, ein Bekannter hat Ihnen etwas empfohlen, aber heißt das jetzt, dass es *Ihnen* auch gefallen wird? Um diese Hürde zu überwinden, suchen Katalysatoren nach

Verstärkung. Nach unterstützendem Beweismaterial. In diesem Kapitel erfahren Sie, wie psychologische Berater Drogenabhängige dazu bringen, auf Entzug zu gehen, welche Quellen am einflussreichsten sind und warum und wann es besser ist, seine Ressourcen zu konzentrieren, anstatt sie möglichst weit zu streuen.

Abwehrhaltung, Festhalten am Status quo, Distanz, Ungewissheit und *fehlende Beweise* sind die fünf Reiter der Trägheit. Die fünf Haupthindernisse, die Veränderungen hemmen oder verhindern.

Wir werden uns in jedem Kapitel mit einem dieser Hindernisse beschäftigen und überlegen, wie es sich verringern lässt. Forschungsergebnisse und Fallstudien werden Ihnen die dahinterliegenden wissenschaftlichen Erkenntnisse nahebringen sowie die Prinzipien, die Individuen und Organisationen anwenden, um die jeweilige Hürde zu überwinden.

Katalysatoren reduzieren die *Abwehrhaltung*, lockern das *Festhalten am Status quo*, verringern die *Distanz*, mindern die *Ungewissheit* und suchen nach *unterstützendem Beweismaterial*. Damit senken sie Hindernisse. Sie ändern jedermanns Meinung und regen ihr Gegenüber zum Handeln an, indem sie die Hürden abbauen, die der Veränderung im Wege stehen.

Am Ende jedes Kapitels folgt eine kurze Fallstudie, in der Sie sehen, wie sich die genannten Ideen auf die verschiedensten Bereiche anwenden lassen – wie man seinen Chef von etwas überzeugen kann, die Briten in den Brexit treibt, das Konsumverhalten beeinflusst oder einen Rechtsextremisten dazu bringt, aus dem Ku-Klux-Klan auszutreten.

Wir werden nicht in jeder Situation auf alle fünf Hindernisse treffen. Manchmal ist die Abwehrhaltung Ihres Gegenübers die Hauptbarriere. In anderen Fällen spielt die Ungewissheit eine größere Rolle. Bisweilen wirken mehrere Hindernisse zusammen, manchmal besteht ein Problem auch nur aus einem einzigen Hindernis. Aber nur wenn wir alle Hindernisse kennen, können wir eine Situation genau analysieren und herausfinden, welche Hindernisse es dabei zu überwinden gilt.

Ich verfolge mit diesem Buch ein einfaches Ziel: Ich möchte die Lösung allgemeiner Probleme neu denken. Sie erfahren in diesem Buch, warum sich einzelne Menschen und Organisationen ändern – und wie Sie als Katalysator diesen Vorgang beschleunigen können.

Es wird in diesem Buch immer wieder um die Frage gehen, wie sich die Hürden abbauen lassen, die Veränderungen bei Individuen, Unternehmen und in der Gesellschaft verhindern. Sie werden sehen, wie Katalysatoren diese Ideen auf verschiedenste Situationen angewandt haben: Wie Unternehmensleiter die Unternehmenskultur ändern und Aktivisten soziale Bewegungen anstoßen. Wie Verkäufer ihre Kunden zum Kauf bewegen und Angestellte ihre Vorgesetzten dazu bringen, sich für neue Ideen zu öffnen. Wie psychologische Berater Drogenabhängigen aufzeigen, dass sie ein Problem haben, und Wahlhelfer tief verwurzelte politische Überzeugungen aufbrechen.

Wir werden darüber sprechen, wie Sie andere dazu bringen können, ihre Haltung und ihr Verhalten zu ändern. Manchmal ändert sich nur das Verhalten, aber nicht die Haltung, manchmal müssen wir bei unserem Gegenüber aber auch erst eine Haltungsänderung bewirken, damit es handelt. Manchmal sind die anderen Menschen schon bereit, ihr Verhalten zu ändern, dann müssen wir nur die Hindernisse beseitigen, damit es ihnen leichter fällt, aktiv zu werden.

Dieses Buch richtet sich an alle, die Veränderungen beschleunigen möchten. Es zeigt Ihnen neue Denkweisen auf und bietet Ihnen wirkmächtige Werkzeuge, die zu erstaunlichen Ergebnissen führen können.

Ob Sie versuchen, bei jemand anderem eine Veränderung herbeizuführen, ein Unternehmen umstrukturieren oder eine ganze Branche neu ausrichten wollen – in diesem Buch erfahren Sie, wie Sie sich in all diesen Situationen zum Katalysator machen können.[2]

1 ABWEHRHALTUNG

Chuck Wolfe stand vor einer unlösbaren Aufgabe. Der Gouverneur von Florida hatte ihn gebeten, ein neues Programm zu entwickeln. Das war an sich nichts Neues. Wolfe arbeitete seit fast zehn Jahren für den Gouverneur und war für ihn schon als Einsatzleiter, Geschäftsführer der Finanzaufsicht und Leiter für auswärtige Beziehungen tätig gewesen. Er hatte ein Hilfsprogramm für die Folgen des Hurrikans Andrew und ein Programm für die Stadt Miami entwickelt, als sie in einer tiefen Finanzkrise steckte.

Doch diesmal war die Herausforderung ungleich größer. Wolfe sollte ein Team aufbauen, um einen Industriezweig zu bekämpfen, der weltweit über eine Billion Produkte an über eine Milliarde Menschen verkaufte. Der jedes Jahr fast zehn Milliarden Dollar für Werbung ausgab und dessen führende Unternehmen mehr Gewinn machten als Coca Cola, Microsoft und McDonald's.

Und zwar mehr als alle drei zusammen.

Was sollte Wolfe tun? Er sollte etwas tun, woran Dutzende Organisationen vor ihm gescheitert waren: Er sollte Jugendliche vom Rauchen abbringen.

Ende der 1990er-Jahre war das Rauchen in den USA die größte Gefahr für die öffentliche Gesundheit. Zigarettenkonsum stand in der Liste der Gründe für vermeidbare Krankheiten und Todesfälle an erster Stelle. Weltweit starben dadurch jedes Jahr zig Millionen Menschen. Allein in den USA war das Rauchen Ursache für jeden fünften Todesfall und kostete den Staat jährlich an die 150 Milliarden Dollar.[1]

Besonders schlimm war das Problem unter Jugendlichen. Den Tabakunternehmen war bewusst, dass der Twen-Markt eine entscheidende Rolle für ihren wirtschaftlichen Erfolg darstellte. Während sie nach außen hin behaupteten, sich nicht an Kinder und Jugendliche zu wenden, wussten sie insgeheim, dass sie sich ohne diese Zielgruppe nicht würden halten können. „Der Jugendliche von heute ist der potenzielle Stammkunde von morgen und die allermeisten Raucher fangen als Jugendliche mit dem Rauchen an", heißt es in einer innerbetrieblichen Mitteilung von Philip Morris. Wer seine Produkte nicht an Kinder verkaufte, würde irgendwann gar nichts mehr verkaufen.

Deshalb versuchten die Unternehmen mit allen Mitteln, die jüngeren Zielgruppen zu erreichen. Die Zigarettenmarke Winston war Sponsor der Zeichentrickserie *Familie Feuerstein*, die 1960 herauskam, und in den Werbespots sah man, wie Fred und Barney Geröllheimer eine Zigarettenpause machten. Als Anfang der 1970er-Jahre Fernseh- und Radiowerbung für Tabak verboten wurde, erfanden die Tabakunternehmen sympathische Zeichentrickfiguren wie Joe Camel, um das Rauchen als Vergnügen darzustellen. Und als die normale Zigarette für den Geschmack der Jugend nicht mehr sexy genug war, wurde das Produkt attraktiver gemacht, indem man aromatisierten, in buntes Bonbonpapier verpackten Tabak auf den Markt brachte.

Und es funktionierte.

Eigentlich sollte der Raucheranteil unter Jugendlichen niedrig sein. Ein Bundesgesetz besagt, dass man in den USA 18 Jahre alt sein muss, um Zigaretten zu kaufen. Die meisten Schüler sind dann schon im letzten Highschool-Jahr. Manche Städte haben die Altersbegrenzung sogar noch höher angesetzt.

Doch Ende der 1990er-Jahre sah die Sache vollkommen anders aus. Fast drei Viertel aller Schüler auf der Highschool hatten schon mal geraucht.[2] Jeder vierte Oberstufenschüler erklärte, er rauche jeden Tag. Das Rauchen war unter Jugendlichen so weit verbreitet wie zuletzt 19 Jahre zuvor. Und die Zahlen stiegen.

Das Rauchen unter Jugendlichen musste also dringend eingedämmt werden.

Nur war es keine leichte Aufgabe, Jugendliche vom Rauchen abzuhalten. Daran hatten sich schon die verschiedensten Organisationen die Zähne ausgebissen. Viele Länder hatten Zigarettenwerbung verboten und ließen Warnhinweise auf die Verpackungen drucken. Und sie gaben Milliarden aus, um junge Menschen dazu zu bringen, mit dem Rauchen aufzuhören.

Doch trotz aller Anstrengungen stiegen die Zahlen weiter.[3]

Wie sollte Chuck Wolfe jetzt etwas hinkriegen, woran bislang alle gescheitert waren?

Wenn Warnungen zu Empfehlungen werden

Zur Beantwortung dieser Frage ist es hilfreich, sich anzusehen, weshalb die bisherigen Warnhinweise fehlgeschlagen waren. Das beste Beispiel dafür: eine Warnung, die eigentlich gar nicht hätte nötig sein müssen.

Anfang 2018 hatte Procter & Gamble ein kleines PR-Problem. 50 Jahre zuvor war ein nicht sonderlich erfolgreiches Produkt auf den Markt gekommen – Salvo, ein körniges, zu Scheiben gepresstes Waschpulver. Nach jahrzehntelanger Überarbeitung hatte Procter & Gamble jetzt eine neue Formel gefunden, die man für effektiver hielt. Die Kunden mussten nicht mehr die genaue Menge abmessen und versauten sich auch nicht mehr die Klamotten, sondern konnten einfach eine plastikumhüllte Kugel aus der Verpackung ziehen und in die Waschmaschine legen. Das Plastik löste sich im Wasser auf und gab das Waschmittel genau dann frei, wenn es gebraucht wurde. Ganz stress- und krümelfrei.

Procter & Gamble brachte das Produkt unter der Marke Tide heraus und nannte es Tide Pods. Das Versprechen: Waschen einfacher zu machen. Das Unternehmen investierte über 150 Millionen Dollar in Werbung und malte sich aus, die Pods könnten bis zu 30 Prozent des 6,5 Milliarden Dollar schweren Waschmittelmarkts der USA einnehmen.

Es gab nur ein Problem: Die Leute aßen die Kugeln.

Die sogenannte „Tide Pod Challenge" begann als Witz. Irgendjemand meinte, diese orange-blauen herumwirbelnden Kugeln sähen doch eigentlich ganz lecker aus, und nach einem Artikel im *Onion* („So wahr mir Gott helfe, ich werde eine dieser kunterbunten Waschmittelkugeln essen"), einem Video auf CollegeHumor und diversen Posts in den sozialen Medien folgte ein echter Hype.

Die Leute stachelten sich gegenseitig an, Waschmittel zu essen. Jugendliche filmten sich dabei, wie sie die Pods kauten oder daran würgten, und stellten ihre Videos auf Youtube ein. Sie forderten sich gegenseitig auf, Waschmittel zu essen. Die kulinarischen Höhenflüge gingen sogar so weit, dass manche die Pods vor dem Essen kochten.[4]

In kürzester Zeit berichteten alle Medien über den Wahnsinn, von *Fox News* bis hin zur *Washington Post*. Ärzte wurden nach ihrer Meinung gefragt, Eltern rangen die Hände und alle wunderten sich über diesen absonderlichen Trend, der immer mehr Fahrt aufnahm.

Deshalb tat Procter & Gamble, was viele Unternehmen in einer solchen Situation tun würden. Es sagte den Leuten, sie sollten das Waschmittel bitte nicht essen.

Am 12. Januar 2018 twitterte Tide: „Wofür sind Tide PODs gedacht? ZUM WÄSCHE WASCHEN. Und nur dazu. Tide PODs zu essen ist KEINE GUTE IDEE ..."

Um der Sache noch mehr Nachdruck zu verleihen, engagierte Tide den berühmten Footballspieler Rob „Gronk" Gronkowski. In einem kurzen Video wird Gronk von Tide gefragt, ob er es irgendwie für möglich hält, dass es doch eine gute Idee sein könnte, Tide Pods zu essen. Seine Antwort ist ergreifend schlicht. „NEIN, NEIN, NEIN, NEIN, NEIN, NEIN", sagt Gronk. Dabei wedelt er mit dem Zeigefinger vor der Kamera herum und im Bild erscheinen lauter „NEINs". „Nicht mal zum Spaß?", bohrt Tide nach. „NEIN, NEIN, NEIN, NEIN, NEIN", erwidert Gronk. „Kann man Tide Pods für irgendwas anderes außer zum Wäschewaschen benutzen?", lautet die nächste Frage. „NEIN", sagt Gronk.

Das Video endet mit dem Warnhinweis: „Waschmittelkugeln sind ein hochkonzentriertes Waschmittel, das nur zum Wäschewaschen verwendet werden darf." Und als wäre das noch nicht unmissverständlich genug, setzt Gronk hinzu: „Nicht zum Essen."

Um das Maß endgültig voll zu machen, meldete sich Gronk ein paar Stunden später in den sozialen Medien. „Ich habe mit @Tide eine Aktion gemacht, damit Ihr alle wisst, dass Tide PODs nur fürs Wäschemachen gedacht sind", twitterte er. „Und für nichts anderes!"

Da brach die Hölle los.

Menschen vor Gesundheitsrisiken zu warnen war lange Zeit eine übliche Verfahrensweise. Weniger Fett essen. Kein Alkohol am Steuer. Sicherheitsgurt anlegen. Suchen Sie sich ein beliebiges Gesundheitsthema aus, setzen Sie eine Ermahnung dazu, dieses (was für Sie gut ist) zu tun und jenes (was für Sie schlecht ist) zu unterlassen, und

Sie haben den Kern dessen erfasst, wie in den letzten 50 Jahren im öffentlichen Gesundheitswesen kommuniziert worden ist.

Insofern ist es kaum verwunderlich, dass Procter & Gamble diesen Ansatz ebenfalls für richtig hielt. Vermutlich dachten die Bosse von Tide anfangs, dass es ziemlich lächerlich ist, sich überhaupt dazu äußern zu müssen. Wer denkt denn, dass es eine gute Idee ist, eine Kugel zu essen, die aus Alkoholethoxysulfat und Propylenglykol besteht? Außerdem stand ja auf der Website schon der nützliche Hinweis: „Außer Reichweite von Kindern aufbewahren." Wenn jetzt noch dieser Gronk den Leuten erklärte, dass sie die Tide Pods nicht essen sollten, würde sich das doch sicher wie ein Lauffeuer verbreiten und ihnen die Idee wieder austreiben.

Aber das Gegenteil geschah.

Gleich nachdem Gronk und Tide das Warnvideo ins Netz gestellt hatten, erreichte die Google-Suche nach Tide Pods ihr bislang höchstes Niveau. Vier Tage später hatten sich die Zahlen mehr als verdoppelt. Nach einer Woche hatten sie um fast 700 Prozent zugelegt.

Nur standen hinter diesem sprunghaften Wachstum keine besorgten Eltern, die herausfinden wollten, weshalb Tide seinen Kunden auf Twitter etwas erklärte, was selbstverständlich war. Auch die Besucherzahlen bei den Giftnotrufzentralen schossen in die Höhe.

Im gesamten Jahr 2016 hatte es nur 39 Fälle gegeben, in denen Jugendliche Waschmittel gegessen, eingeatmet oder verschluckt hatten. In den ersten zwei Wochen nach der Twitter-Aktion von Tide waren es doppelt so viele. Binnen weniger Monate lagen die Zahlen mehr als doppelt so hoch wie in den beiden Vorjahren zusammen.

Die Initiative von Tide war nach hinten losgegangen.

Die „Tide Pod Challenge" mag Ihnen ungewöhnlich erscheinen, sie ist aber tatsächlich ein Beispiel für ein häufig anzutreffendes Phänomen.[5] Wenn man junge Menschen dazu auffordert, etwas Unstatthaftes zu unterlassen, dann kann sie das im Gegenteil noch mehr dazu anstacheln. Kampagnen zur Alkoholprävention können dazu führen, dass Studierende mehr trinken. Und wenn man versucht, Menschen davon zu überzeugen, dass Rauchen schlecht für die Gesundheit ist, steigert das womöglich noch ihren Zigarettenkonsum.

In diesen und ähnlichen Fällen werden Warnungen zu Empfehlungen. Wenn Sie Ihrer Tochter sagen, sie soll sich nicht mit diesem Typen treffen, wird der Typ für sie noch interessanter. Genauso verhält es sich, wenn Sie Menschen sagen, sie sollen etwas *nicht* tun. Dann tun sie es mit *noch höherer* Wahrscheinlichkeit.

Das Bedürfnis nach Freiheit und Autonomie

Ende der 1970er-Jahre veröffentlichten Forscher aus Harvard und Yale eine Studie, in der sie zu erklären versuchten, weshalb Warnhinweise oftmals nach hinten losgehen.

Sie führten in einem Altersheim, dem Arden House, ein einfaches Experiment durch.[6] Auf einer Etage wurde den Bewohnern immer wieder gesagt, wie viele Freiheiten sie genossen und wie selbstbestimmt sie leben konnten. Sie konnten sich ihr Zimmer selbst einrichten und konnten auch die Betreuer bitten, ihre Möbel umzustellen. Sie konnten selbst entscheiden, wie sie ihre Zeit verbrachten, ob sie andere Bewohnerinnen besuchen oder lieber etwas anderes unternehmen wollten. Außerdem wurde ihnen gesagt, dass sie sich melden konnten, wenn ihnen etwas nicht gefiel, und es dann geändert würde.

Ihre Autonomie wurde noch zusätzlich verstärkt, indem man ihnen weitere Wahlmöglichkeiten gab. Sie bekamen eine Kiste mit Zimmerpflanzen vorgesetzt und durften entscheiden, ob sie sich um eine Pflanze kümmern wollten, die sie sich dann auch selbst aussuchen durften. In der Woche darauf wurde an zwei Abenden ein Film gezeigt und sie wurden gefragt, an welchem Abend sie ihn sich ansehen wollten oder ob sie ihn vielleicht lieber nicht sehen wollten.

Auf einer anderen Etage wurde den Bewohnerinnen mehr oder weniger dasselbe gesagt, nur dass man ihnen nichts von Freiheit oder Selbstbestimmung sagte. Ihnen wurde erklärt, dass die Betreuerinnen ihre Zimmer möglichst so eingerichtet hatten, dass sie sich darin wohlfühlten. Sie bekamen eine Zimmerpflanze, um die sich die Betreuer für sie kümmern würden. Und ihnen wurde gesagt, dass nächste Woche an zwei Abenden ein Film gezeigt und man ihnen einen Abend zuweisen würde.

Nach einiger Zeit kamen die Forscher wieder ins Arden House, um herauszufinden, wie es den Bewohnern ergangen war und ob die beiden Ansprachen irgendeine Wirkung gezeigt hatten.

Das Ergebnis war verblüffend. Die Bewohnerinnen, denen man die Wahl gelassen hatte, waren fröhlicher, aktiver und aufmerksamer.

Aber noch erstaunlicher war die Langzeitwirkung. Anderthalb Jahre später untersuchten die Forscherinnen die Sterblichkeitsrate in den beiden Gruppen. Auf der Etage, auf der mehr Freiheit und Selbstbestimmung herrschten, waren weniger als halb so viele Bewohner gestorben. Das Gefühl, mehr Autonomie zu haben, führte offenbar dazu, dass die Menschen länger lebten.

Wir alle haben das Bedürfnis nach Freiheit und Autonomie. Wir wollen das Gefühl haben, unser Leben und Handeln selbst bestimmen zu können, nicht von Zufällen hin- und hergeworfen oder von den Launen anderer abhängig zu sein. Sondern selbst zu entscheiden.

Deshalb will auch niemand seine eigene Handlungsmacht aufgeben. Ja, wir legen so großen Wert darauf, selbst zu entscheiden, dass wir es sogar dann noch tun, wenn es zu unserem Nachteil ist und es uns unglücklicher macht, eine Wahl zu haben.

Forscher haben die Teilnehmenden einer Studie[7] gebeten, sich vorzustellen, Julies Eltern zu sein. Julie war ein Frühchen, das mit einer Gehirnblutung ins Krankenhaus eingeliefert worden war und jetzt auf der Neugeborenenintensivstation lag. Sie wurde durch künstliche Beatmung am Leben gehalten, aber nach drei Wochen hatte sich ihr

Zustand immer noch nicht gebessert. Deshalb baten die Ärzte ihre Eltern zu einer Besprechung, um ihnen die Lage zu erläutern.

Es gab zwei Möglichkeiten: Sie konnten die Behandlung abbrechen, dann würde Julie sterben, oder sie konnten die Behandlung fortführen, dann würde Julie aber wahrscheinlich ebenfalls sterben. Und falls sie überlebte, hätte sie schwerste neurologische Beeinträchtigungen. Beide Möglichkeiten waren wahrlich nicht schön.

Nun wurden die Teilnehmenden in zwei Gruppen aufgeteilt. Die eine Gruppe wurde gebeten, selbst zu entscheiden, ob die Behandlung weitergeführt oder abgebrochen werden sollte.

Der anderen Gruppe wurde gesagt, dass die Ärzte die Entscheidung für sie getroffen hatten. Die Ärzte hatten beschlossen, dass es für Julie das Beste war, die Behandlung zu beenden.

Eine furchtbare Situation, in der niemand stecken möchte. Unabhängig davon, ob die Teilnehmenden selbst entscheiden konnten oder die Ärzte die Entscheidung für sie trafen, waren alle aufgewühlt, nervös und gestresst – und fühlten sich schuldig.

Aber die Forscher fanden heraus, dass sich die Mitglieder der Gruppe, die die Wahl hatte, noch schlechter fühlten. Selbst entscheiden zu müssen, den Stecker zu ziehen, machte die Situation für sie noch unerträglicher.

Trotzdem wollten sie sich die Entscheidungsfreiheit nicht nehmen lassen. Als sie danach gefragt wurden, sagten sie, es sei ihnen lieber, diese Entscheidung selbst zu treffen, als sie den Ärzten zu überlassen. Obwohl sie sich deswegen noch schlechter fühlten, wollten sie lieber selbst bestimmen, was unternommen wurde.

Abwehrhaltung und Anti-Persuasionsradar

Die beiden Studien zu Selbstbestimmung und Entscheidungsfreiheit können uns helfen zu verstehen, was bei Procter & Gamble und den

Tide Pods falsch gelaufen ist. Menschen haben gern die Macht über ihre eigenen Entscheidungen und Handlungen. Sie wollen sich frei fühlen und ihr Verhalten selbst steuern können.

Wenn jemand anders diese Freiheit bedroht oder beschneidet, macht uns das wütend. Wenn uns jemand sagt, dass wir etwas nicht tun können oder nicht tun sollten, beschränkt das unsere Autonomie. Dann haben wir nicht mehr das Gefühl, unsere Handlungen selbst zu steuern. Also schießen wir zurück: Du willst mir sagen, dass ich beim Autofahren keine SMS schreiben soll, dass ich hier auf diesem makellosen Rasen nicht mit meinem Hund Gassi gehen darf? Ich kann ja wohl machen, was ich will!

Wenn man uns die Möglichkeit, selbst zu entscheiden, nimmt oder auch nur beschneidet, reagieren wir auf diesen Kontrollverlust. Eine Möglichkeit, die Kontrolle wiederzuerlangen und sich autonom zu fühlen, besteht eben darin, das Verbotene zu tun: beim Autofahren SMS schreiben, den Hund auf der Wiese von der Leine lassen oder einen Tide Pod essen. Wenn ich tue, was verboten ist, dann sitze ich wieder auf dem Fahrersitz.[8]

Beim Autofahren SMS zu schreiben mag ursprünglich gar nicht mal so reizvoll gewesen sein, aber durch das Verbot wird es für uns interessanter. Verbotene Früchte schmecken halt am besten. Und zwar, weil wir damit unsere Autonomie zurückerlangen.

Beschränkungen haben ein psychologisches Phänomen zur Folge: Sie bewirken beim anderen eine Abwehrhaltung. Ein unangenehmer Zustand, in den man gelangt, wenn man das Gefühl hat, dass die eigene Freiheit bedroht ist.

Dieses Phänomen tritt übrigens auch auf, wenn man jemandem sagt, er *soll* etwas tun. Ob Sie nun andere dazu anregen, ein Hybridauto zu kaufen oder Geld für die Rente zurückzulegen, Ihre Bemühung wird von anderen oft – ohne dass Sie es wollten – als Beschneidung ihrer eigenen Freiheit wahrgenommen. Weil sie ihnen suggeriert, dass sie ihr Verhalten womöglich nicht selbst steuern können.

Solange Sie jemand anderen nicht von etwas überzeugen, denkt er, dass er genau das tut, was er tun will. Seine eigenen Gedanken und Vorlieben steuern seine Handlungen. Nur deswegen will er sich ein Hybridauto kaufen. Weil er etwas für die Umwelt tun will. Weil er findet, dass das Auto gut aussieht.

Wenn Sie nun aber versuchen, diese Person zu überzeugen, wird es kompliziert. Denn in ihre Überlegungen, ein Hybridauto zu kaufen, schleicht sich damit eine andere Erklärung ein. Neben ihre eigene innere Motivation gesellt sich eine zweite Möglichkeit: Vielleicht überlegt sie, sich ein Hybridauto zu kaufen, weil ihr jemand anders es eingeflüstert hat. Diese andere mögliche Erklärung bedroht ihre gefühlte Freiheit. Und wenn sie überlegt, ein Hybridauto zu kaufen, weil ihr das jemand anders eingeflüstert hat, dann steuert sie ihr eigenes Verhalten nicht mehr selbst. Sie sitzt nicht mehr auf dem Fahrersitz. Der andere hat darauf Platz genommen.

Deshalb reagieren viele Menschen auf solche Überzeugungsversuche wie in der Tide Pod Challenge: um das Gefühl von Autonomie wiederzuerlangen. Sie tun das Gegenteil von dem, was von ihnen verlangt wird.* Du willst, dass ich ein Hybridauto kaufe? Nein, danke. Ich kaufe mir lieber eine Benzinschleuder. Ich soll Geld für die Rente zurücklegen? Du hast sie ja wohl nicht mehr alle. Ich kaufe mir, was ich will, und zwar jetzt sofort.[9] Wenn Sie jemand anderen zu etwas drängen, ihn darum bitten oder ihn auch nur dazu ermutigen, sinkt die Wahrscheinlichkeit, dass er es tut.

---

* Unsere Reaktion besteht nicht grundsätzlich darin, das Gegenteil von dem zu tun, was von uns verlangt wird, aber es ist die beste Möglichkeit, das Gefühl zu haben, nicht beeinflusst zu werden. Wenn es in einer Werbung heißt: „Kaufen Sie ein Hybridauto der Marke X", dann könnte ich stattdessen einen Wagen der Marke Y kaufen, würde aber immer noch das nagende Gefühl verspüren, dass ich das Auto nur gekauft habe, weil die Werbung es so wollte. Aber wenn ich kein Hybridauto oder stattdessen irgendetwas anderes kaufe, zum Beispiel einen Pick-up, dann umgehe ich diese Zuschreibung: Die Werbung will, dass ich ein Hybridauto kaufe, das heißt, wenn ich kein Hybridauto kaufe, dann war das ja wohl meine eigene, freie Entscheidung. Weil die Werbung nichts über Pick-ups gesagt hat, sitze ich weiter auf dem Fahrersitz, wenn ich mir jetzt einen Pick-up kaufe. Das Gefühl von Freiheit habe ich nämlich schon, wenn ich etwas anderes tue als das, was von mir verlangt wurde – am wirkungsvollsten ist es aber oft, genau das Gegenteil zu tun.

Dieses Abwehrverhalten tritt sogar dann ein, wenn jemand ursprünglich genau das vorhatte, was ihm jetzt gerade von jemand anderem vorgeschlagen wird. Sehen wir uns zum Beispiel eine Initiative in einem Unternehmen an, damit die Angestellten in Meetings öfter das Wort ergreifen. Manche würden das vielleicht ohnehin gern tun, die Initiative würde also auf fruchtbaren Boden fallen. Die Angestellten würden gern mehr zu Wort kommen, das Unternehmen würde seine Angestellten gern mehr zu Wort kommen lassen: eine Win-win-Situation.

Aber wenn die Initiative bei den Angestellten das Gefühl weckt, ihr Verhalten nicht mehr frei und von sich aus steuern zu können, kann sie auch nach hinten losgehen. Wenn jemand denkt, er würde gern öfter das Wort ergreifen, hat er jetzt für diesen Gedanken eine andere Erklärung: Er denkt das nicht aus freien Stücken, sondern weil die Initiative es von ihm verlangt. Damit wird also seine Entscheidungsfreiheit beschnitten. Und wenn er sich dagegen sträubt, eine Dienstanweisung zu befolgen, kann das am Ende bedeuten, dass er lieber den Mund hält.

Menschen haben einen Anti-Persuasionsradar, der ähnlich funktioniert wie das Raketenabwehrsystem, mit dem ein Land Beschuss von außen abwehrt. Ein inneres System, das sie vor Beeinflussung von außen schützt. Das ihre Umgebung danach absucht, ob jemand anderes sie beeinflussen will, und das eine ganze Reihe von Gegenmaßnahmen ergreift, wenn es einen solchen Versuch erkennt.[10] Maßnahmen, um zu vermeiden, überzeugt zu werden.

Die einfachste Gegenmaßnahme ist die Vermeidung. Oder ich ignoriere einfach, was mir gesagt wird. Ich schalte um, wenn Werbung kommt, lege beim Verkaufsgespräch den Hörer auf, schließe das Pop-up-Fenster. Käufer meiden Verkäufer, Onlinekäuferinnen vermeiden es, Bannerwerbung anzusehen. Je mehr die Werbung in mir das Gefühl auslöst, mich von etwas überzeugen zu wollen, desto eher wechsle ich lieber den Kanal. Je weniger ich mich einer Kommunikation von außen aussetze, umso schwächer ist deren Wirkung auf mich.

Komplexer und anstrengender ist es, auf Überzeugungsversuche mit Gegenargumenten zu reagieren. Ich höre nicht einfach nur weg, sondern gehe aktiv dagegen vor.

Sehen wir uns einmal diese Werbung von Ford für den Pick-up F-150 an: „DER KLASSENBESTE ... Der Ford F-150 sticht alle anderen Pick-ups in seiner Fahrzeugklasse aus, wenn es um Ladekapazität oder Anhängerleistung geht. Kein Wunder, dass alle anderen den Klassenbesten imitieren wollen."

Wer diese Werbung sieht, wird sie kaum für bare Münze nehmen, sondern erst mal infrage stellen, was da behauptet wird. Stimmt das? Hat der F-150 wirklich die größte Ladekapazität in seiner Fahrzeugklasse? Natürlich muss Ford das behaupten: weil die Leute das Auto kaufen sollen. Chevrolet behauptet mit Sicherheit dasselbe. Da steht ja nicht einfach nur: „sticht alle anderen Pick-ups aus", sondern da steht noch der Zusatz „in seiner Fahrzeugklasse", und zwar „wenn es um Ladekapazität oder Anhängerleistung geht." Was heißt das? Sticht er die anderen Pick-ups in jeder Hinsicht aus oder vielleicht nur bezüglich einiger ganz bestimmter ausgewählter Merkmale? Und was soll „ausstechen" überhaupt genau bedeuten?

Wie ein übereifriger Schüler in einem Diskussionswettbewerb ficht der Adressat dieser Werbung jede einzelne Behauptung an und hinterfragt sie. Er sticht und stochert und erhebt Einwände, bis das gesamte Werbegebäude in sich zusammenkracht.

Handlungsmacht erlauben

Um Abwehrverhalten zu vermeiden und den Anti-Persuasionsradar zu umgehen, erlauben Katalysatoren ihrem Gegenüber Handlungsmacht. Sie versuchen nicht, es zu überzeugen, sondern bringen es dazu, sich selbst zu überzeugen.

Nach seinem Gespräch beim Gouverneur baute Chuck Wolfe ein Team auf, mit dem er neuen Schwung in das Anti-Raucher-Programm des Bundesstaats Florida bringen wollte.

Das Team wusste bereits, dass es mit gewöhnlicher Werbung nicht weiterkäme. Teenager merken sofort, wenn jemand versucht, sie von etwas zu überzeugen.

Auch wusste das Team, dass es das Problem nicht lösen würde, indem es einfach Informationen zu den gesundheitlichen Gefahren herausbrachte. Natürlich dachte kein Jugendlicher, dass Rauchen gesund ist. Alle rauchten, obwohl sie wussten, dass es schlecht für ihre Gesundheit war.

Aber was sollte es dann tun?

Nachdem Wolfes Team schon über mehrere Stoßrichtungen nachgedacht hatte, kam es auf einen verblüffend einfachen Gedanken. Auf den bislang noch niemand gekommen war.

Man würde damit aufhören, den Kids zu sagen, was sie tun und lassen sollen.

Seit Ewigkeiten sagten Erwachsene ihren Kindern, dass sie nicht rauchen sollen. Rauchen ist schlecht für die Gesundheit. Du kannst sogar daran sterben. Halt dich davon fern. Immer und immer wieder.

Diesen Ansatz hatten schon unzählige Kampagnen im Gesundheitswesen verfolgt.

Gut, es gab ein paar Variationen. Während ein Aufruf den Akzent auf die eigene Gesundheit legte („Rauchen ist tödlich"), sprach ein anderer die Eitelkeit der Menschen an („Vom Rauchen kriegen Sie gelbe Zähne"). Es ging um Sportlichkeit („Rauchen mindert Ihre sportliche Leistungsfähigkeit") oder Geselligkeit („Wollen Sie von allem ausgeschlossen werden, nur weil Sie rauchen?").

Aber unabhängig vom einzelnen Aroma und der einzelnen Note war der Subtext immer derselbe. Es ging immer um eine Aufforderung, eine Bitte, ein gewünschtes Verhalten, ob es nun explizit ausgesprochen wurde oder nicht: Wir wissen, was das Beste für Sie ist, also verhalten Sie sich bitte auch danach.

Und genau das funktionierte nicht.

Daher fragte Wolfes Team die Jugendlichen nach ihrer Sicht der Dinge, anstatt zu glauben, selbst schon alle Antworten zu haben. Im März 1998 berief es einen Tabakgipfel für Jugendliche ein, auf dem Schülerinnen und Schüler gemeinsam über das Problem sprachen.

Und anstatt den Jugendlichen zu sagen, dass Rauchen schlecht ist, ließ Wolfe sie selbst das Heft in die Hand nehmen. Das Einzige, was die Organisatoren dieses Tabakgipfels machten, war, die Fakten darzulegen: dass die Tabakindustrie durch Manipulation und Einflussnahme versuchte, mehr Zigaretten zu verkaufen, dass die Unternehmen das politische System manipulierten und Sport, Film und Fernsehen einsetzten, um das Rauchen attraktiver erscheinen zu lassen. Sie erklärten den Kids, was die Tabakindustrie tat. Und fragten sie, was sie jetzt selbst gern tun würden.

Der Gipfel förderte zahlreiche interessante Ergebnisse zutage. So wurde eine neue Organisation ins Leben gerufen, „Students Working Against Tobacco" oder kurz SWAT, die landesweit die Bemühungen zur Stärkung der Jugendlichen koordinieren sollte. Es entstanden Arbeitshefte, mit denen Informationen über die Tabakindustrie in die Klassenzimmer gebracht werden sollten. (Beispielsweise: Wenn eine Schachtel Zigaretten einen Gewinn von zwei Dollar einbringt, wie viel Geld macht dann ein Tabakkonzern, wenn er 14 Schachteln verkauft?) Außerdem wurde ein neuer medialer Ansatz formuliert.

Kurz nach diesem Gipfel gab es eine Kampagne, die „die Wahrheit" ans Licht bringen sollte. Zwei normale Teenager sitzen in einem normalen Wohnzimmer und rufen den Chefredakteur einer Zeitschrift an, um ihn zu fragen, weshalb er Tabakwerbung druckt, obwohl die Zielgruppe der Zeitschrift Jugendliche sind.

Der Chefredakteur sagt, seine Zeitschrift unterstütze auch Werbung, die sich gegen Tabak richtet. Aber als einer der beiden Jugendlichen ihn fragt, ob er ein paar solcher Anzeigen kostenlos als Dienst an der Öffentlichkeit drucken würde, sagt er Nein. Nach dem Grund gefragt, antwortet er: „Wir machen das hier, um Geld zu verdienen." Als der andere Jugendliche fragt: „Geht es Ihnen um Menschen oder um Geld?", reagiert der Chefredakteur gereizt. „Bei Verlagen geht es immer um Geld", sagt er und legt auf.

Das war die ganze Kampagne.

Von den Kids wurde nichts verlangt. Es gab am Ende keine Botschaft, keine Aufforderung, mit dem Rauchen aufzuhören, dieses zu tun oder jenes zu lassen, um cool zu sein. Ihnen wurde nur gezeigt, dass die Tabakunternehmen sie zu beeinflussen versuchten, ob ihnen das bewusst war oder nicht – und dass die Medien bei dem Spiel mitspielten.

Anstatt zu versuchen, sie von etwas zu überzeugen, wurde in der Kampagne einfach nur die Wahrheit gesagt. Die Kids konnten selbst entscheiden, was sie tun wollten.

Und das taten sie dann auch.

Binnen weniger Monate nach Beginn der „Wahrheitskampagne", wie das Programm bald genannt wurde, hörten über 30.000 Jugendliche in Florida mit dem Rauchen auf.[11] Nach wenigen Jahren hatte sich der Anteil rauchender Jugendlicher halbiert. Es war das wirkungsvollste Präventionsprogramm aller Zeiten.

Dieses Pilotprogramm wurde bald weltweit als Modell zur Eindämmung des Tabakkonsums bei Jugendlichen übernommen. Eine Stiftung, die mit dem Ziel gegründet wurde, das Rauchen unter Jugendlichen in Florida zu unterbinden, übernahm die Strategie und weitete die „Wahrheitskampagne" bundesweit aus. Und sie engagierte Chuck Wolfe als stellvertretenden Generaldirektor.

Durch die bundesweite Kampagne sank die Zahl der rauchenden Jugendlichen um 75 Prozent. Die Jugendlichen fingen seltener mit dem Rauchen an, und die, die schon rauchten, hörten schneller wieder damit auf. Allein in den ersten vier Jahren konnte das Programm über 450.000 Jugendliche vom Rauchen abhalten, wodurch das Gesundheitssystem mehrere zig Milliarden Dollar sparte.

Ja, die Wahrheitskampagne war derart erfolgreich darin, einen Sinneswandel bei den Jugendlichen herbeizuführen, dass ihr 2002 die größtmögliche Erfolgsbescheinigung ausgestellt wurde: Mehrere Tabakunternehmen klagten gegen die Kampagne, weil sie wollten, dass sie eingestellt wird.

Die Wahrheitskampagne brachte die Jugendlichen dazu, mit dem Rauchen aufzuhören, weil sie ihnen gerade nicht sagte, dass sie damit aufhören sollten. Wolfe hatte begriffen, dass Jugendliche klug genug sind, um ihre eigenen Entscheidungen zu treffen. Mehr noch: Er hatte begriffen, dass sie eher gute Entscheidungen trafen, wenn man sie sie allein treffen ließ, anstatt ihnen zu sagen, was sie tun sollten.

Wolfe ließ die Jugendlichen ihren eigenen Weg zu seinem Ziel gehen. Indem er sie dazu ermutigte, aktiv teilzunehmen und nicht nur passiv zuzusehen, gab er ihnen das Gefühl, selbstwirksam zu sein. Dadurch senkte sich ihr Radar und sie nahmen selbst das Heft in die Hand.[12]

Um die Abwehrhaltung bei ihrem Gegenüber zu verringern, erlauben Katalysatoren ihm Handlungsmacht – indem sie einen Mittelweg finden zwischen der Vorgabe, ihm genau zu sagen, was es tun soll, und völliger Gleichgültigkeit, die ihm alles erlaubt. Einen Weg, um den anderen *seinen* Weg finden zu lassen.

Dazu gehören vier Hauptaspekte: (1) ein Menü anbieten, (2) fragen statt reden, (3) auf einen Widerspruch hinweisen und (4) mit Verständnis reagieren.

Ein Menü anbieten

Eine Möglichkeit, um anderen Menschen Handlungsmacht zu erlauben, besteht darin, sie selbst ihren Weg wählen zu lassen. Man lässt sie selbst entscheiden, wie sie wohin gelangen wollen, und hofft, dass sie auch tatsächlich dorthin gehen.

Eltern gehen ständig so vor. Wenn sie ihrem kleinen Kind sagen, dass es dieses oder jenes essen soll, dann bringt das meistens nichts. Mag ein Kind keinen Brokkoli oder kein Hühnchen, dann steigert sich nur sein Widerstand, wenn man es dazu zwingen will, es zu probieren.

Deshalb geben kluge Eltern ihren Kindern die Möglichkeit, selbst zu entscheiden: Was möchtest du gern zuerst essen? Den Brokkoli oder das Hühnchen?

Wenn ich meinem Kind die Wahl lasse, hat es das Gefühl, selbst bestimmen zu können: *Mama und Papa sagen mir nicht, was ich essen soll, sondern ich kann mir selber aussuchen, was ich essen will.*

Aber indem Mama und Papa die Wahlmöglichkeiten bestimmen, beeinflussen sie die Entscheidung ihres Kindes. Denn die kleine Lisa isst ja genau das, was sie essen soll, nur eben in der Reihenfolge, die sie selbst für richtig hält.

Sie müssen zum Arzt, weil Ihr Kind geimpft wird. Willst du die Spritze lieber in den rechten oder in den linken Arm? Sie machen Ihr Kind bettfertig. Willst du zuerst duschen oder nachdem du dir die Zähne geputzt hast? Durch solche *geleiteten Entscheidungen* hat das Kind ein Gefühl von Freiheit und Selbstbestimmung und die Eltern können trotzdem erreichen, was sie wollen.[13]

Clevere Unternehmensleiter machen oft das Gleiche. Wer sich für eine Stelle bewirbt, weiß, dass er sein Gehalt aushandeln muss, weshalb er für gewöhnlich erst einmal mehr verlangt, als ihm angeboten wird – und zwar unabhängig von der angebotenen Summe.

Nun kann man der Bewerberin zum Beispiel einen Kompromiss anbieten. Eine Woche mehr Urlaub statt 5.000 Dollar mehr Gehalt. Will sie 10.000 Dollar mehr haben, bekommt sie entsprechend weniger Firmenaktien.

Wenn der Bewerber die Wahl hat, welcher Aspekt ihm wichtiger ist, hat er auch eher das Gefühl, eine aktive Rolle in der Verhandlung zu spielen[14] – was dann hoffentlich dazu führt, dass er sich mit dem Ergebnis zufriedengibt. Lässt der Unternehmensleiter den Kandidaten zwischen zwei Möglichkeiten wählen, mit denen er selbst auch einverstanden ist, hat dieser ein stärkeres Gefühl von Autonomie, ohne dass es dem Unternehmen schadet.

Das ist mit *Ein Menü anbieten* gemeint: eine begrenzte Auswahl an Möglichkeiten, aus denen sich der andere etwas aussuchen kann.

Wenn Sie zum Mittagessen zum Italiener gehen, haben Sie meist mehr als ein Gericht zur Auswahl. Sie können sich überlegen, ob Sie lieber die Spaghetti mit Fleischbällchen oder das Lammragout nehmen, die Sauce bolognese oder das Macadamia-Pesto.

Können die Gäste alles bestellen, was sie wollen? Nein. Sie können kein Sushi bestellen, keine Frühlingsrollen, kein Lammsouflaki und auch sonst kein Gericht, was nicht auf der Karte steht.

Aber innerhalb des begrenzten Angebots an Speisen, die auf dem Menü stehen, können sie frei wählen. Sie haben die Wahl, aber es ist eine eingeschränkte, eine geleitete Wahl. Das Restaurant stellt die Speisekarte zusammen, innerhalb deren Grenzen die Gäste wählen können.

Werbeagenturen tun etwas Ähnliches, wenn sie ihren Kunden ihre Arbeit vorstellen. Würden sie nur eine einzige Idee vorschlagen, würde der Kunde das gesamte Meeting damit verbringen, darin herumzustochern, nach Fehlern und Schwachpunkten zu suchen und Gründe anzuführen, warum diese Idee nicht funktioniert.

Deshalb bieten Werbeagenturen, wenn sie klug sind, verschiedene Richtungen an, in die die Werbung gehen könnte – nicht zehn oder fünfzehn, sondern zwei oder drei –, und lassen den Kunden diejenige auswählen, die ihm am besten gefällt. Dadurch wächst seine Zustimmung.

Wenn Sie dagegen versuchen, Ihr Gegenüber davon zu überzeugen, etwas Bestimmtes zu tun, dann wird es sehr viel Zeit darauf verwenden, Gegenargumente zu finden. Es überlegt sich alle möglichen Gründe, warum die Idee schlecht ist oder warum eine andere Idee besser funktionieren würde. Warum es das, was ihm vorgeschlagen wurde, *nicht* will.

Aber wenn Sie dem anderen mehrere Möglichkeiten anbieten, sieht die Sache plötzlich ganz anders aus.

Dann überlegt er nicht mehr, was an Ihrem Vorschlag falsch sein könnte, sondern überlegt, welcher Vorschlag der bessere ist. Er durchlöchert Ihren Vorschlag nicht mit Einwänden, sondern überlegt, welche Möglichkeit die beste ist. Und weil er selbst aktiv werden kann, steigt die Wahrscheinlichkeit, dass er am Ende auch einen Ihrer Vorschläge annehmen wird.

Ein Freund von mir beschwert sich immer, dass ihn seine Frau erst nach seiner Meinung fragt und dann aber alles, was er vorschlägt, ablehnt. Wenn sie ihn zum Beispiel fragt: „Wo würdest du heute gern essen gehen?“ oder „Was möchtest du am Wochenende gern machen?“, und er antwortet: „Mexikanisch fände ich gut“ oder „Wir könnten am Sonntag auf das Festival gehen“, sagt sie sofort Nein: „Mexikanisch waren wir letzte Woche schon essen“ oder „Sonntag ist es zu heiß, um den ganzen Tag draußen zu sein.“

Ihn macht das wahnsinnig. „Warum fragt sie mich, was ich will? Nur damit sie Nein sagen kann?“, motzte er. „Benutzt sie mich als ihren Echoraum, oder was?“

Irgendwann probiert er es auf andere Weise. Er schlägt ihr nicht mehr eine Sache vor, sondern zwei. Er sagt: „Mexikanisch fände ich gut – oder Sushi.“ Er sagt, sie könnten auf das Festival gehen oder zu Hause bleiben und den ganzen Nachmittag ihre Lieblingsserie anschauen. Er bietet ihr nicht mehr nur eine Möglichkeit an, sondern ein Menü.

Plötzlich sagt sie nicht mehr einfach nur Nein. Zwar findet sie beide Möglichkeiten nicht gut und nennt dann auch irgendwelche Gründe, warum der eine Vorschlag keine gute Idee ist, aber zumindest entscheidet sie sich dann für den zweiten Vorschlag. Denn jetzt sieht es nicht mehr so aus, als würde er ihr seinen Wunsch aufzwingen, sondern es ist ihre Entscheidung. Sie hat die Wahl getroffen.[15]

Fragen statt reden

Eine weitere Möglichkeit, um anderen Menschen Handlungsmacht einzuräumen, besteht darin, ihnen Fragen zu stellen anstatt Aussagen zu machen.

Nafeez Amin ist Mitinhaber von Sherpa Prep, einem in Washington ansässigen Unternehmen, das Vorbereitungskurse für Studierende anbietet, die in die besten Graduiertenprogramme des Landes aufgenommen werden wollen.

Am Anfang stand Amin jedoch immer wieder vor demselben Problem: Die Teilnehmenden lernten nicht genug.

Amin leitet nicht nur das Unternehmen, sondern hilft auch oft als Kursleiter aus. Die meisten Studierenden haben seit Jahren keinen Mathematikunterricht mehr gehabt und da sie im GMAT-Test („Graduate Management Admission Test") keinen Taschenrechner benutzen dürfen, nimmt er in den ersten Sitzungen die Grundlagen der Arithmetik mit ihnen durch. Außerdem bespricht er mit ihnen den Kursplan, bittet sie, sich selbst einen Lernplan zu erstellen oder ihren Freunden zu erzählen, dass sie den Kurs belegen, damit sie sich stärker verpflichtet fühlen, dafür auch zu lernen.

Aber immer wenn Amin mit den Teilnehmenden sprach, stellte er fest, dass eine große Lücke klaffte zwischen ihren Erwartungen und der Arbeit, die man erbringen musste, um den GMAT-Test zu bestehen. Viele von ihnen hatten keine Ahnung, was ihnen bevorstand. Alle wollten sie sich bei denselben zehn Top-Hochschulen bewerben und dachten, wenn sie sich nur ein bisschen anstrengten, würden sie schon dort aufgenommen. Ihnen war nicht klar, dass diese Unis Aufnahmequoten von um die fünf Prozent hatten, selbst unter hoch qualifizierten Bewerbern.

Viele von ihnen dachten noch daran zurück, wie leicht sie den Zulassungstest für die Uni geschafft hatten oder wie gut sie bei früheren Tests abgeschnitten hatten. Aber diese Aufnahmeprüfung war eine ganz andere Nummer. Hier ging es nicht mehr um Highschool-

Tests. Die Teilnehmenden mussten sich gegen Bewerberinnen behaupten, die nicht nur einen College-Abschluss hatten, sondern die so gut abgeschnitten hatten, dass sie überlegten, auf eine Graduiertenschule zu gehen. Die Konkurrenz war riesig. Es würde nicht reichen, einfach alles so zu machen wie immer.

Als Amin die Teilnehmenden fragte, wie viel sie zu Hause lernen wollten, war er schockiert. Die meisten von ihnen meinten, sie wollten fünf Stunden pro Woche lernen, das Höchste, was genannt wurde, waren zehn Stunden pro Woche. Alles in allem vielleicht 50 Stunden. Was weit entfernt war von den 200 bis 300 Stunden, die man normalerweise lernen musste, um den Test zu bestehen.

Doch als Amin ihnen das zu erklären versuchte, sahen sie ihn nur ungläubig an. Entweder glaubten sie ihm nicht oder es hatte sie auf dem völlig falschen Fuß erwischt, sodass sie nichts mehr erwidern konnten. Für den ersten Tag war das natürlich auch eine krasse Ansage. *Will der Typ mir jetzt im Ernst sagen, wie viel ich lernen soll?*

Amin wollte nicht demotivierend klingen. Er wollte nur, dass die Teilnehmenden realistisch waren. Er wollte ihnen begreiflich machen, dass sie sehr viel mehr zu Hause lernen mussten, als sie dachten. Dass sie sehr viel härter arbeiten mussten. Und sehr viel mehr Zeit investieren mussten. Dass ein langer, anstrengender Weg vor ihnen lag.

Deshalb sagte Amin den Teilnehmenden des nächsten Kurses nicht mehr, was sie tun mussten, sondern fragte sie, was sie tun wollten. In der ersten Sitzung stellte er ihnen Fragen wie: „Warum sind Sie hier? Was ist Ihr Ziel? Warum wollen Sie diesen Test absolvieren?“

„Ich will auf eine Top-Uni“, sagte ein Teilnehmender.

„Okay. Wissen Sie, was es braucht, um dort einen Platz zu bekommen?“, fragte Amin.

„Ich brauche 720 Punkte“, antwortete einer. „750“, eine andere.

„Und wie schaffen Sie das?“, fragte Amin.

Jetzt klinkten sich noch andere Teilnehmende ein und es begann eine lebhafte Diskussion, bei der herauskam, dass jedes Jahr etwa 250.000 Personen den GMAT-Test absolvieren. Für die 20 besten Programme in BWL bewerben sich etwa 10.000 Leute. Das heißt, eine immense Zahl von Studierenden bewirbt sich auf ein paar wenige Plätze. Allmählich dämmerte den Teilnehmenden, dass die Sache schwerer würde, als sie gedacht hatten.

Als diese Erkenntnis ein bisschen gesackt war, lenkte Amin das Gespräch in die Richtung, in die er es von Anfang an hatte bringen wollen: Die Teilnehmenden würden für diesen Test sehr viel mehr lernen müssen, als sie gedacht hatten. „Also, wie viele Stunden pro Woche müssen Sie lernen, um eine Punktzahl zu erreichen, die Sie in den oberen Prozentbereich bringt?", fragte er.

Die Teilnehmenden wollten jetzt aber keine Zahlen mehr in den Ring werfen, weil sie merkten, dass sie die Antwort nicht kannten. Stattdessen begannen sie ihrerseits Amin Fragen zu stellen. „Sie machen das hier ja schon länger. Was würden Sie sagen?", fragte ein Teilnehmender. „Wie viel muss jemand wie ich lernen, um eine Punktzahl zu erreichen, mit der ich in eines der Top-Programme komme?"

Es hatte bei den Leuten geklingelt.

Wenn Amin jetzt eine Zahl wie 300 Stunden sagte, nahmen ihn alle ernst. Sie fingen an zu rechnen und stellten fest, dass sie in einem zehnwöchigen Kurs nicht mit fünf Stunden pro Woche hinkamen, wenn sie insgesamt 300 Stunden lernen mussten. Sie mussten ihren Plan also ändern. Und am Ende der Diskussion hatten sie ihre Stundenzahl verdreifacht.

Nur weil Amin den Teilnehmenden Fragen gestellt hatte, steigerten sie ihren Lerneifer drastisch. Sie arbeiteten mehr zu Hause, profitierten stärker von seinem Kurs und schnitten beim Test deutlich besser ab. Und zwar nicht, weil er ihnen gesagt hatte, wie viel sie lernen mussten, sondern weil er ihnen dabei geholfen hatte, selbst zu dieser Erkenntnis zu gelangen.

Fragen erfüllen mehrere Funktionen. Erstens ändert sich dadurch wie beim Anbieten eines Menüs die Rolle des Zuhörenden. Statt nach Gegenargumenten zu suchen oder sich Gründe zu überlegen, warum er eine Aussage falsch findet, ist er jetzt mit einem anderen Aspekt beschäftigt: Er muss selbst nach einer Antwort auf die Frage suchen. Herausfinden, was er selbst darüber denkt. Viele Menschen tun genau das liebend gern.

Zweitens, was noch wichtiger ist, erhöht sich durch Fragen die Akzeptanz, weil sich viele Menschen ungern von anderen leiten lassen und sich lieber selbst leiten. Denn die Antwort auf die Frage ist nicht *irgendeine* Antwort, sondern *ihre eigene* Antwort. Und weil es ihre eigene, persönliche Antwort ist, in der ihre eigenen Gedanken, Überzeugungen und Vorlieben stecken, werden sie anschließend auch viel eher aktiv.

In Warnhinweisen und Gesundheitskampagnen stehen oft als ewig gültige Aussagen formulierte Informationen: „Fast Food macht fett" oder „Betrunken Auto zu fahren ist Mord".

Der Hinweis soll möglichst direkt etwas vermitteln, klingt dadurch aber schnell wie eine Moralpredigt, was zu Abwehrverhalten führt: Fast Food macht nicht fett. Ich kenne tausend Leute, die bei McDonald's essen und überhaupt nicht zunehmen. Oder: Die Anzeige ist übertrieben. Mein Freund ist letzte Woche betrunken Auto gefahren und niemand ist deswegen gestorben. Gerade wenn jemand eine starke Meinung zu einem bestimmten Thema hat, kann der Schuss nach hinten losgehen, wenn man ihn mit Gewalt zu einer anderen Haltung bringen will.

Nun kann ich aber auch dasselbe sagen, indem ich es in eine Frage verpacke:

Glaubst du, Fast Food ist gesund?

Wenn Ihr Gegenüber darauf mit Nein antwortet, hat es sich selbst in die Bredouille gebracht. Denn dadurch, dass Sie Ihr Gegenüber nach seiner eigenen Meinung zum Thema gefragt haben, haben Sie es dazu gebracht, Farbe zu bekennen. Es hat von sich aus gesagt, dass

Fast Food nicht gesund ist. Und hat es das erst einmal gesagt, kann es natürlich schwerer rechtfertigen, weiterhin Fast Food zu essen.

Fragen bringen den Befragten dazu, *sich zu seiner Antwort zu bekennen*. Danach zu handeln, was er selbst mit seiner Antwort gesagt hat.

Amin fragte die Teilnehmenden seines Kurses, was sie erreichen wollten. Die Frage war aber nicht zufällig gestellt. Er stellte sie, weil er wusste, dass die Antworten sie in die Richtung bringen würden, in der er sie von Anfang an haben wollte.[16]

Eine Managerin eines Herstellers medizinischer Geräte hatte Probleme mit dem Umgang ihres Verkaufspersonals mit seinen Untergebenen. Sie schickte ihnen am laufenden Band E-Mails und hielt Dutzende von Meetings ab, um die alteingesessenen Angestellten dazu zu bringen, die jüngeren besser anzuleiten.

Aber mit Druck erreichte sie gar nichts. Weil der Lohn an die Zahl der erzielten Verkaufsabschlüsse gekoppelt war, kümmerten sich die Manager lieber um den Verkauf als um die Betreuung ihrer Untergebenen.

Am Ende fragte die frustrierte Managerin einen Verkäufer: „Wie haben Sie es geschafft, ein so erfolgreicher Verkäufer zu werden? Wo haben Sie die ganzen Techniken gelernt, die Sie heute anwenden?"

„Oh, das habe ich alles von Tim gelernt, meinem damaligen Vorgesetzten", antwortete er.

Die Managerin dachte kurz nach, dann fragte sie: „Und wie sollen die Leute aus Ihrem Team bessere Verkäufer werden, wenn sie nichts von Ihnen lernen?"

Inzwischen ist dieser Verkäufer einer der besten Mentoren im gesamten Unternehmen.

Wie kann man eine Unternehmenskultur ändern oder ein Team dazu bringen, sich mit einer umwälzenden Neustrukturierung anzufreunden? Katalysatoren vermeiden es, einfach nur einen selbst ausgeklügelten Plan durchzusetzen. Sie tun das Gegenteil. Sie fangen damit an, den Leuten Fragen zu stellen. Sie treffen sich mit den Interessenvertretern, holen deren Perspektive ein und binden sie in den Planungsprozess ein. Diese Vorgehensweise hat zwei Vorteile: Erstens erfahren sie von vielen Problemen – und zwar nicht einfach nur aus Untersuchungsdaten oder abstrakten Anekdoten, sondern direkt von den Leuten, die tagtäglich damit zu tun haben. Dadurch können sie schon eine sehr viel bessere Lösung entwickeln.

Zweitens, was noch wichtiger ist, sind alle Angestellten mit größerem Engagement dabei, wenn es an die Umsetzung geht. Denn ihnen wurde nicht einfach eine Entscheidung vor den Latz geknallt, sondern sie haben das Gefühl, aktiv Anteil daran zu haben. Sie haben sich schon zu dem aufgestellten Plan bekannt und sind deshalb auch eher bereit, die Arbeit zu leisten, die dafür nötig ist, ihn umzusetzen – wodurch wiederum die Umstellung schneller ablaufen wird.

Ergo: Fragen ist besser als reden.*

Auf einen Widerspruch hinweisen

Wenn Sie jemandem ein Menü anbieten oder ihm Fragen stellen, anstatt selbst zu reden, vermeiden Sie, dass er sich übergangen fühlt. Eine weitere Möglichkeit, einen anderen zu einem eigenständigen Haltungswechsel zu bringen, besteht darin, ihn auf einen Widerspruch hinzuweisen – zum Beispiel zwischen dem, was er denkt, und dem, was er tut, oder zwischen dem, was er anderen empfiehlt zu tun, und dem, was er selbst tut.

Haben Sie Feuer?

Sie können wahrscheinlich jeden Raucher fragen und selbst Leute, die nur gelegentlich rauchen, sie alle werden zumindest schon ein,

* Oder anders formuliert: Was meinen Sie, wie können Sie bei Ihrem Gegenüber eher bewirken, dass es seine Meinung ändert? Indem Sie reden oder indem Sie fragen?

wenn nicht Hunderte Male diese Frage gehört haben. Eine bescheidene Bitte unter Brüdern (oder Schwestern). Der man ebenso gern nachkommt, wie man für jemand anderen die Fahrstuhltür aufhält.

Wenden Sie sich jedoch mit dieser Bitte in Thailand an einen Raucher auf der Straße, fällt die Antwort deutlich unfreundlicher aus. „Nein, auf keinen Fall“, sagt zum Beispiel der eine, „Zigaretten sind Gift“, die andere. Ein dritter doziert: „Davon kriegt man Krebs und dann wird einem ein Loch in den Hals gebohrt. Wer will das schon?“

Wer raucht, stirbt früher, bekommt Lungenkrebs und diverse andere schreckliche Krankheiten, heißt es.

Hier reden keine Delegierten aus dem Gesundheitswesen, sondern ganz normale Raucher, die gerade selbst an einem Glimmstengel ziehen. Aber sie hatten eine Motivation, ihr Gegenüber zu belehren, warum Rauchen schlecht ist.

Das lag an der Person, von der sie gefragt wurden.

Denn diese Person war ein Kind. Ein kleiner Junge in einem T-Shirt mit Affenmotiv oder ein Mädchen mit Zöpfen. Beide kaum 1,20 Meter groß und höchstens zehn Jahre alt. Die Kinder zogen eine Zigarette aus der Tasche und baten die Raucher höflich um Feuer.

Nachdem ihnen ihre Bitte verwehrt und sie oft genug dafür ausgeschimpft wurden, drehten sie sich um und gingen. Aber vorher drückten sie dem Raucher noch einen kleinen gefalteten Zettel in die Hand. Eine kleine Notiz, ein kleines Geheimnis, so wie man es in der Schule unterm Tisch weiterreicht. „Sie machen sich Sorgen über mich“, stand darauf, „aber warum nicht über sich selbst?“

Ganz unten auf dem Zettel stand eine kostenfreie Telefonnummer, die man anrufen konnte, wenn man seine schlechte Angewohnheit aufgeben wollte.*

Seit über 25 Jahren betrieb die Thai Health Promotion Foundation diese Hotline, um Menschen zu helfen, mit dem Rauchen aufzuhören. Doch obwohl sie Millionen Dollar in Werbung und andere

* Ein Video der Kampagne finden Sie auf jonahberger.com/videos.

Kanäle investierte, riefen nur wenige Leute an. Entweder übersahen die Raucher die Kampagnen oder sie maßen ihnen keine Bedeutung bei. Sie wussten, dass Rauchen schädlich ist, unternahmen aber nichts gegen ihre Sucht.

Deshalb probierte es die Stiftung 2012 mit einer anderen Strategie. Ihr war klar geworden, dass eine Stiftung oder ein Star die Raucherinnen nicht würde überzeugen können, sondern dass es das Beste wäre, wenn der Sprecher selbst ein Raucher war. Um mit dem Rauchen aufzuhören, mussten die Menschen sich selbst überzeugen. Daher rief die Stiftung die Kampagne „Smoking Kid" ins Leben.

Fast alle Raucher, die den vom Kind überreichten Zettel lasen, hielten inne und warfen ihre Zigarette weg. Aber niemand warf den Zettel in den Müll.

Mit einem denkbar kleinen Budget von gerade einmal 5.000 Dollar und ohne Ausgaben für Werbung entfaltete die Kampagne eine enorme Wirkung. Die Zahl der Anrufe bei der Hotline stieg um über 60 Prozent. Ein Video über die Aktion wurde in gut einer Woche mehr als fünf Millionen Mal angesehen. Selbst Monate später war die Zahl der Anrufe bei der Hotline noch um 30 Prozent höher als sonst. Viele meinten, es sei die erfolgreichste Anti-Raucher-Kampagne aller Zeiten.

Die Kampagne funktionierte so gut, weil sie auf einen Widerspruch hinwies zwischen dem, was die Raucher anderen – in diesem Fall Kindern – rieten, und dem, was sie selbst taten.

Menschen streben nach innerer Kohärenz. Es ist ihnen wichtig, dass ihre Einstellungen und Glaubenssätze mit ihrem Verhalten übereinstimmen. Wer sagt, er sorge sich um die Umwelt, der versucht auch, seinen CO_2-Fußabdruck zu reduzieren. Wer Ehrlichkeit predigt, bemüht sich darum, selbst nicht zu lügen.

Deshalb fühlen wir uns unwohl, wenn unsere Einstellungen und unser Verhalten miteinander kollidieren. Und um dieses Unwohlsein wieder loszuwerden, das Wissenschaftler kognitive Dissonanz nennen, bemühen wir uns, beides wieder in Einklang zu bringen.

Mit genau diesem Konflikt sahen sich die Raucher durch die Kampagne in Thailand konfrontiert. In dem Moment, als sie den Kindern sagten, Rauchen sei schlecht, saßen sie in der Zwickmühle. Ihre Einstellung und ihr Verhalten passten nicht zusammen. Um diese Dissonanz zu beenden, musste etwas passieren. Sie konnten den Kindern entweder sagen, dass Rauchen doch gar nicht so schlimm sei, oder sie überprüften ihr eigenes Verhalten und überlegten, endlich mit dem Rauchen aufzuhören. Und genau das taten sie.

Eine Forschungsgruppe brachte einmal mit einer ähnlichen Idee Menschen dazu, weniger Wasser zu benutzen.[17] Kalifornien litt gerade wieder einmal unter Wasserknappheit und die Universitätsverwaltungen wollten die Studierenden dazu bringen, kürzer zu duschen. Die übliche Ansprache zeigte dafür zu wenig Wirkung.

Deshalb probierten die Wissenschaftler es damit, auf die Diskrepanz zwischen Einstellung und Handeln hinzuweisen. Eine wissenschaftliche Mitarbeiterin der University of California in Santa Cruz stellte sich vor die Frauenumkleide und fragte die Studentinnen, die duschen gehen wollten, ob sie ein Poster unterschreiben würden, das darum bat, weniger Wasser zu benutzen. „Bitte dusche kürzer“, stand darauf. „Ich kann es, und du auch!“

Prosoziales Verhalten unterstützen? Dazu waren die Studentinnen natürlich gern bereit.

Nachdem sie auf dem Poster unterschrieben hatten, wurden sie gebeten, ein paar kurze Fragen zu ihrem eigenen Wasserverbrauch zu beantworten, zum Beispiel: „Stellen Sie beim Duschen immer das Wasser ab, wenn Sie sich einseifen oder shampoonieren?“ Die Fragen wiesen sie darauf hin, dass ihr eigenes Verhalten vielleicht nicht unbedingt ideal war und sie beim Duschen womöglich selbst Wasser vergeudeten.

Schließlich gingen die Studentinnen duschen. Ohne dass sie es mitbekamen, zeichnete eine zweite wissenschaftliche Mitarbeiterin auf, wie lange sie das Wasser laufen ließen. Dazu stellte sich die Forscherin in eine andere Duschkabine und tat so, als würde sie selbst duschen, während sie mit einer wasserdichten Uhr die Zeit stoppte.

Durch den Hinweis auf die Diskrepanz zwischen Einstellung und Verhalten konnte der Wasserverbrauch deutlich gesenkt werden. Die Studentinnen verkürzten ihre Duschzeit um über eine Minute, das heißt um über 25 Prozent. Und sie stellten doppelt so oft das Wasser ab, wenn sie sich einseiften oder shampoonierten.

Vor Augen geführt zu bekommen, dass sie nicht immer taten, was sie selbst für richtig halten würden, motivierte die Studentinnen dazu, ihr eigenes Verhalten zu verändern.

Diese Herangehensweise funktioniert übrigens sogar dann, wenn die Diskrepanz weniger offensichtlich ist.

Menschen, die den Klimawandel leugnen, wollen ungern, dass ihre eigenen Kinder verschmutzte Luft einatmen. Angestellte, die in veralteten, ineffizienten Arbeitsabläufen feststecken, werden neuen Mitarbeitern kaum empfehlen, es genauso zu machen. Es gibt also eine Diskrepanz zwischen dem, was die Menschen sagen oder tun, und dem, was sie anderen wünschen oder empfehlen würden.

Nehmen wir als Beispiel ein Projekt, das nicht die gewünschte Wirkung zeigt, oder eine Abteilung in einem Unternehmen, die permanent Minus macht. Bei beidem müsste man eigentlich sagen, lassen wir es. Aber dann gibt es Menschen, die daran hängen und sagen: „Geben wir dem Ganzen noch eine Chance. Vielleicht braucht es einfach mehr Zeit." Ihr Beharren führt zum Stillstand, aber sie können einfach nicht loslassen, obwohl das für alle besser wäre.

Anstatt sie nun davon zu überzeugen, dass es das Beste wäre, die Sache aufzugeben, können Sie es auch anders versuchen: indem Sie den Bezugspunkt ändern.

Angenommen, das Projekt würde heute beginnen. Würden die Angestellten mit dem Wissen, das sie jetzt darüber haben, empfehlen, es durchzuführen? Bekämen sie heute einen neuen Chef, würden sie ihm empfehlen, die Abteilung beizubehalten? Und wenn die Antwort Nein lautet, warum sollte dann das Projekt oder die Abteilung noch aufrechterhalten bleiben?

Indem Sie auf diese Diskrepanz hinweisen, bringen Sie die anderen nicht nur dazu, sie ebenfalls zu erkennen, sondern regen sie auch dazu an, sie zu aufzulösen.

Zuallererst Verständnis zeigen

Der letzte Aspekt, wie Katalysatoren ihrem Gegenüber Autonomie ermöglichen, wurde ursprünglich und vielleicht überraschend von Verhandlungsführern wie Greg Vecchi bei Geiselnahmen angewandt.

Jahrzehntelang wurde bei solchen Verhandlungen ein einfaches Stufenmodell angewandt. Wollte man einen Terroristen davon überzeugen, seine Geiseln freizulassen, oder jemanden davon abbringen, Selbstmord zu begehen, griff man auf ein bewährtes Modell mit mehreren Schritten zurück.

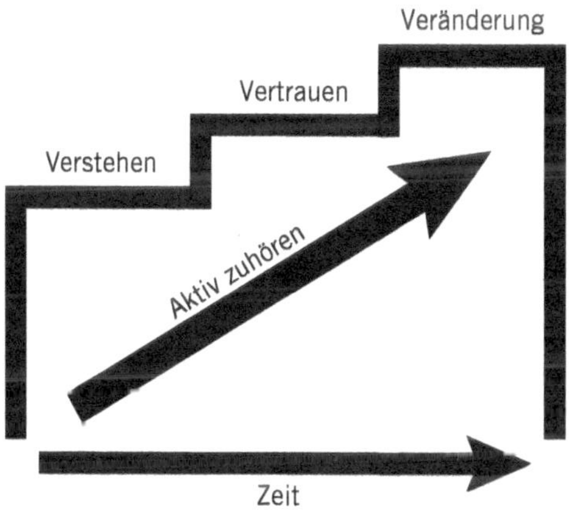

Dabei besteht der erste Schritt gerade nicht darin, sein Gegenüber zu beeinflussen oder zu überreden. Neulinge würden wie die meisten Menschen am liebsten nur sagen: „Lassen Sie die Geiseln frei oder wir schießen!“ Sie würden also direkt zu dem Ziel springen, das sie erreichen wollen.

Es ist kaum verwunderlich, dass eine solche Taktik nicht funktioniert. Sie ist zu direkt und zu aggressiv und führt oft dazu, dass der Konflikt eskaliert. Denn wenn Sie versuchen, auf den anderen Einfluss zu nehmen, geht es dabei ausschließlich um Sie und nicht um den anderen, um seine Bedürfnisse und Beweggründe. Sie interessieren sich nur für das, was Sie wollen.

Aber wenn jemand sein Verhalten ändern soll, muss er erst einmal bereit sein, dem anderen zuzuhören. Er muss seinem Gesprächspartner vertrauen. Bevor das nicht der Fall ist, helfen die größten Überredungskünste nicht.

Überlegen Sie nur mal, warum Mund-zu-Mund-Propaganda überzeugender ist als jede Werbung. Wenn auf einem Plakat steht, dass ein neues Restaurant gut ist, glauben das nur die wenigsten. Weil sie denken, dass sie Werbung kein Vertrauen schenken können.

Aber wenn ihnen ein Freund sagt, die hausgemachten Tagliatelle seien köstlich gewesen, sind sie schon sehr viel eher geneigt, es einmal auszuprobieren. Warum? Weil dieser Freund eine Befugnis hat, das zu sagen. Sie kennen diesen Freund lange genug, um zu vermuten, dass er es gut mit ihnen meint.

Deshalb beginnt ein gewiefter Verhandlungsführer nicht mit dem, was *er* will, sondern setzt bei *der Person* an, deren Verhalten er ändern will. Er versucht herauszufinden, woher sie kommt und in welcher Lage sie ist, er versucht, ihre Gefühle und Beweggründe zu verstehen und ihr zu zeigen, dass er diese Gefühle und Beweggründe anerkennt.

Wer in einer Krise steckt, hat oft das Gefühl, dass ihm niemand hilft. Er ist aufgebracht und wütend und will wahrgenommen werden. Aber er befindet sich in dieser Lage, gerade weil er das Gefühl hat, dass ihm niemand zuhört.

Deshalb beginnt Greg Vecchi jede Verhandlung mit demselben Satz: „Hi, ich bin Greg vom FBI. Geht es Ihnen gut?“ Das sagt er immer, egal ob er mit einem fünfjährigen Kind oder einem 50-jährigen Bankräuber spricht, einer Mutter, die Selbstmord begehen will, oder einem Mörder. Das ist seine Eröffnung.

Er sagt nichts, was irgendwie offiziell klingt, wie „Hier spricht Sonderermittler Vecchi", und schon gar nicht einen Satz wie „Kommen Sie mit erhobenen Händen heraus oder wir kommen herein und holen Sie." Damit baut man nicht unbedingt Vertrauen auf.

Stattdessen fängt Vecchi damit an, eine Brücke zu bauen. Indem er den anderen reden lässt, ohne über ihn zu urteilen oder sich selbst einzuschalten, wirkt er darauf hin, dass eine Beziehung zwischen ihnen entstehen kann. Er gibt dem anderen das Gefühl, etwas zu sagen zu haben. Er stellt die richtigen Fragen, zeigt, dass er zuhört und das Anliegen des anderen ernst nimmt.

Seine Fragen dienen dabei nicht nur dazu, Mitgefühl und Verständnis auszudrücken, sondern auch wertvolle Informationen zu erhalten. Dank der sogenannten taktischen Empathie kann der Verhandlungsführer herausfinden, was das der Situation zugrunde liegende Problem ist, warum der Täter aufgebracht ist und was er braucht. Indem er dessen Perspektive einnimmt und ihn in den Mittelpunkt stellt, baut er eine Verbindung zu ihm auf und schafft eine Basis, um im weiteren Verlauf Einfluss auf ihn zu nehmen.

Das fällt unerfahrenen Verhandlungsführern oft am schwersten: dem anderen erst einmal zuzuhören und sich in seine Lage zu versetzen, anstatt sofort nach einer Lösung zu suchen. Aber eine Lösung findet man nur, wenn man dafür eine Basis geschaffen hat.

Denn nur wenn ich das Gefühl habe, dass mir der andere auch wirklich zuhört und ihm mein Wohlergehen am Herzen liegt, kann ich Vertrauen zu ihm aufbauen.

Vecchi selbst sagt, dass er sich zum Gehilfen macht, zum Anwalt, zum Mittel, durch das sein Gegenüber bekommt, was es will. „Kann es sein, dass Sie Hunger haben? Ich besorge Ihnen was zu essen." „Wollen Sie ein Fluchtauto? Welche Marke soll es sein?" Er wird zur Mittelsperson, zum Partner. Er zeigt dem anderen von Anfang an, dass er da ist, um ihm zu helfen, und dass sie beide ein Team sind.

Das drückt sich sogar in seiner Sprache aus: „*Wir* finden zusammen eine Lösung." „*Wir* müssen zusammenarbeiten, *Sie und ich, wir* wollen ja nicht, dass *uns* jemand das Heft aus der Hand nimmt, oder?" Durch inklusive Pronomen entsteht eine Atmosphäre, in der Vecchi den anderen unterstützt und ihn so weit er kann schützt, aber der andere muss ihm umgekehrt auch helfen. Es ist schwer, weiterhin wütend zu sein, wenn mein Gegenüber versucht, mir zu helfen.

Erst wenn Vecchi Verständnis gezeigt und Vertrauen aufgebaut hat, versucht er eine Veränderung herbeizuführen. Er muss den anderen dazu bringen, dass er bereit ist, sich Vecchis Vorschläge anzuhören und seiner Richtung zu folgen. Doch damit ihm das gelingen kann, muss er die Situation immer aus der Perspektive des anderen zu lösen versuchen. Wenn er einem Bankräuber mit zwei Geiseln sagt, er soll rauskommen, damit er ihn verhaften kann, würde er damit nicht weit kommen. Das ist zwar sein Ziel, aber der Bankräuber will natürlich nicht ins Gefängnis.

Schon eher bringt er den Bankräuber dazu, sich zu stellen, wenn dieser das Gefühl hat, die Lösung sei seine eigene Idee gewesen. Vecchi muss den Bankräuber also dazu bringen, sich selbst von dieser Lösung zu überzeugen. Dazu benutzt er dessen Worte und wiederholt sie, bis sie seinem eigenen Ziel entsprechen. Er leitet den Bankräuber dazu an, zu der Schlussfolgerung zu gelangen, die er selbst ziehen würde: dass die beste Lösung darin besteht, mit erhobenen Händen herauszukommen.

Das heißt aber nicht, dass Vecchi einfach nur macht, was der Bankräuber will. Denn dessen bevorzugte Lösung besteht ja darin, das Geld zu nehmen und auf Nimmerwiedersehen zu verschwinden. Ungeschoren davonzukommen. Und das kann Vecchi wiederum nicht zulassen.

Erfolg hat Greg Vecchi mit seiner Herangehensweise gerade deshalb, weil er dem Bankräuber nicht sagt, was er machen soll, sondern weil er ihm das Gefühl gibt, dass er sich um ihn kümmert und das Beste für ihn will. Dadurch bringt er ihn zu der Lösung, die er von Anfang an im Sinn hatte: mit erhobenen Händen herauszukommen.

Vor ein paar Jahren hatte Vecchi mit einem Vater zu tun – nennen wir ihn John –, der drohte, sich umzubringen. John war verzweifelt. Er hatte seine Stelle verloren und keine neue gefunden und hatte Angst, nicht mehr für den Lebensunterhalt seiner Familie sorgen zu können. Als letzte Möglichkeit, ihr zu helfen, sah er nur noch seinen Selbstmord. Er hatte eine hoch dotierte Lebensversicherung abgeschlossen und durch seinen Tod würde die Familie wieder Geld haben und es wäre für sie gesorgt.

In einer solchen Situation wollen die meisten Menschen ganz direkt sagen, was Sache ist. Die Versicherung wird nicht zahlen, wenn John Selbstmord begeht. Das sollte man ihm dann doch auch möglichst sofort sagen!

Das ist aber nicht Johns Perspektive. Damit übergeht man, in welcher Lage er sich gerade befindet. Und wenn ich versuche, ihm mit rationalen Argumenten zu kommen, mit ihm aus meiner statt aus seiner Perspektive über die Situation zu sprechen, dann wird er sich vermutlich tatsächlich umbringen.

Deshalb setzte Vecchi bei John selbst an. Er stellte sich vor und fragte ihn, ob es ihm gut geht. Dann versuchte er herauszufinden, was sein Problem war. „Ich habe 20 Jahre lang für diesen Mann gearbeitet“, sagte John, „und jetzt hat er mich gefeuert und ich habe keinerlei Einkommen mehr. Alles gehört der Bank. Ich bin für meine Familie verantwortlich. Ich muss das tun. Ich habe eine gute Versicherung und keiner braucht mich.“

„Erzählen Sie mir von Ihrer Familie“, sagte Vecchi, um sich in den Gehilfen zu verwandeln, der mehr über John erfahren will, weil er sich für ihn interessiert.

„Oh, ach, ich bin verheiratet und habe zwei tolle Kinder“, sagte John.

Weil er das Augenmerk auf seine Kinder legte, griff Vecchi diesen positiven Aspekt auf, um ihn zu vertiefen. „Ah! Erzählen Sie mir von Ihren Kindern.“

„Oh, ja. Es sind … ich habe zwei Jungs“, sagte John.

„Zwei Jungs? Wirklich?“, nahm Vecchi auf, was John gesagt hat.

„Ja“, antwortete John.

„Sie scheinen sie sehr zu lieben“, benannte Vecchi Johns Gefühle. „Ja, Sie scheinen sie wirklich sehr zu lieben.“

„Ja, natürlich liebe ich sie“, sagte John.

„Sie scheinen ein richtig, richtig guter Vater zu sein, der immer versucht, das Richtige zu tun“, sagte Vecchi.

„Ja, natürlich, klar tue ich das“, erwiderte John.

Vecchi hat John dazu gebracht, von seinen Kindern und seiner Beziehung zu ihnen zu erzählen. John will, dass sie anständige Jungs sind und Frauen respektieren. Er geht mit ihnen angeln und bringt ihnen bei, was sie fürs Leben brauchen. Und seine Kinder finden es toll, wenn er Zeit mit ihnen verbringt.

Nachdem sich die beiden eine Zeit lang unterhalten haben und John all das erzählt hat, steigt Vecchi wieder ins Thema ein: „Okay, John, passen Sie auf. Ich glaube, wenn Sie sich heute umbringen, dann werden Ihre Kinder ihren besten Freund verlieren.“

Und dann: Schweigen.

Vecchi sagt nichts mehr, sondern lässt einfach seine Worte bei John ihre Wirkung entfalten.

Er hat nämlich John gerade ein Dilemma in den Kopf gepflanzt. Und zwar nicht, indem er ihm gesagt hat, was er tun soll, oder indem er ihn zu irgendetwas gedrängt hat, sondern indem er ihm zugehört und Johns eigene Worte in eine andere Perspektive gesetzt hat. Und weil er eine Beziehung zu John aufgebaut und ihm geholfen hat, ohne ihn in irgendeiner Weise zu beurteilen, ist es schwer für John, einfach wegzuhören.

John wird sich nicht umbringen. Denn Selbstmord erscheint ihm jetzt nicht mehr als eine gangbare Lösung.

Jemanden davon abzubringen, Selbstmord zu begehen, ist ein schwieriges Unterfangen. Wir können nur hoffen, selbst niemals in diese Lage zu kommen.

Aber die Herangehensweise von Greg Vecchi lässt sich auch auf einige alltägliche Situationen übertragen, vom Gespräch mit dem Lieferanten bis hin zum Streit mit der Gattin.

Bevor wir versuchen, den anderen von etwas zu überzeugen, sollten wir zuerst einmal versuchen, ihn zu verstehen. Warum nimmt der Lieferant einen höheren Preis als gedacht? Vielleicht sind seine Kosten gestiegen. Warum ärgert sich Ihre Frau so maßlos über das dreckige Geschirr in der Spüle? Vielleicht geht es um das Geschirr, vielleicht aber auch um ein größeres Problem, das dahinterliegt. Ein Problem, das Sie nicht gelöst haben und an das Ihre Frau durch das Geschirr erinnert wird.

Wenn wir uns verstanden fühlen, kann Vertrauen entstehen. Dem Lieferanten wird klar, dass es um eine langfristige Partnerschaft gehen sollte und nicht darum, möglichst viel Geld zu machen. Die Ehefrau begreift, dass dreckiges Geschirr manchmal einfach nur dreckiges Geschirr ist. Und während dieses Verständigungsprozesses findet man gemeinsam einen Weg, um das Problem zu lösen.*

Es ist wie beim Unkrautjäten. Am schnellsten geht es, wenn ich das Unkraut ganz oben anfasse, abzupfe und dann zum nächsten übergehe.

Dadurch sieht alles relativ schnell wieder adrett aus, nur funktioniert dieses Vorgehen langfristig natürlich gar nicht, weil das Unkraut einfach nachwächst. Und zwar schneller, als ich gucken kann. Was als Abkürzung gedacht war, nimmt am Ende nur noch mehr Zeit in Anspruch.

---

* Wenn Sie in solchen Situationen erst einmal versuchen, den anderen zu verstehen, senken Sie damit auch dessen Anti-Persuasionsradar, da Sie ihm die Möglichkeit geben, seine eigene Sichtweise darzulegen. In den meisten Verhandlungen, Streitigkeiten oder Diskussionen verwenden wir sehr viel Zeit darauf, uns zu überlegen, was wir als Nächstes sagen sollen. Warum das, was der andere gesagt hat, falsch war, oder wir nennen einen weiteren Grund, warum wir recht haben. Anstatt uns darauf zu konzentrieren, was der andere sagt, überlegen wir uns Gegenargumente. Wir hören nicht zu, was der andere zu sagen hat, sondern suchen in seinem Redebeitrag nach Stellen, wo wir unsere Sicht anbringen können. Wenn wir dem anderen aber die Möglichkeit geben, seinen Standpunkt zu erläutern, dann steigt auch die Wahrscheinlichkeit, dass er uns zuhört, wenn wir reden.

Um das Unkraut loszuwerden oder bei meinem Gegenüber eine Verhaltensänderung herbeizuführen, muss ich an die Wurzel gehen. Entdecken, was seine Bedürfnisse und Beweggründe sind. Und wenn ich die Wurzel einmal gepackt habe, kommt der Rest ganz von allein.

Weitere Strategien, die Verhandlungsführer anwenden, um das Gegenüber zum Umdenken zu bewegen, finden Sie im Anhang „Aktives Zuhören".

Abwehrverhalten umwandeln

Wenn wir merken, dass unser Gegenüber uns zu etwas drängen oder überreden will, gehen wir oft zum Gegenangriff über, schalten auf stur, leisten Widerstand.

Um den anderen zu einer Veränderung seines Verhaltens zu bewegen, muss ich mich davor hüten, ihn überzeugen zu wollen, und ihn dazu bringen, sich selbst zu überzeugen. Wie clevere Eltern muss ich ihm ein Menü oder eine gelenkte Wahl anbieten, die es ihm ermöglicht, seinen eigenen Weg zum gewünschten Ausgang zu gehen. Wie Nafeez Amin muss ich fragen statt reden: den anderen durch Fragen dazu bringen, selbst zu der Schlussfolgerung zu gelangen, die ich gezogen habe. Ihn selbst erkennen lassen, dass das, was ich für ihn will, der beste Weg ist, um an sein Ziel zu gelangen. Wie die Thai Health Promotion Foundation müssen wir auf eine Diskrepanz hinweisen zwischen dem, was jemand anderen Menschen empfehlen würde, und dem, was er selbst tut. Und wie Greg Vecchi müssen wir erst einmal versuchen, den anderen zu verstehen und Vertrauen zu ihm aufzubauen, indem wir an die Wurzel gehen.

Niemand mag das Gefühl haben, beeinflusst zu werden. Denn überlegen Sie mal: Wann haben Sie das letzte Mal Ihre Meinung geändert, weil jemand anderes Sie dazu aufforderte?

FALLSTUDIE:

WIE SIE EINEN EXTREMISTEN ZUR UMKEHR BEWEGEN

Wir haben gesehen, wie wir in verschiedenen Situationen durch das Senken der Abwehrhaltung beim anderen eine Änderung seines Verhaltens bewirken können: Jugendliche vom Rauchen abbringen, Verkaufspersonal zu besseren Mentoren machen, die Ehefrau zum Mitmachen bewegen, Verbrecher zum Aufgeben bringen.

Aber können wir auf diese Weise tatsächlich *jeden Menschen* zur Umkehr bewegen?

Es war ein sonniger Sonntagmorgen. Das Telefon klingelte, als Michael und Julie Weisser gerade beim Frühstück saßen. Sie waren erst vor wenigen Tagen umgezogen und ihre Wohnküche war noch voll von nur halb ausgepackten Umzugskartons.

Michael saß näher am Telefon, deshalb ging er hin, nahm den Hörer ab und sagte: „Hallo". Am anderen Ende der Leitung war ein Mann, der ihn hasserfüllt anbrüllte: „Es wird Ihnen noch leidtun, dass Sie in die Randolph Street gezogen sind, Sie Judenbengel."

Dann legte er auf.[18]

Familie Weisser war einer neuen Stelle wegen nach Lincoln im US-Bundesstaat Nebraska gezogen. Die jüdische Gemeinde B'nai Jeshurun, die älteste der Stadt, suchte ein neues geistliches Oberhaupt und nachdem er schon an verschiedenen Orten der USA als Kantor oder Rabbi gearbeitet hatte, wollte sich Michael einer neuen Herausforderung stellen.

Die meisten Bewohner von Lincoln waren evangelisch und unter mehr als 200.000 Menschen gab es nur ein paar Hundert Juden. Zu den Gottesdiensten seiner Reformgemeinde kamen oft kaum mehr als ein Dutzend Personen und Weisser tat alles dafür, dass es mehr wurden.

Zweieinhalb Jahre nachdem er hergezogen war, hatte sich die Zahl der Tempelmitglieder auf 100 Familien erhöht und unter seiner Führung war eine neue Energie spürbar.

Doch dann kam plötzlich dieser ominöse Anruf.

Woher kannte der Mann ihre Adresse? Und woher wusste er überhaupt, dass sie Juden waren? Am meisten Angst hatten sie um ihre Kinder, die nach der Schule allein zu Hause waren, bis sie beide von der Arbeit zurückkehrten.

Ein paar Tage später kam es noch schlimmer.

Julie Weisser kehrte gerade von einem langen Arbeitstag heim und ging die Auffahrt hinauf, um die Post aus dem Briefkasten zu holen. Zwischen den üblichen Rechnungen und Briefen war ein dicker brauner Umschlag, adressiert an Rabbi Michael Weisser.

Als sie ihn im Haus aufmachte, fiel ein ganzer Haufen an Flyern und Prospekten heraus, einer rassistischer und schlimmer als der andere. Bilder von Juden mit der stereotypisch großen Hakennase und Bilder von Schwarzen mit Gorillaköpfen. Nazipamphlete, die den Holocaust verherrlichten, Zitate von „Autoritätspersonen“, die die rassische Minderwertigkeit von Farbigen „bewiesen“.

Obenauf lag eine kleine Karte, auf der stand: „Abschaum, der KKK beobachtet euch.“

Die Weissers hatten schon vorher mit Rassismus zu tun gehabt. Als einer ihrer Söhne mit einem afroamerikanischen Mädchen ausging, noch während ihrer Zeit in Memphis, nannte ihn jemand einen „Rassenverräter“. Ein andermal ging jemand in der Schule auf ihre Tochter zu und schrie sie an, sie sei eine „Christenmörderin“.

Aber so erschreckend wie diesmal waren die Übergriffe noch nie gewesen.

Die Polizei reagierte unmissverständlich: „Sagen wir so“, erklärte ihnen ein Polizist. „Wenn der Mann, der dahintersteckt, der Boss des hiesigen KKK ist – was wir vermuten –, dann ist er extrem gefährlich. Wir wissen, dass er Sprengstoff herstellt.“

Der Mann hieß Larry Trapp. Er war *der* Anführer unter den Rechtsextremisten der Gegend. Als Grand Dragon der White Knights des Ku-Klux-Klan war Trapp für den gesamten Staat zuständig. Sein Ziel: „Nebraska zu einer der führenden Klan-Enklaven des Landes zu machen“.

Trapp war ein gewaltbereiter Mann, der Maschinengewehre und automatische Handfeuerwaffen hortete. Er zettelte in der gesamten Region Gewalt an. Unter anderem schickte er Drohbriefe an ein Zentrum für vietnamesische Geflüchtete und ließ seine Schlägertruppen das Gebäude abfackeln.

Die Weissers wussten nicht, was sie tun sollten. Sie ließen an den Türen Sicherheitsriegel einbauen und achteten penibel darauf, alle Türen abzuschließen, bevor sie das Haus verließen. Wenn ein Auto im Schritttempo an ihrem Grundstück vorbeifuhr, wurden sie nervös, und die Kinder gingen jeden Tag einen anderen Weg zur Schule, um möglichst nicht zur Zielscheibe eines Anschlags zu werden. Michael und Julie Weisser wollten sich nicht einschüchtern lassen, aber sie sahen keine Möglichkeit, wie sie anders darauf hätten reagieren sollen.

Dann fing Julie Weisser an, Informationen über Larry Trapp zu sammeln. Sie arbeitete in einer Arztpraxis und es stellte sich heraus, dass Trapp für die Mediziner im Ort kein Unbekannter war. Als Kind hatte er Diabetes, der lange Zeit unbehandelt blieb, wodurch er beinahe erblindete. Außerdem hatte die Krankheit den Blutfluss in seinen Beinen ins Stocken gebracht, sodass ihm mehrere Zehen und am Ende sogar beide Beine amputiert werden mussten.

Im Rollstuhl sitzend zog Trapp nunmehr von Arzt zu Arzt und beschimpfte die Mitarbeiter. Er hielt sich an keine Regeln und wurde oft ausfallend. Eine Agentur weigerte sich sogar, ihm einen Krankenpfleger nach Hause zu schicken, weil er eine ihrer Krankenschwestern mit einem Gewehr bedroht hatte.

Julie Weisser fand Trapps Adresse heraus, und als sie eines Tages von der Arbeit nach Hause fuhr, machte sie einen Umweg zu seinem unauffällig schlichten braunen einstöckigen Apartmenthaus. Sie betrachtete die Fassade und fragte sich: Warum macht er so etwas Schlimmes? Ist er verrückt? Oder einsam? Woher kommt dieser ganze Hass?

Fortan fuhr sie immer mal wieder zu Trapps Haus. In ihrem Frust blätterte sie auch in der Bibel und fand einen Vers, der wie für Trapp verfasst schien: „Ein heilloser Mensch, ein nichtswürdiger Mann, wer einhergeht mit trügerischem Munde ... trachtet nach Bösem und Verkehrtem in seinem Herzen und richtet allezeit Streit an. Darum wird plötzlich sein Verderben über ihn kommen, und er wird schnell zerschmettert werden, und keine Hilfe ist da“ (Die Sprüche Salomos 6,12–15).

Die Lektüre brachte sie auf die Idee, Trapp einen Brief zu schreiben, in dem sie diesen Spruch zitierte. Michael Weisser war sich nicht sicher, ob das so eine gute Idee war. Wenn seine Frau das wirklich machen wollte, sollte sie besser anonym bleiben. Ihre Freunde waren derselben Meinung. „Du weißt nicht, was in diesem Mann vor sich geht. Er ist verrückt. Er ist krank im Kopf! Du weißt nicht, wie er auf so etwas reagiert.“

Einige Wochen später sponserten Trapps Skinheads ein Programm eines lokalen Fernsehsenders. Die White Aryan

Resistance hatte ein Video produziert, in dem Nazis, Klan-Mitglieder und andere Gruppen aufmarschieren und Hass und Parolen von der weißen Vorherrschaft verbreiten. Der für die Sendungsauswahl Verantwortliche erklärte, der Sender könne einen Beitrag nicht einfach nur wegen seines Inhalts ablehnen. Und so wurde das Video tatsächlich ausgestrahlt.

Weisser war entsetzt. Es widerte ihn an, dass Larry Trapp ungestraft so vielen Menschen Angst machen konnte. Er konnte nicht mehr länger nur zusehen. Und er beschloss, Trapp anzurufen.

Er fand Trapps Telefonnummer heraus und rief ihn an. Trapp ging aber nicht an den Apparat. Stattdessen sprang der Anrufbeantworter an und ließ eine üble Hasstirade los.

Weisser hinterließ keine Nachricht, aber er rief die Nummer sofort wieder an. *Dann ist wenigstens die Leitung belegt und es muss sich sonst niemand diesen Dreck anhören,* dachte er.

Alsbald machte er es sich zur Gewohnheit, Trapps Nummer anzurufen. Und irgendwann hinterließ er auch eine Nachricht. Er war wütend und hätte Larry am liebsten angeschrien und ihm gedroht. Aber da Weisser eben auch ein gläubiger Mensch war, sagte er nur: „Larry, denken Sie darüber nach, wie viel Hass Sie säen. Denn eines Tages müssen Sie sich vor Gott für Ihren Hass verantworten, und das wird ein schwerer Tag für Sie."

Fortan rief Michael Weisser Trapps Nummer an, wann immer er einen Augenblick Zeit hatte, und hinterließ ihm eine kurze Nachricht. „Warum hassen Sie mich? Sie kennen mich doch gar nicht. Warum hassen Sie mich dann?" Ein andermal sagte er: "Larry, wissen Sie, dass eines der allerersten Gesetze, die Hitler erlassen hat, gegen Menschen wie Sie gerichtet war, Menschen ohne Beine? ... Ist Ihnen klar, dass Sie zu den ersten Menschen gehört hätten, die die Nazis umgebracht hätten? Warum verehren Sie die Nazis dann so sehr?"

Manche Nachrichten waren ganz direkt, manche kamen durch die Hintertür. Aber alle waren von großer Überzeugungskraft. „Larry, es gibt so viel Liebe auf der Welt. Sie werden offenbar von niemandem geliebt. Würden Sie gern geliebt werden?"

Diese Nachrichten nannte Michael „Liebesbotschaften".

Die Zeit, in der Trapp diese Nachrichten bekam, war für ihn eine Zeit großer Veränderungen. Er war in mehrere nächtliche Brandstiftungen verwickelt und ein ehemaliger Nachbar hatte ihn verklagt, weil Trapp ihn bedroht und ihm beleidigende Nachrichten hinterlassen hatte. Ein Klan-Mitglied, das Trapp gut kannte und schätzte, wurde von zwei anderen Klan-Mitgliedern ausgeraubt und ermordet. Und sein gesundheitlicher Zustand verschlechterte sich weiter.

Dazu kam, dass ihm die Nachrichten auf seinem Anrufbeantworter an die Nieren gingen. Er wusste nie, wann der nächste Anruf kam. Eine warme, schöne Stimme, die Freude und Glück ausstrahlte.

Die Nachrichten machten Trapp wütend. Für wen hielt sich dieser Anrufer? Trapp musste dem Ganzen ein Ende setzen.

Als der Anrufer beim nächsten Mal dazu ansetzte, ihm auf den Anrufbeantworter zu sprechen, hob Larry den Hörer ab und sagte barsch: „Was zum Teufel wollen Sie von mir? Warum belästigen Sie mich? Hören Sie auf, mich zu belästigen!"

„Ich will Sie nicht belästigen, Larry, ich möchte einfach nur mit Ihnen reden."

„Natürlich belästigen Sie mich. Was wollen Sie? Raus mit der Sprache."

Michael Weisser überlegte einen Moment. „Ich habe das Gefühl, Sie könnten Hilfe gebrauchen", sagte er. „Und vielleicht kann ich Ihnen ja helfen. Ich weiß, dass Sie im Rollstuhl sitzen. Vielleicht kann ich Sie zum Einkaufen begleiten oder so etwas in der Art."

Trapp war baff. Er wusste nicht, was er dazu jetzt sagen sollte.

Schweigen in der Leitung.

Dann räusperte er sich, und zum ersten Mal klang seine Stimme ein bisschen anders. Weniger hasserfüllt. Weniger hart.

„Das ist nett von Ihnen, aber das habe ich schon geregelt. Trotzdem danke. Aber bitte rufen Sie hier nicht mehr an. Das ist mein Diensttelefon."

Eines Samstagabends saßen die Weissers zu Hause und überlegten, welchen Film sie sich ansehen sollten, als das Telefon klingelte. Der Anrufer wollte gern „den Rabbi" sprechen, und als Michael Weisser den Hörer übernahm, erkannte er sofort die Stimme am anderen Ende.

„Ich will da raus", sagte Trapp, „aber ich weiß nicht, wie."

„Soll ich Ihnen helfen?", fragte Weisser.

„Ich weiß nicht, was ich sagen soll", erwiderte Trapp. „Ich fühle mich schlecht, ich bin total durcheinander. Das Ganze macht mich krank."

Weisser bot ihm an, zu ihm zu kommen. Trapp zögerte. Dann fragte Weisser ihn, ob er Hunger habe, und schließlich gab Trapp nach. Weisser bot ihm an, etwas zu essen für ihn zu besorgen, und Trapp sagte ihm die Nummer seines Apartments.

Als Trapp die Tür aufmachte und Weisser ihm die Hand schüttelte, zuckte Trapp wie vom Blitz getroffen zusammen und brach in Tränen aus. Er sah auf die Ringe mit den Hakenkreuzen an seinen Fingern und ertrug es nicht mehr, sie zu sehen. Als er sie abnahm und Weisser übergab, sagte er: „Die stehen für den Hass in meinem Leben. Können Sie sie bitte mitnehmen?"

Dann begann er noch lauter zu schluchzen. „Es tut mir leid", sagte er. „Es tut mir so leid, was ich getan habe." Da nahm Michael Weisser ihn in den Arm und sagte zu ihm, alles werde gut.

Am 16. November 1991 trat Trapp offiziell aus dem Ku-Klux-Klan aus. Anschließend entschuldigte er sich bei allen Menschen, denen er Leid angetan und die er bedroht hatte. Er schickte einen Brief an die Nachrichtenmedien und entschuldigte sich für „die beleidigenden Worte und die rassistischen Bezeichnungen, die ich gegenüber vielen verschiedenen Rassen und Personen in Nebraska benutzt habe".

Er räumte den ganzen rassistischen Müll aus seiner Wohnung und versuchte, neu anzufangen.

Aus seiner Beziehung zu Michael und Julie Weisser wurde eine enge Freundschaft.

Am nächsten Neujahrstag erfuhr Trapp, dass seine Nieren nicht mehr richtig funktionierten und er höchstens noch ein Jahr zu leben hatte. Die Weissers boten ihm an, bei ihnen einzuziehen, und er willigte ein. Sie machten aus ihrem Wohnzimmer ein weiteres Schlafzimmer und Julie gab ihre Stelle auf, um sich um Larry zu kümmern.

Dann konvertierte Trapp zum Judentum – in Michael Weissers Synagoge, die er einst in die Luft sprengen wollte. Drei Monate später starb er im Haus der Weissers.

Larry Trapp hatte sich als Kind die ganze Zeit vor seinem gewalttätigen Vater versteckt. Und als Erwachsener versuchte er, bewusst oder unbewusst, diesem Vater zu gefallen, der auch ein bekennender Rassist war. Indem Trapp dem Mann nacheiferte, der ihm am meisten wehgetan hatte, fand er seltsamerweise die Kraft, die er zum Überleben brauchte. Bis ihm eines Tages jemand eine andere Möglichkeit eröffnete.

Michael Weisser war nicht der Erste, der Trapp zur Umkehr bewegen wollte. Die Polizei hatte ihn oft genug aufs Revier gezerrt.

Aber bei der Polizei ging es immer nur um Bestrafung: „Wir müssen dieses Verhalten unterbinden, koste es, was es wolle."

Dabei fragte sich niemand, was denn eigentlich das dahinterliegende Problem war. Warum handelte dieser Mann so, wie er handelte?

Viele Jahre zuvor hatte Michael Weisser im Vorstellungsgespräch beim Tempelvorstand über die Bedeutung der wichtigsten religiösen Grundsätze gesprochen: Liebe, Toleranz und ein Verhalten, das niemandem schadet. „‚Liebe deinen Nächsten wie dich selbst!' Der Nächste, das ist nicht der Nächste, der so ist wie wir selbst. Nein, das ist der Nächste, der *anders* ist als wir."

Als Michael Weisser jetzt gefragt wurde, was Larry Trapp zur Umkehr bewegt hatte, wies er auf einen ganz ähnlichen Aspekt hin.

Mit keinen Mitteln hätte man Trapp dazu drängen können, den Klan zu verlassen. Aber indem Weisser ihm ein Friedensangebot machte und ihm zeigte, dass sich jemand Sorgen um ihn macht, zeigte er ihm, dass es etwas gab, das stärker war als der Hass.

„Man kann die Pferde zur Tränke führen", sagte Michael, „aber trinken müssen sie selbst. Und sie trinken, wenn sie durstig sind. Genau so war das bei Larry."

Larry Trapp änderte nicht seine Haltung, weil Michael Weisser das von ihm verlangte, sondern weil er selbst auf den Gedanken kam. Dabei stand Weisser aber nicht einfach nur teilnahmslos daneben. Er verringerte Trapps Abwehrhaltung und führte ihn auf einen Weg, den dieser selbst weitergehen konnte.

„Ich habe ihn begleitet, ein bisschen wie die Fußspuren im Sand", sagte Michael. „Ich habe ihn nicht in die eine oder andere Richtung gedrängt, sondern habe mit ihm diesen Weg beschritten. Erst hat er sich von mir mitnehmen lassen und dann hat er selbst die Zügel in die Hand genommen. Und wenn ich der Katalysator dafür war, dann habe ich wohl ein gutes Werk getan.“

Trapp selbst sagte dazu: „Ich war einer der schlimmsten Rassisten der ganzen USA. Wenn ich mich ändern kann, dann kann es jeder.“

Michael Weisser brachte Larry Trapp zur Umkehr, indem er seine Abwehrhaltung reduzierte. Er sagte ihm nicht, was er tun sollte, sondern stellte eine Verbindung zu ihm her, die es ihm ermöglichte, selbst seine Haltung zu ändern.

Die Abwehrhaltung ist jedoch nicht die einzige Barriere, die Veränderungen verhindert. Denn selbst wenn der Anti-Persuasionsradar des anderen nicht auf Alarm steht, hängt er doch oft sehr an seinen alten Gewohnheiten.

Wir werden im vierten Kapitel unter der Überschrift „Ungewissheit“ sehen, dass viele Menschen „Neophobie“ haben: Sie werten Neues ab oder meiden es, weil Veränderung oft auch Ungewissheit bedeutet. Wir wissen nicht, ob das Neue gut für uns ist oder nicht.

Hinzu kommt, dass Menschen überbewerten, was sie haben: die Produkte und Dienstleistungen, die sie nutzen, die Vorstellungen und Ansichten, die sie haben, die Programme und Initiativen, an denen sie teilnehmen. Um zu verstehen, warum das so ist, müssen wir uns die Macht des Status quo ansehen.

2

FESTHALTEN AM STATUS QUO

Vor ein paar Jahren hatte ich ein Problem mit meinem Handy. Ich hatte es schon fast sechs Jahre und war sehr zufrieden damit, es besaß alle Funktionen, die ich brauchte, passte gut in meine Hosentasche und war einfach ein rundum gelungenes Gerät.

Aber wegen der ganzen Bilder und Videos, die ich gemacht hatte, ging mir der Speicherplatz aus, und auch die Apps wurden immer größer.

Zuerst war das noch kein großes Problem. Ich konnte Songs löschen, die ich sowieso nie hörte, oder Apps, die ich nicht benutzte.

Doch dann wurde es immer schwieriger, Dateien zu finden, die ich nicht brauchte. Immer wenn ich ein Foto machen wollte, musste ich erst ein altes Foto löschen. Was war mir wichtiger: der Geburtstag von Tante Jane oder unser Welpe beim ersten Spaziergang im Schnee?

Meine Freunde meinten, ich sollte mir einmal das neue Modell ansehen. Was ich auch tat. Es hatte einen schnelleren Prozessor, eine zusätzliche Kamera und einen sehr viel größeren Speicher. Aber es war auch fast 20 Prozent länger als mein altes Handy und ein bisschen breiter. Ich hatte Mühe, es in der Hand zu halten und gleichzeitig darauf zu tippen, und noch mehr Mühe, es in meine Hosentasche zu kriegen.

War die Größe der wichtigste Aspekt? Nein. Im Gegenteil, wenn Sie mich vorher danach gefragt hätten, wäre mir dieser Aspekt vermutlich gar nicht in den Sinn gekommen. Aber als ich das Modell dann in der Hand hielt, überlegte ich es mir zweimal, ob ich es mir kaufen sollte.

Ich wollte kein anderes Telefon. Ich wollte das Telefon, das ich besaß, nur auf dem neuesten Stand. Es hieß, Apple würde bald eine kleinere Version auf den Markt bringen. Vielleicht sollte ich also einfach noch ein paar Monate warten.

Doch in der Zwischenzeit setzte bei meinem alten Telefon ein langsamer, aber unaufhörlicher Zerfallsprozess ein.

Zuerst erschien in den Einstellungen ein roter Punkt. Apple hatte ein neues Betriebssystem veröffentlicht. Allein, mir fehlte der Speicher.

Dann wollten die Apps der Fluggesellschaften aktualisiert werden. Sie brauchten aber das neue Betriebssystem. Das hieß, ich konnte meine Bordkarte nicht mehr auf dem Handy öffnen und musste bei jedem Flug daran denken, sie mir vorher auszudrucken. Wie bei einer Propellermaschine, deren Motoren einer nach dem anderen ausfallen, verließen mein Handy nach und nach die Funktionen.

Ich wartete weiter ab. Demütigung für Demütigung. Aber ich hielt an meinem alten Handy fest.

Irgendwann, nachdem ich fast einen Flug verpasst hatte, weil ich vergessen hatte, mir die Bordkarte auszudrucken, gab ich auf. Ich rief meine Telefongesellschaft an und bestellte ein neues Telefon.

Jetzt könnte man meinen, damit wäre die Geschichte zu Ende. Das neue Telefon kommt, ich reiße die Verpackung auf, fange an, es zu benutzen, und bin rundum zufrieden.

Aber mitnichten.

Das neue Handy kam, aber ich benutzte es nicht. Ich hatte mein altes Handy so lieb gewonnen, dass ich das neue Telefon drei Monate lang nicht einmal auspackte. Woche um Woche verging und ich blieb bei meinem Uraltgerät, das immer noch weiter veraltete.

Sie finden die Story jetzt vielleicht lustig oder gar lächerlich. Aber sie kommt öfter vor, als Sie denken.

Neue Dinge sind häufig besser als die alten. Die Telefone sind schneller und haben mehr Speicherplatz, die Dienstleistungen haben einen größeren Umfang und führen zu besseren Ergebnissen, die Managementstrategien sind zeitgemäßer und effektiver. Alles spricht für einen Wechsel.

Aber die Leute wechseln nicht.

Obwohl das Neue dem Alten technisch überlegen ist, halten die Menschen am Alten fest. Sie führen die immer gleichen Arbeitsvorgänge durch und befolgen die immer gleichen Abläufe. Das kann man als Nostalgie abtun. Aber dahinter steckt ein noch viel tieferliegender Grund.

Von Tassen und Menschen

Können Sie sich noch erinnern, wann bei Ihnen das letzte Mal der Strom ausgefallen ist? Als Sie Ihr Handy als Taschenlampe benutzen mussten und die ganze Zeit Angst hatten, dass ihm der Saft ausgeht. Sie alle Uhren neu einstellen mussten. Sie womöglich sogar alle Lebensmittel aus dem Kühlschrank wegschmeißen mussten, weil sie verdorben waren, so lange hatte der Stromausfall gedauert. Also alles in allem kein sehr vergnügliches Erlebnis.

Niemand findet einen Stromausfall toll. Aber das Unternehmen Pacific Gas and Electric, kurz: PG&E, wollte gern wissen, wie sehr seine Kunden Stromausfälle hassten. PG&E wollte nämlich gern Zuverlässigkeit und Kosten gegeneinander abwägen. Wenn das Unternehmen in Präventivmaßnahmen investierte, würden dadurch die Preise steigen. Senkte es dagegen die Preise, würde darunter vermutlich die Zuverlässigkeit leiden.

Wofür entschieden sich also die Kunden? Für höhere Zuverlässigkeit oder niedrigere Preise?

Um das herauszufinden, fragten Wissenschaftler über 1.300 Konsumenten, welchen von sechs möglichen Stromtarifen sie wählen würden.[1] Manche Tarife waren teurer, versprachen dafür aber weniger und kürzere Stromausfälle, während andere günstiger waren, aber mit häufigeren und längeren Stromausfälle verbunden waren.

Es war kaum verwunderlich, dass sich die wenigsten Kunden für den Tarif mit vielen Stromausfällen entschieden, bei dem der Strom mindestens einmal im Monat für vier Stunden ausfiel. Zu viel Zeit im Dunkeln, zu viel Angst, das Essen im Kühlschrank könnte schlecht werden. Bei den meisten Kunden gab es bei ihrem aktuellen Anbieter drei Stromausfälle pro Jahr, sie wollten daher mindestens 20 Dollar Rabatt im Monat, um zu einem so schlechten Angebot zu wechseln.

Aber es gab auch ein paar Kunden, die den Tarif mit den häufigeren Stromausfällen gut fanden, obwohl der Service schlechter war.

Wie kam es dazu, dass sie den Tarif haben wollten, der einen schlechteren Service bot? Waren sie älter oder sparsamer und wollten deshalb lieber diesen Tarif, auch wenn die Zuverlässigkeit dadurch sank?

Nein. Der einzige Grund war ihr Status quo. Sie waren die Stromausfälle bereits gewohnt. Bei ein paar wenigen Kunden gab es tatsächlich bis zu 15 Stromausfälle pro Jahr, die vier Stunden dauerten, sodass sie einen Tarif wählten, der dem ähnelte, den sie schon hatten. Für sie war normal, was die meisten für inakzeptabel halten würden.[2]

Das Festhalten am Status quo ist allgegenwärtig. Wir essen das Essen, das wir immer schon gegessen haben, kaufen die Marken, die wir schon immer gekauft haben, und spenden an die Organisationen, an die wir immer schon gespendet haben.

Denken Sie nur an Menschen, die gerade einen Bypass gelegt bekommen haben oder bei denen die Blutgefäße erweitert wurden. Nach der Operation wird ihnen – oft mehrmals und von mehreren Ärzten – gesagt, dass sie ihre Ernährung und ihren Lebensstil ändern müssen. Aber nur etwa zehn Prozent tun es tatsächlich.[3]

Uns zu ändern fällt uns schwer, weil wir oft überschätzen, was wir haben: was wir besitzen oder was wir tun.

Sehen Sie sich einmal diese Kaffeetasse an:

Sie ist grauweiß, hat einen hübschen Griff und eignet sich für jedes beliebige Heißgetränk Ihrer Wahl. Was wären Sie bereit, dafür zu bezahlen? Was würden Sie höchstens dafür ausgeben wollen?

Als Leute danach gefragt wurden, sagten sie, sie würden vielleicht drei Dollar für die Tasse ausgeben. Sie war ganz hübsch und vollkommen in Ordnung, erschien ihnen aber doch nicht allzu wertvoll.

Dann wurde einer anderen Gruppe eine andere Frage gestellt. Man zeigte ihnen dieselbe Tasse, fragte sie aber nicht, ob sie sie kaufen würden, sondern ließ sie die Perspektive des *Verkäufers* einnehmen. Jetzt sollten die Teilnehmenden sagen, was der niedrigste Preis sei, zu dem sie bereit seien, die Tasse zu verkaufen.

Man sollte meinen, der Preis sollte in beiden Fällen identisch sein, beim Kaufen und Verkaufen. Denn es handelt sich ja um ein und dieselbe Tasse. Insofern sollten diejenigen, die sie kaufen wollen, denselben Wert veranschlagen wie diejenigen, die sie verkaufen wollen.

Aber mitnichten. Die Verkäufer wollten durchschnittlich mehr als das Doppelte für die Tasse haben: über sieben Dollar.

Warum?

Nicht weil wir alle Kapitalisten sind und billig einkaufen und teuer verkaufen wollen. Der Grund liegt darin, dass wir uns, sobald wir etwas besitzen, damit verbunden fühlen, was dazu führt, dass wir es auch mehr wertschätzen.

Dieser sogenannte Besitztumseffekt tritt ständig auf.[4] Studierende der Duke University waren bereit, an die 200 Dollar für eine Eintrittskarte für das Final Four zu bezahlen, während Studierende, die schon Karten hatten, über 2.000 Dollar haben wollten, wenn sie sie verkaufen sollten. Fanartikelhändler schätzen eine Baseballkarte höher im Wert, wenn sie sie besitzen, als wenn sie ihnen nicht gehört. Und auch in Fragen von Zeit, geistigem Eigentum und bei einer Vielzahl anderer Dinge verlangen wir mehr, wenn wir sie abgeben sollen, als wenn wir sie haben möchten. Sogar der gefühlte Wert von Glaubenssätzen und Vorstellungen steigt, wenn wir diese selbst haben. Wir schätzen mehr wert, was uns gehört.

Mehr noch, je länger wir etwas tun oder besitzen, umso mehr schätzen wir es wert.[5] Je länger ein Hausbesitzer in einem Haus gewohnt hat, umso höher liegt der von ihm geschätzte Verkaufspreis über dem Marktwert. Je mehr wir uns mit etwas verbunden fühlen, umso schwerer fällt es uns, es aufzugeben.[6]

Verlustaversion

Jede Veränderung hat Vor- und Nachteile. Bei einem neuen Telefon ist die Akkulebensdauer länger, aber der Fußabdruck größer. Der neue Stromtarif verspricht weniger Stromausfälle, ist dafür aber teurer. Ich kann viel Geld durch neue Software sparen, muss sie aber in das alte System integrieren und mich erst einmal mit ihr vertraut machen.

Diese Vor- und Nachteile werden jedoch nie ausgewogen bewertet.

Stellen Sie sich vor, ich würde Ihnen sagen, Sie können bei einem Münzwurf 100 Dollar gewinnen. Bei Kopf gewinnen Sie 100 Dollar, bei Zahl verlieren Sie 100 Dollar. Würden Sie die Wette annehmen?

Wenn Sie wie die meisten Menschen ticken, sagen Sie wahrscheinlich Nein. Natürlich haben Sie die Chance, 100 Dollar zu gewinnen, aber die Wahrscheinlichkeit ist ebenso groß, dass Sie 100 Dollar verlieren. Insofern scheint der mögliche Gewinn das Risiko nicht wert zu sein. Dann soll besser alles so bleiben, wie es ist.

Klassische Ökonomen würden uns wohl zustimmen. Wenn Sie sich den Erwartungswert ausrechnen – das ist die Summe aller möglichen Ergebnisse multipliziert mit ihrer Auftretenswahrscheinlichkeit –, dann ist das Ergebnis gleich null. Eine 50-prozentige Wahrscheinlichkeit, 100 Dollar zu gewinnen, bedeutet plus 50 Dollar, und eine 50-prozentige Wahrscheinlichkeit, 100 Dollar zu verlieren, bedeutet minus 50 Dollar. Addiere ich beides, erhalte ich die Summe null. Das heißt, es sollte uns im Grunde egal sein, ob wir die Wette annehmen oder nicht. Nimmt man hinzu, dass es ein bisschen Aufwand bedeutet, daran teilzunehmen, ist der Erwartungswert sogar leicht negativ. Die meisten Menschen würden die Wette also ablehnen.

Jetzt stellen Sie sich vor, dass ich mein Angebot ein kleines bisschen verbessere. Sie gewinnen bei Kopf nicht 100 Dollar, sondern 102 Dollar. Der mögliche Gewinn wäre also etwas höher als der mögliche Verlust.

Der gemeine Ökonom würde Ihnen jetzt raten, die Wette anzunehmen. Der Erwartungswert ist (50 % × 102 $) + (50 % × –100 $) = 51 $ – 50 $ = 1 $. Ein Dollar ist zwar nicht viel, aber wenn Sie das Spiel 100 Mal spielen, gewinnen Sie im Durchschnitt 100 Dollar. Der Erwartungswert sagt Ihnen also, dass Sie es machen sollten.

Aber würden Sie das wirklich tun? Würden Sie riskieren, 100 Dollar zu verlieren, nur um möglicherweise 102 Dollar zu gewinnen?

Wahrscheinlich nicht. Wahrscheinlich müsste ich den möglichen Gewinn deutlich steigern, damit mehr Leute die Wette annehmen.

Das liegt daran, dass wir einen Verlust stärker wahrnehmen als einen Gewinn. Wenn wir überlegen, ob wir eine Wette annehmen, ein neues Telefon kaufen, irgendeine Veränderung vornehmen sollen, sehen wir eher die möglichen Nachteile als die möglichen Vorteile. 100 Dollar zu verlieren kommt uns schlimmer vor, als 100 Dollar zu gewinnen. Ja, 100 Dollar zu verlieren kommt uns sogar schlimmer vor, als 110 Dollar zu gewinnen.

Es gibt Forschungsergebnisse, die nahelegen, dass der mögliche Gewinn bei einer solchen Wette 2,6-mal höher liegen muss als der mögliche Verlust, damit wir sie tatsächlich annehmen. Sie könnten 100 Dollar verlieren? Dann müsste der mögliche Gewinn mindestens 260 Dollar betragen, bevor die meisten Menschen es riskieren.[7]

Immer wenn wir überlegen, etwas zu verändern, vergleichen wir das, was dabei herauskommt, mit dem gegenwärtigen Zustand. Dem Status quo. Und wenn der mögliche Gewinn den möglichen Verlust gerade so aufwiegt, dann lassen wir lieber alles beim Alten.

Damit wir etwas ändern, müssen die Vorteile die Nachteile mindestens zweifach aufwiegen. Es reicht nicht, wenn neue Software nur ein bisschen besser ist als die alte. Sie muss *sehr viel* besser sein. Es reicht nicht, wenn ein neues Verfahren ein bisschen effektiver ist als das alte. Es muss *deutlich* effektiver sein. Wenn wir etwas aufgeben sollen, das uns gefällt, oder etwas verlieren, das wir wertschätzen, muss der Vorteil – zum Beispiel durch höhere Effizienz, geringere Kosten oder eine andere positive Veränderung – mindestens doppelt so groß sein, um den Verlust zu kompensieren.*

* Dabei sind zwei Aspekte von Bedeutung. Erstens muss das Neue nicht doppelt so gut sein wie das Alte. Es muss nur der Vorteil (der Nutzen oder der Gewinn) doppelt so groß sein wie der Nachteil (die Kosten oder der Verlust). Zum Beispiel muss eine neue Dienstleistung nicht doppelt so schnell sein wie die alte, sondern die höhere Schnelligkeit oder der sonstige Vorteil muss mindestens doppelt so groß sein wie die Kosten oder die Zeit oder Ähnliches, das ich dafür aufbringen muss. Zweitens ist der *gefühlte* Gewinn oder Verlust entscheidend. Die Dienstleistung ist vielleicht doppelt so schnell, aber wenn der Kunde keinen Wert auf Schnelligkeit legt, ist das natürlich egal. Oder: Für die meisten Menschen ist es kein Verlust, wenn ihr neues Telefon größer ist als das alte, sondern eher

Zwar stechen bei neuen Dingen oft die Vorteile besonders hervor, aber die Betreiber des Wandels übersehen oftmals die Nachteile oder die Kosten.

Ein Beispiel: Sie wollen einen neuen Laptop kaufen. Die finanziellen Kosten sind offensichtlich, aber es gibt auch noch andere, versteckte Kosten: die Zeit, die Sie aufwenden müssen, um sich Produktbewertungen anzusehen, Eigenschaften zu vergleichen und herauszufinden, welcher Laptop der geeignetste für Sie ist. Der Aufwand, das neue Gerät zu bestellen, es einzurichten, sich an die neue Aufmachung und das neue System zu gewöhnen. Ganz zu schweigen von den möglichen Kosten, wenn Sie sich für den falschen Laptop entschieden haben und den Kauf bereuen.

All diese verschiedenen Aspekte sind die sogenannten *Umstellungskosten*: die finanziellen, psychologischen und verfahrensmäßigen Hindernisse – also Zeit und Aufwand –, wenn Sie ein Produkt oder eine Dienstleistung wechseln, einen Lieferanten oder Arzt, ein Zahlungssystem oder den Weg zur Arbeit. Letztlich bei jeder beliebigen Veränderung.

Sie haben Umstellungskosten, wenn Sie den Supermarkt wechseln (weil Sie herausfinden müssen, wo sich die Produkte befinden) oder den Tennispartner (weil Sie klären müssen, wer sich worum kümmert), das Büro (weil Sie sich merken müssen, wer wo sitzt und wo sich was befindet) oder eine Strategie (weil Sie eingespielte Regeln umstoßen).

Deshalb ist es leichter, alles so beizubehalten, wie Sie es schon immer gemacht haben, mag es vielleicht auch nicht ideal sein.

Genau das ist mir mit meinem alten Handy passiert. Natürlich war das neue Modell von der technischen Ausstattung her besser.

---

ein Gewinn. Bei Verlustaversion geht es nicht um Eigenschaften oder Merkmale, sondern um Veränderungen. Wenn mein neues Auto meiner Ansicht nach genau dieselben Vorteile hat wie das alte, dann gibt es keinen Verlust, auch wenn sich die Wagen in einigen Merkmalen unterscheiden. Ich muss verstehen, welche Bedürfnisse und Werte ein Mensch hat, um zu eruieren, ob er eine bestimmte Veränderung als Gewinn oder Verlust wahrnimmt.

Es war schneller und intelligenter und konnte alles, was die neuesten Technologien so können.

Aber waren die Vorteile doppelt so groß wie die Umstellungskosten?

Leider nein.

Mich auf das neue Telefon umzustellen bedeutete für mich, vieles Vertraute und Gewohnte hinter mir zu lassen. Ich musste mein kleineres Telefon aufgeben, das ich in- und auswendig kannte und das mir gut gefiel. Und wegen dieses möglichen Verlusts und all der verschiedenen Nachteile fiel mir die Umstellung schwer.

Wie können wir nun das Festhalten am Status quo lockern?

Dafür gibt es zwei Möglichkeiten: Wir können (1) auf die Kosten des Nichtstuns hinweisen und (2) die Schiffe verbrennen.

Die Kosten des Nichtstuns

An der Wharton School wird im Einführungskurs Marketing im BWL-Studium eine bekannte Fallstudie durchgenommen, in der es um den fiktiven Brauereikonzern Mountain Man geht.[8] Das familiengeführte Unternehmen stellt seit über 80 Jahren ein einziges Bier her, das Mountain Man Lager. Es ist im Mittleren Westen der USA für seine Qualität bekannt und hat extrem treue Kunden – Männer aus der Arbeiterklasse, die nach einem harten Arbeitstag noch ein Bier in der Kneipe trinken.

Anfang der 2000er-Jahre musste das Unternehmen jedoch auf die sich verändernden Verbrauchergewohnheiten reagieren. Es wurde immer mehr Leichtbier verkauft und immer weniger Menschen tranken Lagerbier, sodass der Umsatz des Unternehmens zum ersten Mal seit seiner Gründung sank. Keine großen Verluste, etwa zwei Prozent pro Jahr.

Jetzt überlegte die Geschäftsführung, ein Leichtbier einzuführen, fürchtete aber zugleich, damit die Stammkunden zu vergraulen. Wenn plötzlich Yuppies, die auf Leichtbier standen, die Marke konsumierten, würden die Bergarbeiter und die Männer in Tarnkleidung womöglich auf ein anderes Bier umsteigen.

Der springende Punkt bei dieser Fallstudie ist die Frage, ob das Unternehmen den Markenkern zerstört, wenn es ein Leichtbier auf den Markt bringt. Die Studierenden schätzen den Umsatz des neuen Leichtbiers, überlegen, wie stark dadurch der Verkauf des Lagerbiers abnimmt, und kommen dann zu einer Beurteilung, wie schädlich die Markteinführung des neuen Biers vermutlich wäre.

Alle haben Angst, etwas Neues auszuprobieren. Geht der Verkauf von Lagerbier um 5 oder um 20 Prozent zurück, wenn das Leichtbier auf den Markt kommt? Wie sehr verringert sich dadurch der Markenwert, wie viele Stammkunden werden das Bier nicht mehr kaufen?

Die Krux dabei ist: Die Studierenden denken zwar lang und breit über die Risiken der Veränderung nach, aber sehr viel weniger über etwas, das genauso wichtig ist: die Risiken des Nichtstuns.

Es mag dem Unternehmen vielleicht sicherer vorkommen, nichts zu tun, dem muss aber nicht unbedingt so sein. Der Umsatz geht gerade zurück. Wenn das Unternehmen nichts unternimmt, heißt das also nicht, dass nichts Schlimmes passieren wird. Im Gegenteil, das Unternehmen wird langsam, aber sicher in der Versenkung verschwinden.

Was verursacht Ihrer Ansicht nach mehr Schmerzen? Eine schwere Verletzung, zum Beispiel ein gebrochener Finger oder eine zertrümmerte Kniescheibe, oder eine leichtere Verletzung wie ein verstauchter Finger oder eine Knieblockade?

Wir alle sammeln im Laufe unseres Lebens kleinere, oberflächliche Verletzungen. Wir verstauchen uns beim Fußball oder Basketball den Finger, ziehen uns beim Tennis oder irgendeiner alltäglichen Tätigkeit eine Knieblockade zu, und für einige Zeit können wir den Finger oder das Knie nicht mehr richtig bewegen. Oder wir haben Schmerzen in der Schulter, bei denen wir das Gefühl haben, dass sie nie wieder weggehen werden.

Das alles sind keine schweren Verletzungen. Gut, sie tauchen immer mal wieder auf und bereiten uns auch ein bisschen Schmerzen, aber meistens sind sie vor allem lästig. Mehr nicht. Sie stellen kein großes Problem für uns dar.

Diese kleinen Zipperlein sind nicht schön, aber ganz sicher besser als ein größeres Problem wie ein gebrochenes Bein, ein Herzinfarkt oder eine zertrümmerte Kniescheibe.

Wenn Sie also jemanden fragen, was von beidem ihm lieber wäre, liegt die Antwort auf der Hand. Eine Knieblockade mag lästig sein, aber eine zertrümmerte Kniescheibe ist richtig schlimm. Sie müssen sich operieren lassen und ein monatelanges hartes Reha-Programm durchziehen, einen Gips tragen und mit der beschränkten Bewegungsfreiheit zurechtkommen. Wenn Sie eine Knieblockade mit einem Schwarm Fliegen vor Ihrem Haus vergleichen, dann ist bei einer zertrümmerten Kniescheibe das ganze Haus von Kakerlaken befallen.

Aber bei genauerer Betrachtung sehen wir etwas sehr Interessantes. Menschen erholen sich paradoxerweise manchmal schneller von einer schweren als von einer leichten Verletzung. Das liegt daran, wie sie auf die Verletzung reagieren.

Bei einer schweren Verletzung unternehmen wir aktiv Schritte, um die Heilung zu beschleunigen. Wir gehen zum Arzt, lassen uns operieren, nehmen Medizin ein. Sprechen mit Physiotherapeuten, wählen eine Behandlungsmethode aus, befolgen einen Reha-Plan. Das alles tun wir, um schneller wieder gesund zu werden.

Bei leichteren Verletzungen aktivieren wir diese Ressourcen seltener. Wir nehmen vielleicht ein paar Ibuprofen oder legen uns einen Eisbeutel auf den verstauchten Finger. Aber wir stellen vermutlich keinen Behandlungsplan auf.

Und selbst wenn wir einen Behandlungsplan aufstellen, ist es nicht sehr wahrscheinlich, dass wir ihn auch strikt befolgen werden. Wir *sollten* jeden Morgen zwei Ibuprofen nehmen und zehn Minuten Krankengymnastik machen, um die Gelenke zu lockern, aber wer hat schon Zeit, das jeden Tag zu machen, bevor er zur Arbeit geht? Es dauert nicht lange, und das Übungsblatt verschwindet unter einem Blätterberg und die Ibuprofen im Medizinschrank.

Dass wir in diesen beiden Fällen unterschiedlich reagieren, ist natürlich in vielerlei Hinsicht logisch. Zum Haus- und Facharzt zu gehen und einen Behandlungsplan aufzustellen kostet sehr viel Zeit. Die morgendliche Krankengymnastik ist anstrengend und immer daran zu denken, seine Medizin zu nehmen, nervtötend. Da all diese Heilmittel mit Kosten verbunden sind, greifen wir eher darauf zurück, wenn wir einen Herzinfarkt hatten, als bei Kopfschmerzen.

Aber weil uns das Problem nicht groß genug erscheint, um darauf zu reagieren, bleiben kleinere Verletzungen oftmals deutlich länger bestehen.

Eine Knieblockade quält uns länger als eine zertrümmerte Kniescheibe, weil schwere Verletzungen unsere Schmerztoleranz übersteigen, leichtere jedoch nicht. Bei schweren Verletzungen wird ein kritischer Schwellenwert überschritten, der dazu führt, dass wir aktiv werden, um das Problem zu lösen. Verletzungen, die uns weniger Schmerzen bereiten, lösen keine derartige Reaktion aus, was dazu führt, dass wir uns letztlich gar nicht darum kümmern.[9, 10]

Wenn ein Produkt oder eine Dienstleistung versagt, suchen wir uns etwas Neues. Aber wenn wir immer nur leichte Nachteile in Kauf nehmen müssen, haben wir deutlich weniger Anlass, etwas am aktuellen Zustand zu ändern.

Ist der Status quo dagegen richtig schlimm, lassen sich Menschen leicht dazu bewegen, etwas zu verändern. Sie sind dann dazu bereit, weil Nichtstun keine Option ist. Wenn Ihr Haus von Kakerlaken befallen ist, rufen Sie natürlich den Kammerjäger an. Die einzige Frage, die sich dabei stellt, ist, welchen Kammerjäger man ruft.

Solange jedoch alles halbwegs in Ordnung ist – nicht besonders schlimm, aber auch nicht besonders toll –, ist es sehr viel schwieriger, jemanden zum Handeln zu bewegen. Das Alte war doch gar nicht so schlecht, warum soll ich dann die Kosten und Mühen auf mich nehmen, es anders zu machen? Soll ich wegen ein paar Fliegen vorm Haus gleich den Kammerjäger rufen? Vielleicht gehen die Fliegen ja auch von allein weg.

Alles, was wirklich schlimm ist, wird geändert, alles, was mittelmäßig ist, kann bleiben. Wenn etwas schlecht ist, handeln wir, aber solange etwas halbwegs in Ordnung ist, raffen wir uns nicht auf.

Um Menschen dazu zu bringen, von ihrem Status abzurücken, müssen wir ihnen aufzeigen, was sie das Nichtstun kostet – der Status quo ist eben kein sicherer Hafen, der keine Kosten verursacht, sondern er hat immer auch Nachteile.

Mein Cousin hat bei allen seinen E-Mails am Ende noch einen Abschiedsgruß eingetippt. Ob beruflich oder privat, immer schrieb er zum Abschluss „Viele Grüße, Charles".

Als ich das hörte, war ich baff. Warum richtete er sich keinen Standardgruß ein, sodass bei jeder E-Mail automatisch am Ende „Viele Grüße, Charles" angefügt wurde?

„Es dauert nur ein paar Sekunden, ‚Viele Grüße, Charles' zu tippen", erwiderte er. „Außerdem weiß ich nicht, wie man einen solchen Standardgruß einrichtet, und bräuchte Zeit, um das herauszufinden."

Charles war offenbar mit dem Status quo zufrieden. Er wusste, dass es nicht ideal war, was er machte, aber es war eben auch nicht so schlimm, dass er etwas daran hätte ändern müssen. Was sind schon ein paar Sekunden? Ein leichter Kopfschmerz, kein Herzinfarkt.

Außerdem schienen ihm die Kosten für die Umstellung größer als deren Nutzen. Es würde mehrere Minuten dauern, den Standardgruß einzurichten, er dabei aber nur ein paar Sekunden einsparen. Warum sollte er dann etwas daran ändern?

Nachdem ich mehrmals versucht hatte, ihn dazu zu bringen, einen Standardgruß einzurichten, probierte ich es auf andere Weise.

„Wie viele E-Mails schreibst du pro Woche?", fragte ich ihn.

„Keine Ahnung", sagte er. „Vielleicht 400."

„Und wie lange brauchst du fürs Tippen deines Abschiedsgrußes?"

„Höchstens ein paar Sekunden", antwortete er.

„Wie viel Zeit verbringst du also pro Woche damit, einen Abschiedsgruß unter deine E-Mails zu setzen?"

Er überlegte.

Dann klickte er in seine Suchleiste und gab „E-Mail-Signatur hinzufügen" ein.

Wenn der Status quo okay ist, aber nicht herausragend, oder mittelmäßig, aber nicht schlimm, scheint es uns nicht die Mühe wert, etwas daran zu ändern. Weil uns der gegenwärtige Zustand nicht allzu sehr stört.

Aber wenn uns die Kosten des Nichtstuns vor Augen geführt werden, begreifen wir, dass es doch nicht so günstig ist, am Status quo festzuhalten. Klar, einen Abschiedsgruß unter eine E-Mail zu tippen dauert nicht sonderlich lange, maximal zwei, drei Sekunden. Man kann sich also vielleicht die Zeit sparen, daran etwas zu ändern.

Aber wenn Sie diese paar Sekunden auf 400 E-Mails pro Woche hochrechnen, kommen Sie auf 10 bis 20 Minuten. Im Jahr sind das über zehn Stunden. Plötzlich ist das Eintippen des Abschiedsgrußes nicht mehr wie ein leichter Kopfschmerz, sondern wie eine schwerere Verletzung. Und dann erscheint es Ihnen doch sinnvoller, etwas daran zu ändern.

Gloria Barrett ist Finanzberaterin in Südkalifornien. Sie berät Menschen in Fragen der Vermögensverwaltung, bei Lebensversicherungen und der Altersvorsorge. Manche ihrer jüngeren Kunden riskieren mehr und investieren einen größeren Anteil ihres Portfolios in Aktien, während die älteren Kunden vorsichtiger sind und sich auch in Anbetracht des kürzeren Zeithorizonts eher für festverzinsliche Wertpapiere entscheiden.

Ein Kunde gab Barrett allerdings Rätsel auf. Keith war Mitte 40 und würde erst in 20 Jahren in Rente gehen, ging mit seinem Geld aber viel zu konservativ um. Er hatte mehr als die Hälfte seines Vermögens auf dem Sparkonto und wollte es nicht anlegen.

Barrett versuchte ihm anhand von Daten zu erklären, dass ihm Aktien eine höhere Rendite einbringen würden. Sie zeigte ihm die verschiedensten Berichte, anhand derer er sehen konnte, dass er sogar mit einer sehr zurückhaltenden Investition sein Geld stärker vermehren konnte. Aber Keith wollte nicht.

Er fand Aktien zu riskant. Er hatte zwar einen Teil seines Geldes angelegt, fürchtete aber, den Rest möglicherweise zu verlieren. Außerdem bekam er auf dem Sparkonto Zinsen, sodass er zwar keinen großen Gewinn einfuhr, sein Kontostand aber doch Jahr für Jahr stieg. Nicht viel, aber genug, um das Geld darauf liegen zu lassen.

Nach einem wieder einmal frustrierenden Telefonat entschied Barrett, nicht mehr darüber zu reden, welche Vorteile es brächte, mehr Geld in Aktien anzulegen. Sie wollte die Sache einmal anders angehen und Keith zeigen, wie viel Geld er dadurch *verlor*, dass er diese hohen Summen auf seinem Sparkonto parkte.

Barrett stellte eine imaginäre Uhr auf den 1. Januar. In den kommenden Monaten erklärte sie Keith bei jedem Telefonat oder Termin, wie viel Geld er inzwischen verloren hatte, weil er am Status quo festhielt. Erst waren es nur ein paar Dollar, dann ein paar Hundert, dann ein paar Tausend Dollar.

„Wieso verliere ich Geld?", fragte Keith sie irgendwann. „Wenn ich auf meinen Kontostand schaue, sehe ich, dass er immer weiter wächst."

„Ja, richtig", erwiderte Barrett. „Aber da ist die Inflation nicht mit einberechnet. Und im Vergleich zu der Rendite, die Sie selbst durch eine konservative Anlage erzielen könnten, verlieren Sie am Ende doch ziemlich viel Geld."

Keith änderte erst einmal trotzdem nichts. Er räusperte sich, stockte und grummelte. Doch als der Zähler bei mehreren Tausend Dollar stand, knickte er schließlich ein und hob einen Teil seines Geldes vom Sparkonto ab. Beim nächsten Gespräch legte er auch den überwiegenden Rest in Aktien an. Die Summe, die er danach noch auf dem Sparkonto hatte, entsprach nun eher seinem Zeithorizont. Und seine Rendite hatte sich deutlich erhöht.

Änderungen bedeuten Kosten. Neue Produkte kosten Geld, neue Dienstleistungen brauchen Zeit, um sich damit vertraut zu machen. Neue Initiativen müssen entwickelt werden, neue Ideen erfordern eine gewisse Eingewöhnungszeit.

Diese Kosten entstehen hauptsächlich im Vorhinein. Sie müssen ein neues Buch bezahlen, bevor Sie es lesen, und Zeit investieren, um ein neues Programm zu erlernen, bevor Sie es benutzen können.

Die Vorteile, die Sie durch die Änderung haben, sehen Sie allerdings meist erst später. Das Lesevergnügen stellt sich erst ein, wenn das Buch bei Ihnen angekommen ist und Sie die ersten Seiten lesen. Bei einem neuen Programm kann es Wochen oder gar Monate dauern, bis alles steht und richtig funktioniert.

Insofern ist es nicht verwunderlich, dass dieser *zeitliche Abstand zwischen Kosten und Nutzen* unser Handeln hemmt. Menschen sind ungeduldig. Sie wollen die Vorteile möglichst schnell und die Nachteile möglichst erst später sehen. Wenn aber eine Veränderung zu Anfang Kosten verursacht und sich erst später rentiert, tun wir lieber gar nichts.

Das ist ähnlich wie beim Verzicht auf Süßigkeiten. Natürlich hat er den langfristigen Effekt, dass wir Gewicht verlieren und gesünder leben, aber die kurzfristigen Kosten sind hoch, wenn wir auf den köstlichen Schokoladenkuchen verzichten müssen, der gerade vor uns auf dem Tisch steht. Wir alle wissen, wie schwer wir einer solchen Versuchung widerstehen können.

Deshalb bleiben wir meist beim Status quo. Warum sollten wir jetzt Kosten und Mühen auf uns nehmen, wenn wir es nicht unbedingt müssen? Das gilt natürlich gerade dann, wenn uns der Status quo halbwegs passabel erscheint.

Der Managementexperte und Autor Jim Collins sagte einmal: „Das Gute ist der Feind des Besten. … Wir haben gute Schulen, aber keine Spitzenschulen. Wir haben auch eine gute Regierung, aber keine Spitzenregierung. Nur wenige Menschen führen ein ‚Spitzenleben' – weil es so leicht ist, sich mit einem guten Leben zufrieden zu geben.“[11]

Das Gleiche gilt für Veränderungen. Wenn alles gut ist, fällt es uns leicht, am Status quo festzuhalten. Veränderungen kosten Geld und Mühe. Solange also alles halbwegs in Ordnung ist, stellen wir uns für Veränderungen taub.

Aber Nichtstun zieht oft eben doch Kosten nach sich, auch wenn uns das nicht so erscheinen mag. Der Status quo ist in Ordnung, ja vielleicht sogar ganz gut. Aber im Vergleich zu etwas Besserem ist er eben – schlechter. Und auch wenn der Unterschied gering sein mag oder uns sogar bedeutungslos vorkommt, kann er im Laufe der Zeit sehr groß werden.

Um andere dazu zu bringen, ihre Haltung zu ändern und weniger am Status quo festzuhalten, zeigt der Katalysator ihnen die Kosten ihres Nichtstuns auf. Dadurch erkennen sie leichter den Unterschied zwischen dem, was sie gerade haben, und dem, was sie haben könnten.

Anstatt sich zu fragen, wie viel besser das Neue gegenüber dem Alten ist – wie groß der mögliche Gewinn ist –, tun Katalysatoren das Gegenteil. Sie sagen ihrem Gegenüber, wie viel es *verliert*, wenn es nichts unternimmt.

Denn wie die Verlustaversion gezeigt hat, nehmen wir einen Verlust stärker wahr als einen Gewinn. Zehn Dollar zu verlieren fühlt sich schlimmer an, als zehn Dollar zu gewinnen uns freut. Weniger effizient zu werden fühlt sich schlimmer an, als effizienter zu werden sich gut anfühlt. Wenn ich sehe, wie viel Zeit und Geld ich verliere, motiviert mich das mehr, als wenn ich sehe, wie viel ich hätte gewinnen können. Dann bin ich eher bereit, meinen Status quo zu ändern.

Wenn ich meinen Kopfschmerz richtig einzuordnen weiß, dann gehe ich auch damit zum Arzt.

Die Schiffe verbrennen

Wenn uns die Kosten unseres Nichtstuns vor Augen geführt werden, erkennen wir, dass uns dieses Nichtstun teuer zu stehen kommen kann. Doch wenn wir allzu sehr am Alten festhalten, braucht es manchmal noch etwas mehr, um eine Veränderung herbeizuführen. Dann ist es möglicherweise angezeigt, die Schiffe zu verbrennen.

Als Hernán Cortés klein war, hätte niemand gedacht, dass er einmal ein berühmter Entdecker werden würde. Seine Eltern, die relativ arm waren, lebten mit ihm in der spanischen Stadt Medellín. Als Kind war er dürr und litt häufig unter Koliken. Mit 14 Jahren bestimmten seine Eltern, dass er Jura studieren sollte. Aber da machte gerade die Entdeckung der Neuen Welt durch Christoph Columbus die Runde und Hernán wollte nicht in seiner kleinen Provinzstadt bleiben. Er wollte nach Amerika segeln.

1504 erreichte Cortés Hispaniola – was heute Haiti und die Dominikanische Republik ist –, wo er einige Jahre lang blieb. Er ließ sich als Bürger des Landes eintragen, wurde Notar und nahm an Expeditionen teil, die die Eroberung einiger Landesteile des benachbarten Kuba zum Ziel hatten. Cortés' Bemühungen erregten die Aufmerksamkeit des Gouverneurs von Hispaniola, der ihm ein hohes politisches Amt in der Kolonie zuteilte.

Dann fragte der Gouverneur Cortés, ob er am Einmarsch in Mexiko teilnehmen würde. Es hieß, das Land sei reich an Silber und Gold, und der Gouverneur machte Cortés zum Befehlshaber einer Expedition, die das Landesinnere erkunden und kolonisieren sollte.

Mit 600 Mann, 13 Pferden und ein paar Kanonen an Bord seiner elf Schiffe ging Cortés auf der Halbinsel Yucatán an Land. Er forderte die Übergabe des Landes an die spanische Krone, gewann einige Schlachten gegen die Ureinwohner und nahm das heutige Veracruz ein, eine Küstenregion am Golf von Mexiko.

Nachdem Cortés in einer Stadt einen Posten errichtet hatte, wollte er noch weiter ins Landesinnere. Es hieß, das 300 Kilometer entfernte Tenochtitlán sei eine magische Stadt voller Reichtümer.

Doch an diesem Punkt geriet Cortés mit dem Gouverneur in Streit. Der Gouverneur fürchtete die Kontrolle über die Expedition zu verlieren und schickte den Befehl, Cortés abzusetzen. Cortés ließ sich aber nicht beirren und marschierte weiter. Wenn er jetzt nach

Kuba zurückkehren würde, erwartete ihn das Gefängnis oder gar der Tod. Daher blieb ihm nur die Möglichkeit, einen Landstrich zu erobern und zu besiedeln.

Nicht alle seine Männer drängte es ins Landesinnere. Manche hielten dem Gouverneur die Treue und als sie von den Plänen ihres Anführers erfuhren, beschlossen sie, ein Schiff zu kapern und zurück nach Kuba zu fahren.

Es gelang Cortés zwar rasch, die Rebellen niederzuwerfen, aber er stand jetzt vor einem Dilemma. Um Tenochtitlán einzunehmen, brauchte er unbedingte Treue von allen seinen Männern. Doch da die Schiffe abfahrbereit vor Anker lagen, wäre eine neuerliche Meuterei kaum zu verhindern. Es mussten sich nur genug Männer auf ein Schiff schleichen, dann würden sie ungehindert verschwinden können und damit weitere Unruhe säen.

Da traf Cortés eine ungewöhnliche Entscheidung: Er ließ die Schiffe verbrennen. Nachdem Proviant und Artillerie von Bord geschafft waren, gab er den Befehl, sie anzuzünden – alle elf Schiffe.[12]

Cortés hatte seine eigenen Schiffe zerstört, um eine zweite Meuterei zu verhindern. Jetzt gab es kein Zurück mehr. Der einzige Weg war der Weg nach vorn.

Es mag verrückt scheinen, was Cortés gemacht hat. Er setzte nicht nur ein Zeichen, sondern schnitt sich selbst den Heimweg ab. Aber er war tatsächlich nicht der Einzige, der diese Strategie angewandt hat.

Als muslimische Heere im Jahr 711 auf der iberischen Halbinsel landeten, befahl der Feldherr Tāriq ibn Ziyād, alle Schiffe zu verbrennen, mit denen sie gekommen waren, damit niemand einen Rückzieher machen konnte. Ein altes chinesisches Sprichwort sagt: „Zerstört die Kessel und versenkt die Schiffe". Das ist eine Anspielung auf eine Schlacht, in der der chinesische Feldherr zu einer ähnlichen Maßnahme griff, um seine Armee auf den Kampf einzuschwören. Und der Ausdruck „alle Brücken hinter sich abbrechen" rührt daher, dass Truppen bei Feldzügen die Brücken abbrachen, die sie gerade überquert haben, sodass sie immer nur weiter voranmarschieren und nicht mehr umkehren können.

Verglichen mit den Situationen, mit denen wir uns im Alltag konfrontiert sehen, ist das natürlich eine extreme und höchst egoistische Vorgehensweise.

Aber es gibt doch nicht wenige Situationen, in denen Menschen ähnlich handeln – wenngleich sicher nicht ganz so radikal –, weil sie im Status quo stecken geblieben sind. Sie wischen das Altgewohnte vielleicht nicht ganz vom Tisch, aber sie zeigen den anderen, welche Kosten es verursacht, und lassen sie diese Kosten auch spüren.

Sam Michaels ist für die IT in einem mittelgroßen Unternehmen in der Unterhaltungsbranche zuständig. Er kümmert sich um die Website und alle anderen digitalen Inhalte und sorgt dafür, dass die Soft- und Hardware reibungslos läuft und immer auf dem neuesten Stand ist.

Die Aktualisierungen sind im Grunde simpel. Alle Angestellten installieren die neue Windows-Version auf ihrem Computer oder bekommen einen neuen, falls sich der alte nicht mehr aktualisieren lässt. Die neue Software bietet zusätzliche Funktionen, die neuen Computer sind schneller und sicherer. Insofern müssten sich eigentlich alle darüber freuen.

Aber das Upgrade konnte noch so toll sein, immer gab es ein paar Leute, die nicht wechseln wollten. Sie blieben lieber bei ihrem alten Computer und der bisherigen Software. Ihr Computer lief einwandfrei, deshalb wollten sie keine Zeit damit vergeuden, ein neues Betriebssystem zu erlernen, oder riskieren, beim Wechsel Dateien zu verlieren, wenn doch alles auch so bleiben konnte, wie es war.

Die Kosten der Umstellung schienen ihnen zu hoch.

Und die Nachzügler bewegten sich nicht vom Fleck. Sam konnte ihnen noch so viele Erinnerungen oder Links schicken, um ihnen zu zeigen, wie viel besser das Upgrade war – selbst wenn er persönlich in ihr Büro kam und sie um die Installation des Upgrades bat, machten sie es nicht.

Irgendwann war Sam es leid und er versuchte es auf eine andere Weise: Er nahm sein bisheriges Angebot zurück.

An einem Montagmorgen schickte Sam eine E-Mail an alle Angestellten, die noch kein Upgrade vorgenommen hatten. Darin empfahl er ihnen, sich für ein neues Gerät zu entscheiden, und gab ihnen auch einige Hinweise, inwiefern er sie bei der Umstellung unterstützen könnte. Und er erklärte, es werde eine Veränderung im IT-Support geben.

Aus Sicherheitsgründen würden alle Geräte, die noch mit Windows 7 liefen, in zwei Monaten vom Firmennetzwerk getrennt. Da die meisten Angestellten neuere Geräte hätten und die IT-Abteilung nicht bei allen Problemen älterer Computer auf dem neuesten Stand bleiben könne, würden Geräte ab einem bestimmten Alter nicht mehr unterstützt. Das heißt, die Angestellten müssten sich dann selbst darum kümmern, wenn ihr Computer abstürzte oder Probleme aufträten. Die IT-Abteilung hoffe natürlich, dass es nicht so weit komme, und werde allen Angestellten gern neue Geräte zur Verfügung stellen. Nur wer bei seinem alten Betriebssystem bleibe, müsse fortan allein zurechtkommen.

Sam schickte die E-Mail ab und ging zum Mittagessen. Als er eine Stunde später zu seinem Schreibtisch zurückkehrte, hatte die Hälfte der Angestellten, denen er sie geschickt hatte, bereits geantwortet und wollte gern einen Termin haben, damit er ihnen beim Upgrade half. Am Ende der Woche hatten sich auch alle anderen Nachzügler gemeldet.

Sams E-Mail zeigte Wirkung, weil er die Schiffe verbrannte. Er ging dabei nicht so weit wie Cortés. Er zerstörte nicht die alten Windows-Versionen der Angestellten und warf auch nicht ihre Computer aus dem Fenster.

Aber er wandte dasselbe Prinzip an. Er führte den Angestellten die Kosten ihres Nichtstuns vor Augen und wies sie darauf hin, dass diese Kosten bald noch steigen würden. Er sagte ihnen, dass sie die alten Schiffe gern weiter benutzen könnten, dass sie dann aber auf sich allein gestellt seien.

Dieses Prinzip lässt sich auch in größerem Maßstab anwenden.

Autohersteller weigern sich zwar nicht, Ersatzteile für ältere Fahrzeuge herzustellen, aber nach einer angemessenen Zeitspanne produzieren sie weniger Ersatzteile und heben die Preise an. Dadurch bringen sie ihre Kunden dazu, auf ein neues Modell umzusteigen.

Die Hersteller zwingen also ihre Kunden nicht zur Umstellung, sondern hören nur auf, die Preise für ältere Ersatzteile künstlich niedrig zu halten. Stattdessen geben sie nun die tatsächlichen Kosten an die Kunden weiter, sodass diese eher von ihrem Status quo abrücken.

Nichtstun ist leicht. Es bedarf wenig Anstrengung, um bei seinen alten Überzeugungen zu bleiben, bei seinen gewohnten Strategien und Vorgehensweisen, und wenig Geld, um bei den Produkten und Dienstleistungen zu bleiben, die man schon kennt.

Insofern ist es nicht verwunderlich, dass das Nichtstun oftmals die Oberhand behält, wenn wir die Wahl haben. Wer ruht, der bleibt gern liegen.

Deshalb muss die Möglichkeit des Nichtstuns manchmal verbrannt werden. Oder darf zumindest nicht länger unterstützt werden. Mit Nichtstun kommt man vielleicht beim Wrestling am Anfang eines Royal-Rumble-Turniers durch – aber wenn die Kosten des Nichtstuns steigen, wird es schon schwieriger. Bis es schließlich dazu führt, dass man aus dem Wettbewerb fliegt.

Wenn wir also die Schiffe verbrennen und damit das Nichtstun beenden, halten wir uns weniger mit der Frage auf, *ob* etwas Neues besser ist als das Alte, sondern ermutigen andere dazu, sich vom Alten zu trennen und zu überlegen, *was* genau an seine Stelle treten könnte.

Das Festhalten am Status quo lockern

Kehren wir noch einmal zu der Studie mit der Kaffeetasse zurück: Wir Menschen hängen an den Dingen, die wir haben und tun. Seien es die Produkte, die wir besitzen, oder die Überzeugungen, die wir vertreten, die Lieferanten, mit denen wir zusammenarbeiten, oder die Initiativen, die wir unterstützen.

Wenn wir Veränderungen herbeiführen wollen, geht es nicht nur darum, dass sich die anderen mit dem Neuen wohlfühlen müssen, sondern sie müssen das Alte auch loslassen können. Ihren Status quo lockern. Wie die Finanzberaterin Gloria Barrett müssen wir dem anderen die Kosten seines Nichtstuns vor Augen führen, damit er erkennt, dass sein Nichtstun und sein Status quo gar nicht so günstig für ihn sind, wie er denkt. Wie der IT-Experte Sam Michaels müssen wir die Schiffe verbrennen und den Status quo vom Tisch fegen oder zumindest aufhören, dessen Kosten zu subventionieren.

Und um zu sehen, welche Kraft ein solches Vorgehen haben kann, müssen wir uns nur einen der größten Wahlerfolge der jüngeren Geschichte ansehen: das Brexit-Referendum.

FALLSTUDIE:

WIE MAN DIE MEINUNG EINES GANZEN VOLKES ÄNDERT

Am 21. Mai 2015 erklärte sich Dominic Cummings bereit, eine Organisation mit ins Leben zu rufen, die sich „Vote Leave" nennen sollte. Tags darauf machte er sich an die monumentale Aufgabe, die Briten dazu zu bringen, ihre fast 50-jährige Mitgliedschaft in der Europäischen Union zu beenden.

Im Gegensatz zum politischen Tagesgeschäft werden Referenden von der öffentlichen Meinung bestimmt. Dann entscheidet nicht mehr nur eine Handvoll Politiker, ob Großbritannien in der EU bleiben oder der Mindestlohn heraufgesetzt oder irgendetwas anderes getan werden soll. Bei einem solchen Volksbegehren ist die gesamte Wählerschaft aufgerufen, ihre Stimme abzugeben.

Die meisten Referenden scheitern. In Oregon und Kalifornien, den beiden US-Staaten mit den meisten Volksbegehren, wird zum Beispiel nur ein Drittel aller Referenden angenommen. Weltweit liegt die Zahl nur geringfügig höher.

Damit ein Referendum Erfolg hat, muss man Millionen Menschen davon überzeugen, dass etwas geändert werden sollte: den Mindestlohn ein wenig erhöhen. 46 Jahre wirtschaftliche Verflechtung, Agrarsubventionen und freien Handel aufgeben. Alte Vorgehensweisen ad acta legen und auf etwas Neues umstellen.

In Großbritanniens Fall waren die mit dem Austritt aus der EU verbundenen Risiken besonders hoch. Das Land importiert den Großteil seiner Lebensmittel, seines Kraftstoffs und seiner Medikamente, sodass jeder Rückgang beim Handel zu Engpässen führen kann. Die Ökonomen machten sich Sorgen über die Auswirkungen auf den Export und fürchteten, durch den Austritt würde das Britische Pfund abgewertet.

Insofern war es nicht überraschend, dass die wenigsten dachten, das Referendum würde angenommen. Die meisten Umfragen legten nahe, dass Großbritannien in der EU bleiben würde. Bei den Buchmachern sah es ähnlich aus, die Wettquoten für einen Sieg des Pro-EU-Lagers lagen bei 80 Prozent.

Cummings erkannte, dass der Knackpunkt bei Referenden darin besteht, die eigene Botschaft klar und deutlich herüberzubringen. Den Status quo darzulegen ist wesentlich leichter.

Man musste den Leuten nicht erklären, warum die EU schlecht für sie war oder ob der komplexe Geldfluss an Subventionen, Zuschüssen und anderen Hilfsmitteln das Geld, das die Briten in die Europäische Union steckten, aufwog oder nicht. Alles, was die „Remain"-Kampagne tun musste, war, die Leute aufzufordern, auf Kurs zu bleiben. Mit dem weiterzumachen, was sie schon die ganze Zeit machten. Bloß nichts durcheinanderzubringen.

Wenn die „Leave"-Seite irgendeine Chance haben wollte, das Referendum zu gewinnen, dann durfte sie sich nicht mit Einzelheiten aufhalten. Sie brauchte eine klare, einfache Botschaft, die jeder verstand.

Deshalb kaufte Cummings für „Vote Leave" einen roten Bus, in dem Politikerinnen und Politiker durchs Land fuhren, um mit den Wahlberechtigten zu sprechen und auf dem in großen weißen Lettern stand: „Wir geben der EU jede Woche 350 Millionen Pfund. Geben wir das Geld besser dem NHS."[13] Der NHS ist der National Health Service, der staatliche Gesundheitsdienst.

Der Brexit-Bus, wie er bald genannt wurde, zog nicht nur die Aufmerksamkeit der Menschen auf sich, sondern führte ihnen auch die Kosten des Nichtstuns vor Augen. Die Bürger dachten vielleicht, es sei sicherer, in der EU zu bleiben. Es kostete sie ja nichts. Doch der Bus sagte das Gegenteil. Er erklärte ihnen, dass Großbritannien jede Woche Hunderte Millionen Pfund als Mitgliedsgebühr an die EU zahlte. Geld, das man viel besser für andere Dinge gebrauchen konnte, zum Beispiel für den staatlichen Gesundheitsdienst.

Aber es kam noch etwas hinzu. Unter die Botschaft hatte Cummings in etwas kleinerer Schrift den Schlachtruf der „Leave"-Kampagne gesetzt.

Der Slogan war anfangs denkbar schlicht: „Take control" – „Die Kontrolle übernehmen". Cummings fand es gut, dass der Spruch so kurz und prägnant war, aber ihm fehlte noch etwas. Deshalb spielte er mit einigen Varianten.

Cummings kannte sich mit Verlustaversionen und dem Festhalten am Status quo bestens aus. Er wusste, dass die Menschen am liebsten bei dem bleiben, was sie schon kennen, und dass sie ungern etwas Neues ausprobieren. „Die Kontrolle übernehmen" war zwar ein guter Spruch, aber er gestand implizit ein, dass man handeln musste, um die EU zu verlassen, und dass man nichts tun musste, um drin zu bleiben. Was seinen Gegnern in die Hände spielte.

Könnte er den Spieß doch nur umdrehen ... Könnte er es doch nur so aussehen lassen, als bestehe der Status quo darin, die EU zu verlassen ...

Dann kam ihm ein Geistesblitz. Er musste nur ein Wort zwischen „Take" und „control" einfügen. Aber dieses eine Wort änderte den Referenzrahmen komplett.

Cummings fügte das Wort „back" hinzu. Und so lautete der Slogan jetzt: „Take back control." – „Die Kontrolle zurückerlangen."

„‚Zurück'", schrieb Cummings auf seinem Blog, „spricht einen starken Instinkt von uns an – wir hassen es, irgendetwas zu verlieren, vor allem die Kontrolle."

Das Wörtchen „zurück" löste bei den Menschen eine Verlustaversion aus. Jetzt sah es so aus, als hätten sie etwas verloren und könnten es durch den Austritt aus der EU zurückbekommen.

Als die British Election Study, die die Ergebnisse britischer Wahlen analysiert, die Wahlberechtigten befragte, sagten viermal so viele Menschen, dass sie den Spruch „Take back control" besser fänden. Und als am 23. Juni die Stimmen ausgezählt wurden, kam das schockierende Ergebnis: Die Briten stimmten dafür, die Europäische Union zu verlassen.

Mit dem Satz „Take back control“ hatte Cummings der gesamten Debatte auf geschickte Weise einen neuen Rahmen gegeben. Er nutzte den Besitztumseffekt und die Wertschätzung der Menschen für das, was sie haben, und erinnerte sie daran, dass Großbritannien einmal nicht zur EU gehört hatte. Der Austritt berge keinerlei Risiken. Man werde damit einfach nur alles wieder ins rechte Lot bringen.* Alles wieder so machen, wie es einmal war.

Eine solche Strategie ist nicht immer leicht umzusetzen. Zum Beispiel ist es nicht unbedingt sofort offensichtlich, weshalb ein neues Medikament oder ein Herstellungsprozess dazu beitragen könnte, etwas Verlorenes zurückzuerlangen.

Doch in vielen Fällen lässt sich mit dieser Vorgehensweise das Nichtstun uminterpretieren. Obwohl Donald Trump 2016 nicht der Amtsinhaber war, nutzte er diesen Gedanken bei seiner Präsidentschaftskandidatur für seine Zwecke: Er sagte nicht, er werde Amerika groß machen, er sagte, er werde Amerika *wieder* groß machen. Er werde also dafür sorgen, dass alles wieder wird, wie es einmal war. Ronald Reagan benutzte in seiner Präsidentschaftskampagne 1980 übrigens eine ganz ähnliche Botschaft.

Nicht nur die Politik geht so vor. Schulbezirke sprechen davon, dass sie mit ihren Lehrplänen wieder „zurück zum Kern kommen“. Organisationen erklären, dass sie durch den neuen Ansatz oder Fokus zu ihren Wurzeln zurückkehren. Statt auf das Neue einer Idee, Strategie oder Initiative hinzuweisen, konzentrieren sie sich darauf, wie sehr diese etwas Bestehendem ähneln.

* Dabei ging es auch darum, die Kontrolle über das System selbst wiederzuerlangen. Der Satz brachte die Leute zum Nachdenken. „Ja, genau, diese Typen haben unsere Wirtschaft ruiniert, sie haben sie 2008 gegen die Wand gefahren, und die ganzen Banker von Goldman Sachs mit ihren Hedgefonds und riesigen Boni sind ihre besten Kumpel“, sagte Cummings. „Wir holen uns in London die Kontrolle von dieser Bande zurück.“

Sogar über neue Produkte und Dienstleistungen kann man auf diese Weise sprechen. Das Neue ist genau wie das, was man schon kennt und liebt, nur angepasst ans digitale Zeitalter.

Es wird nichts geändert, es wird nur etwas aufgefrischt.

Abwehrhaltung und Festhalten am Status quo sind zwei starke Barrieren, die Veränderungen verhindern. Aber um zu verstehen, warum genau es oftmals misslingt, andere zum Umdenken zu bewegen, ist noch ein weiterer Aspekt wichtig, nämlich Distanz.

3

DISTANZ

Wenn Virginia[1] an die Tür klopfte, wusste man nie, wie die Leute reagieren würden. Eine junge Frau mit T-Shirt und Brille, die freundlich aussah. Zumindest freundlich genug, dass die meisten Menschen die Tür aufmachten, um zu erfahren, was sie wollte.

Am heutigen Tag war Virginia als Stimmenwerberin für politische Parteien dabei, Wahlberechtigte in Miami danach zu fragen, was sie von Rechten für Transgendermenschen halten. Die Miami-Dade County Commission hatte vor Kurzem eine Verordnung erlassen, die Transgendermenschen vor Diskriminierung schützen sollte. Diese Verordnung war heiß umstritten und wurde von beiden Seiten heftig debattiert.

„Welche Zahl würden Sie wählen?", fragte Virginia Gustavo und zeigte auf einem Blatt Papier auf eine Skala, die von „befürworte stark Rechte für Transgendermenschen" bis „lehne stark Rechte für Transgendermenschen ab" reichte.

Der ältere Latino sah aus wie aus dem Bilderbuch. Sein ärmelloses Unterhemd steckte in der Khakihose. Hätte er noch ein Guayabera-Hemd getragen, hätte Gustavo auch Mitglied des Buena Vista Social Clubs sein können. Virginia dagegen ist eine gendervariante Person und kennzeichnet sich weder als Mann noch als Frau.

Gustavo zeigte auf eine Zahl auf der unteren Hälfte der Skala. Er war gegen das Gesetz. „Und liegt das an der Sache mit den Toiletten?", fragte Virginia. Gustavo antwortete, er finde das Gesetz nicht gut, weil er Angst habe, es könne missbraucht werden. Dass notgeile Männer es als Gelegenheit benutzten, um auf die Damentoilette zu gehen.

„Woher kommt dieses Gefühl?", wollte Virginia wissen.

„Weil ich aus Südamerika komme", sagte Gustavo, „und wir in Südamerika mögen keine Schwuchteln."

Das war für Virginia ein Schlag ins Gesicht. Die meisten Menschen würden sich höflich beim Befragten bedanken und gehen. Sie würden sagen, es sei Zeitverschwendung – um genau zu sein, sogar *unmöglich* –, jemanden wie Gustavo von seiner Meinung abzubringen, da seine Überzeugung so tief in ihm verwurzelt war.

Aber vielleicht stimmte dieser Eindruck ja gar nicht. Vielleicht gab es doch eine Möglichkeit, jemanden wie Gustavo umzustimmen? Kann man Erzkonservative von einer „liberalen" Politik wie den Rechten für Transgendermenschen überzeugen?

Der Blick über den Tellerrand

Zu sagen, das derzeitige politische Klima in den USA polarisiere die Gesellschaft, ist untertrieben. Mehr als die Hälfte aller Demokraten und Republikaner stehen der anderen Partei „sehr ablehnend" gegenüber. Die Zahlen liegen dreimal so hoch wie Mitte der 1990er-Jahre. Nachbarn reißen Vorgartenplakate nieder, andere Meinungen werden gemieden und zu Thanksgiving wird das Dinner nicht selten mit dem Hinweis eröffnet, heute Abend werde bitte nicht über Politik geredet.

Die sogenannten Filterblasen sind eine häufige Erklärung für diese Entzweiung. Gleich und Gleich gesellt sich gern, und die Menschen haben immer schon am liebsten diejenige Zeitung gelesen, die ihre Meinung vertrat. Aber die neuen Technologien haben diese Tendenz noch deutlich verschärft.

Wir holen uns unsere Informationen aus dem Internet, anstatt mit unseren Nachbarn zu sprechen oder die Lokalzeitung zu lesen. Und das Online-Ökosystem ist zunehmend auf die Ansichten zugeschnitten, die ich ohnehin schon habe. Facebook gibt Informationen den Vorrang, die von Ihren engsten Freunden kommen. Die haben meist sowieso eine ähnliche Haltung wie Sie. Twitter zeigt Ihnen ausschließlich Informationen von Menschen, denen Sie folgen. Die sind sowieso meist Ihrer Meinung.

Das Internet und die sozialen Medien führen in dieser Verbindung zu einem Zustand intellektueller Isolation, in dem wir nur noch selten mit widerstreitenden Ansichten konfrontiert werden. Deshalb und wegen unseres Hangs, nur auf Informationen zu klicken, die unseren Standpunkt weiter festigen, führen diese Algorithmen die Menschheit immer tiefer in die Isolation ihrer eigenen Echokammern.

Um dieses Problem zu lösen, schlagen Experten vor, dass wir öfter mal einen Blick über den Tellerrand werfen sollten. Mit jemandem sprechen sollten, der die Dinge anders sieht als wir, statt uns in unsere Onlineblase zu verkriechen. Brücken zur anderen Seite bauen.

Intuitiv würden wir sicher alle sagen, dass das eine gute Idee ist. Wenn wir uns von unseren Zerrbildern und Stereotypen befreien und uns mit jemandem austauschen, der nicht unserer Meinung ist, profitieren beide Seiten davon. Statt sich gegenseitig als Linke oder Rechte zu beschimpfen, sehen wir plötzlich wieder echte Menschen auf der anderen Seite. Wenn wir verstehen, woher ihre Meinung kommt, gelangen wir alle zu nuancierteren Ansichten.

Aber kann das wirklich funktionieren?

Der Soziologe Chris Bail hatte große Hoffnungen.[2] Er dachte, wenn er die Menschen dazu bringen könnte, sich die Meinung der Gegenseite anzuhören und darüber nachzudenken, würden sie sich womöglich aufeinander zubewegen. Ein wenig in die Mitte rücken. Vielleicht nicht viel. Liberale und Konservative würden jetzt nicht gleich „Kumbaya" zusammen singen, aber sie würden zumindest ein Stück auf die andere Partei zugehen.

Um diese Idee auf den Prüfstand zu stellen, ersann Bail ein cleveres Experiment. Er warb über 1.500 Twitter-Nutzer an, um anderen Nutzern zu folgen, die gegenteiliger Meinung waren. Einen Monat lang sahen sie Nachrichten und Informationen ausgewählter Amtsträger, Organisationen und Meinungsführerinnen der anderen Seite. Ein Liberaler bekam zum Beispiel Tweets der *Fox News* oder von Donald Trump zu sehen, eine Konservative Posts von Hillary Clinton oder Planned Parenthood.

Das Ganze war ein Blick über den digitalen Tellerrand hinaus. Eine denkbar einfache Intervention, die große Bedeutung für die Sozialpolitik haben könnte.

Am Ende des Monats analysierten Bail und sein Team die Haltung der Nutzer: was sie über verschiedene politische und gesellschaftliche Themen dachten, ob Regierungsverordnungen förderlich sind, ob die Gesellschaft Homosexualität akzeptieren sollte, ob sich Frieden am besten durch militärische Macht erhalten lässt.

Ein aufwendiges Unterfangen, das jahrelange Vorbereitung und Tausende Arbeitsstunden erforderte. Die Hoffnung war, dass die Menschen einander wieder näherkämen, wenn sie einen Blick über den Tellerrand werfen würden. Das zumindest sagten Tausende Expertinnen, Kolumnisten und Moderatorinnen.

Aber die Hoffnung erfüllte sich nicht. Der Blick über den Tellerrand machte die Menschen nicht gemäßigter.

Tatsächlich geschah genau das Gegenteil. Die Menschen revidierten tatsächlich ihre Meinung, als sie den anderen Standpunkt sahen, aber in die entgegengesetzte Richtung. Republikaner, die liberale Meinungen gezeigt bekamen, wurden noch konservativer und entwickelten eine noch extremere Abwehrhaltung gegenüber der Sozialpolitik. Bei den Liberalen war es ähnlich. Demokraten, die einem Konservativen folgten, wurden *noch* liberaler anstatt weniger liberal.

Das wäre nachvollziehbar, wenn die Tweets versucht hätten, ihre Leser von etwas zu überzeugen. Wie wir im ersten Kapitel gesehen haben, führen Überzeugungsversuche oft zu Abwehrverhalten.

Doch in diesem Fall enthielten die meisten Posts einfach nur Informationen. Sie versuchten nicht, den Followern zu sagen, was sie tun sollten.

Warum funktionierte es dann trotzdem nicht?

Falsche Überzeugungen korrigieren

Wenn wir versuchen, jemand anderen zum Umdenken zu bewegen, dann hoffen wir, dass wir ihn mit Argumenten überzeugen können. Mit Beweisen, Tatsachen, Zahlen und anderen Informationen, die ihn dazu bringen, ein Stück weit in unsere Richtung zu gehen.

Der Gedanke dahinter ist einfach. Wenn wir neue Daten erhalten, denken wir danach anders über einen Sachverhalt. Wir sehen uns die vorgelegten Tatsachen an und ändern dementsprechend unsere Meinung.

Nur passiert das leider nicht immer.

Ein Beispiel dafür sind Falschinformationen. Impfstoffe schützen uns vor Krankheiten wie Masern, Mumps oder Röteln (MMR). Zwar sind die meisten Menschen dagegen geimpft, aber manche Eltern lassen ihre Kinder nicht impfen, weil sie die unbegründete Sorge haben, dass es einen Zusammenhang zwischen Impfung und Autismus geben könnte.

In einem Artikel in der Zeitschrift *Pediatrics* aus dem Jahr 2014 untersuchten Forscherinnen, ob Menschen falsche Überzeugungen ablegen, wenn sie die Wahrheit erfahren.[3] Sie legten den Befragten wissenschaftliche Beweise der Zentren für Krankheitskontrolle vor, die diesen Zusammenhang widerlegten. „Zahlreiche sorgfältig durchgeführte wissenschaftliche Studien haben gezeigt, dass es keinen Zusammenhang zwischen der MMR-Impfung und Autismus gibt", heißt es darin. Zudem fassten die Forscher die Ergebnisse verschiedener Studien zusammen.

Nachdem die Teilnehmenden den Artikel gelesen hatten, wurden sie nach ihrer Meinung gefragt. Wie wahrscheinlich war es, dass sie ihrem künftigen Kind die MMR-Impfung verabreichen lassen würden?

War es für sie hilfreich, die Wahrheit zu erfahren? In gewisser Weise schon.

Denen, die Impfungen ohnehin schon positiv gegenüberstanden, halfen die zusätzlichen Informationen tatsächlich. Sie konnten ihre möglicherweise falsche Wahrnehmung korrigieren, sodass ihre Bereitschaft, ihre Kinder impfen zu lassen, weiter zunahm.

Aber Teilnehmenden, die Impfungen weniger positiv gegenüberstanden, tat die Wahrheit ganz und gar nicht gut. Die wissenschaftlichen Beweise befeuerten noch ihre falsche Wahrnehmung, sodass sie jetzt noch weniger bereit waren, ihre Kinder impfen zu lassen.

Viele Studien haben ähnliche Effekte festgestellt.[4] Ob in der Medizin, der Politik oder auf anderen Gebieten, Fakten, die andere Menschen zu einer Änderung ihrer Haltung bewegen sollen, führen nicht immer zum Ziel. Manchmal glauben die Menschen dann zwar eher an die Wahrheit, in anderen Fällen dagegen manifestiert sich nur ihr Irrglaube. Selbst wenn dahinter nicht die Absicht steht, sie zu überzeugen – sodass wenig Abwehrhaltung zu erwarten wäre –, ignorieren sie die Fakten.

Anstatt falsche Vorstellungen zu korrigieren, führt es also zu *noch mehr* Irrglauben, wenn Menschen die Wahrheit hören. Gibt man ihnen korrekte Informationen, glauben sie noch eher das Gegenteil.

Wann also sind Informationen hilfreich und wann gehen sie nach hinten los?

Ein Fußballfeld an Überzeugungen

Vor über 50 Jahren versuchten Verhaltensforscher der Universitäten Yale, Vanderbilt und Oklahoma, diese Frage zu beantworten.[5] Sie hatten sich Ende der 1950er-Jahre ein kontroverses Thema ausgesucht, bei dem unterschiedliche Menschen unterschiedliche Meinungen hatten und bei dem es einfach war, die unterschiedlichen Positionen miteinander zu vergleichen.

Es ging um Alkohol.

Während die meisten US-Staaten die Prohibition längst wieder aufgehoben hatten, war der Verkauf von Alkohol in Oklahoma nach wie vor verboten. Dort führten die Forscherinnen ihr Experiment durch. Der Staat hatte vor Kurzem ein Referendum durchgeführt, um herauszufinden, was mit den geltenden Bestimmungen passieren sollte. Eine knappe Mehrheit entschied sich für die Prohibition. Viele Menschen im Land waren gegen die Prohibition, aber etwas mehr Bürger sprachen sich dafür aus, das Alkoholverbot aufrechtzuerhalten. Das Thema war ideal für eine wissenschaftliche Untersuchung.

Die Forscher verfassten verschiedene Appelle. Einer sprach sich stark gegen die Prohibition aus, da viele Menschen gern Alkohol trinken würden. Deshalb sollte der Verkauf und Konsum nicht eingeschränkt werden.

Der zweite Appell stimmte einen gemäßigteren Ton an, sprach sich aber auch gegen die Prohibition aus. Darin standen Aussagen wie die folgende: „Der Verkauf von Alkohol sollte reglementiert werden, sodass er in begrenzten Mengen für besondere Gelegenheiten erhältlich ist."

Dann suchten sie nach Prohibitionsbefürwortern, zum Beispiel Mitgliedern der Women's Christian Temperance Union oder Studierenden, die Priester oder Nonne werden wollten, und händigten ihnen einen der beiden Appelle aus. Sie analysierten, inwiefern die Probanden ihre Meinung änderten, wie stark sich also ihre Ansichten zum Thema Alkohol durch die Lektüre wandelten.

Jetzt könnte man meinen, dass man durch den radikaleren Ansatz mehr Umdenken erreichen kann. Denn die Menschen verlangen immer nach mehr, bei Gehaltsverhandlungen wie beim Hauskauf.

Hauskäufer bieten dem Verkäufer 85 bis 90 Prozent von dessen Preisvorstellung an und hoffen, sich irgendwo in der Mitte treffen zu können. Deshalb setzen die Verkäufer im Vorhinein künstlich die Preise hoch. Indem sie einen höheren Preis verlangen, stellen sie sicher, dass sie den angestrebten Preis tatsächlich erzielen, Geschacher inklusive.

Will man andere zum Umdenken bewegen, kann eine deutlich weiter entfernte Position dabei helfen, die Lücke weiter zu schließen. Selbst wenn sich der andere nicht ganz zu mir herüberbewegt, sind wir doch schon deutlich näher am gewünschten Endpunkt, wenn wir uns in der Mitte treffen. Treffen sich die Prohibitionsbefürworter mit dem Standpunkt des radikalen Appells in der Mitte, bedeutet das eine größere Veränderung, als wenn sie sich mit der Position des gemäßigteren Appells in der Mitte treffen.

Aber es passierte das Gegenteil. Als die Forscherinnen die Ergebnisse der Prohibitionsstudie analysierten, fanden sie heraus, dass der radikalere Appell kein größeres Umdenken zur Folge hatte.

Der Grund dafür ist der sogenannte Ablehnungsbereich.

Bevor die Forscher den Befragten einen der beiden Appelle gegen die Prohibition aushändigten, fragten sie sie nach ihrer aktuellen Meinung über Alkohol und Prohibition. Sie zeigten ihnen acht Aussagen und baten sie, diejenige anzukreuzen, die ihrem Standpunkt am nächsten kam. Manche Aussagen sprachen sich deutlich für die Prohibition aus, manche deutlich dagegen, wieder andere lagen irgendwo dazwischen.

Stellen Sie sich ein Fußballfeld vor, auf dem Linien für verschiedene Ansichten zur Prohibition stehen. Die eine Hälfte des Feldes ist für die Prohibition, die andere dagegen, und an der Torauslinie stehen die Leute, die am radikalsten darüber denken.

Im Strafraum auf der einen Seite stehen also die Menschen, die sich klar und deutlich für die Prohibition aussprechen. Sie stimmen Aussagen zu wie „Alkohol ist der Fluch der Menschheit, deshalb sollte der Verkauf und Konsum von Alkohol, auch von Leichtbier, untersagt werden."

Die Leute am anderen Ende des Spielfelds wollen die Prohibition abschaffen. Sie stimmen Aussagen zu wie „Es ist offensichtlich, dass Menschen nicht ohne Alkohol auskommen. Deshalb sollte es keine Beschränkungen beim Verkauf und Konsum geben."

Je weiter wir in die Mitte des Spielfelds gelangen, umso mehr mäßigen sich die Meinungen. Auf der 25-Meter-Linie stehen Menschen, die gemäßigte Ansichten für oder gegen die Prohibition vertreten. Sie finden Einschränkungen beim Alkoholverkauf in Ordnung, meinen aber, dass man es in geringen Mengen gelegentlich trinken dürfen sollte. Und auf der Mittellinie stehen die Unentschlossenen. Sie meinen, es gebe ebenso gute Gründe für wie gegen die Prohibition.

Nun sollten die Befragten nicht nur die Aussage auswählen, die ihrer Meinung am ehesten entsprach, sondern auch die Ansichten nennen, die sie nicht ablehnen würden beziehungsweise denen sie widersprachen.

Durch diese Vorgehensweise entstanden zwei Bereiche. Der eine war der *Indifferenzbereich*. Darin liegen der Standpunkt, dem die Befragten am ehesten zustimmen, sowie alle Standpunkte, denen sie noch bereit wären zuzustimmen.

Daneben befindet sich der *Ablehnungsbereich*, in dem die Standpunkte liegen, denen die Befragten widersprechen oder die sie ablehnen.

Nehmen wir einmal eine Person, die sich in der Mitte des Spielfelds aufhalten würde. Das ist ihre derzeitige Meinung. In ihrem Indifferenzbereich liegen alle Positionen, denen sie zustimmen würde; diese führen in beide Richtungen des Feldes. Dahinter liegt der Ablehnungsbereich, also alle Ansichten, die die Person ablehnt.

Unterschiedliche Menschen haben nun nicht nur unterschiedliche Positionen auf dem Spielfeld, sondern auch unterschiedliche Indifferenz- und Ablehnungsbereiche. Zum Beispiel kann jemand an der Torauslinie stehen und sein Indifferenzbereich geht bis zur 25-Meter-Linie. Das heißt, alles, was dahinterliegt, ist sein Ablehnungsbereich.

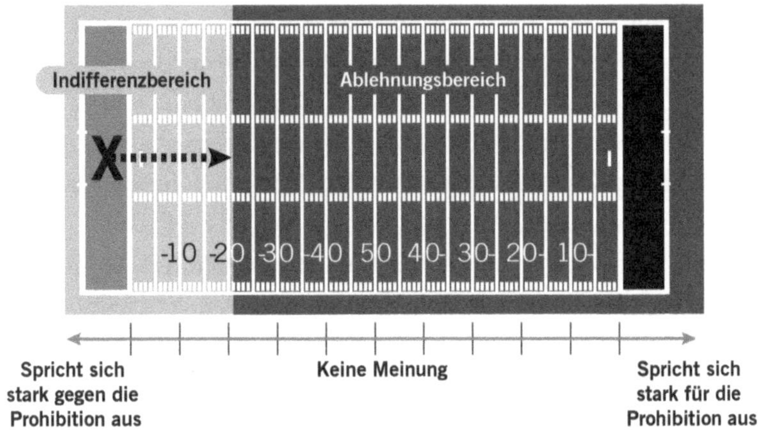

Ein anderer steht vielleicht in der anderen Hälfte auf der 25-Meter-Linie und stimmt allen Aussagen zu, die bis zur Mittellinie gehen, während er die Meinungen auf der linken Spielfeldhälfte ablehnt.

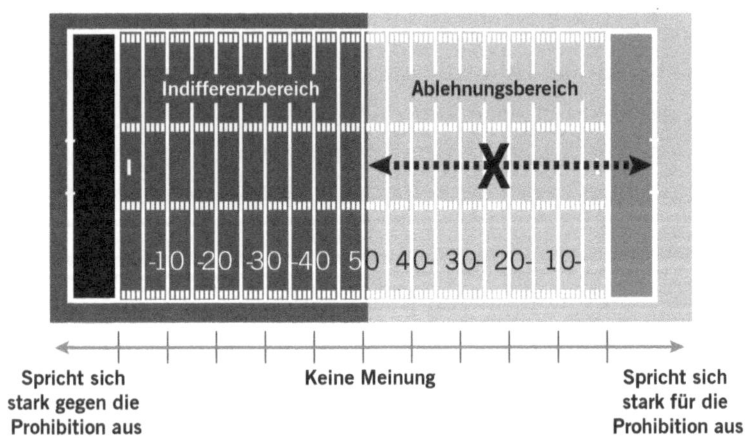

Diese verschiedenen Bereiche wiederum bestimmten, ob die Appelle gegen die Prohibition Erfolg hatten oder nicht. Die Aussagen, die die Teilnehmenden lasen, wurden mit ihren derzeitigen Ansichten verglichen. Lagen die Appelle inhaltlich nah genug an ihrem Standpunkt, also innerhalb ihres Indifferenzbereichs, dann funktionierten sie wie beabsichtigt: Die Befragten änderten ihre Meinung in die gewünschte Richtung.

Aber wenn der Appell in den Ablehnungsbereich fiel, hatte er keinen Erfolg. Er überzeugte die Befragten nicht, sondern führte sogar oft noch dazu, dass sie ihre Meinung in die *entgegengesetzte* Richtung änderten. Sie waren also nachher noch stärker davon überzeugt, dass ihre Ansichten richtig waren.*

Letztlich brachte der gemäßigte Appell dreimal so viele Prohibitionsbefürworter dazu, dass sie sich vorstellen konnten, Alkohol möglicherweise legalisieren zu lassen.[6]

Manchmal ist weniger eben mehr.

Der Bestätigungsfehler

Wenn wir andere dazu bringen wollen, ihre Meinung zu ändern, dann wollen wir oft möglichst bald ein weitgehendes Umdenken. Wir wollen eine deutliche Gehaltserhöhung und wir wollen, dass Kritiker zu Befürwortern werden – am besten jetzt sofort.

Wir denken, wenn wir dem anderen nur genügend Informationen zur Verfügung stellen, wird er sich schon auf unsere Seite schlagen. Wenn wir ihm nur möglichst viele Beweise, Gründe und Artikel vorlegen, wird ihn das zum Umdenken bewegen.

* Dasselbe gilt für die Politik. Republikaner hören nicht nur konservative Nachrichten und Demokraten folgen nicht nur liberalen Medien. Je nach ihrer Position auf dem Fußballfeld sind sie bereit, sich bestimmte Standpunkte anzuhören und andere nicht. Ein extrem liberaler Demokrat denkt vielleicht, das Onlinemagazin *Slate* sei unparteiisch, würde aber niemals das *Wall Street Journal* lesen, während ein gemäßigterer Demokrat *Slate* für extrem hält und auch konservativere Medien konsumiert, womöglich bis hin zu *Fox News*.

Aber ebenso oft geht die Sache nach hinten los. Anstatt meine Meinung anzunehmen, beharrt der andere auf seinem Standpunkt. Anstatt seine Ansichten zu ändern, ist er noch stärker davon überzeugt, recht zu haben.

Wie wir schon gesehen haben, ist Abwehrverhalten ein Grund dafür. Wenn wir das Gefühl haben, dass uns jemand von etwas überzeugen will, geht unser Schutzschild hoch. Dann suchen wir nach allen möglichen Argumenten, die dagegensprechen.

Aber selbst wenn kein Versuch, uns zu überzeugen, dahintersteht, kann schon die reine Darlegung von Fakten nach hinten losgehen.

Das lässt sich mit dem Ablehnungsbereich erklären. Bei uns allen gibt es einen bestimmten Bereich an Ansichten um unsere Überzeugungen herum, den wir noch bereit sind zu akzeptieren. Erzkonservative Menschen sind gegen Staatsausgaben. Wenn Sie ihnen vorschlagen würden, ein Gesetz gegen öffentliche Verschuldung oder zum Schutz der freien Märkte zu erlassen, würden sie es vermutlich unterstützen.

Aber wenn Sie aus diesem Bereich heraustreten, zum Beispiel die Schuldengrenze anheben oder eine allgemeine gesetzliche Krankenversicherung einführen wollen, stoßen Sie bei den Leuten auf Granit. Je weiter der Vorschlag von ihrer Position auf dem Feld entfernt ist, umso unwahrscheinlicher ist es, dass sie ihn überhaupt noch in Erwägung ziehen, und umso wahrscheinlicher, dass sie sich in die entgegengesetzte Richtung bewegen.

Der Ablehnungsbereich hat nicht nur Einfluss auf Veränderungsmöglichkeiten, sondern auch darauf, wie wir Informationen wahrnehmen und darauf reagieren. Die Informationen, nach denen wir suchen und die wir am liebsten lesen, sind nun einmal gerade die Informationen, die unsere Überzeugungen bestätigen.

Nach einem Footballspiel zwischen Princeton und Dartmouth wurde den Studierenden beider Universitäten ein paar Fragen gestellt.[7] Es war ein hart geführtes Spiel mit vielen Strafen auf beiden Seiten gewesen. Der Quarterback von Dartmouth brach sich bei einem Tackle im Backfield das Bein. Der Star-Tailback von Princeton hatte am Ende eine gebrochene Nase und eine leichte Gehirnerschütterung. Princeton ging als Sieger vom Platz, aber die Gemüter kochten bei beiden Teams über und es gab nach dem Spiel hitzige Diskussionen.

Wie die Fans das Spiel wahrnahmen, hing dabei ausschließlich davon ab, für welche Mannschaft sie waren. Die Studierenden aus Princeton meinten, Dartmouth hätte die Härte ins Spiel gebracht und doppelt so viele Fouls begangen wie ihr Team. Die Studierenden aus Dartmouth wiederum waren der Ansicht, beide Mannschaften hätten sehr hart gespielt und Princeton mehr Strafen bekommen. Ein und dasselbe Spiel, zwei ganz unterschiedliche Sichtweisen.[8]

Unsere Voreingenommenheit beeinflusst sogar, ob wir scheinbar objektive Tatsachen wie Erkenntnisse aus der wissenschaftlichen Forschung glauben.

Professoren der Universität Stanford gaben einer Gruppe von Teilnehmenden Informationen über zwei Studien, in denen die Wirksamkeit der Todesstrafe untersucht wurde.[9] Die erste Studie ergab, dass die Todesstrafe abschreckend wirkt. Darin wurden die Mordraten im Jahr vor und nach der Einführung der Todesstrafe in 14 Staaten verglichen. In 11 der 14 Staaten sank die Mordrate nach der Einführung.

Die andere Studie ergab, dass die Todesstrafe nicht abschreckend ist. Darin wurden die Mordraten in jeweils zwei benachbarten Staaten miteinander verglichen, die verschiedene Gesetze zur Todesstrafe hatten, und zwar in zehn verschiedenen Fällen. Dabei stellte sich heraus, dass die Mordrate bei acht der zehn Staatenpaare in dem Staat *mit* Todesstrafe höher lag.

Zusätzlich zu den Studien erhielten die Teilnehmenden Informationen darüber, wie die Forschungsarbeiten durchgeführt wurden, also Einzelheiten über die jeweilige Methode und Vorgehensweise.

Dann wurden die Teilnehmenden gefragt, wie überzeugend sie die Studien fanden und wie sie die Qualität der beiden Forschungsarbeiten beurteilten, also ob sie gut oder schlecht durchgeführt worden waren.

Nun kann man natürlich nachvollziehen, dass ich ein Spiel anders sehe, wenn ich Fan einer Mannschaft bin, aber bei wissenschaftlicher Forschung sollte man doch meinen, dass unsere Reaktion objektiver ausfällt – vor allem bei einer Frage wie der Todesstrafe, wo Menschenleben auf dem Spiel stehen.

Aber es zeigte sich, dass es ausschließlich von der Haltung der Teilnehmenden zu diesem Thema abhing, wie sie die scheinbar objektiven wissenschaftlichen Ergebnisse beurteilten. Wer die Todesstrafe befürwortete, fand diejenige Studie überzeugender, die einen abschreckenden Effekt darin sah, wer gegen die Todesstrafe war, dachte das Gegenteil.

Gleiches galt für die Frage, wie gut die Studien ihrer Meinung nach gemacht waren. Wer die Todesstrafe befürwortete, meinte, die Studie, die einen abschreckenden Effekt darin sah, sei „gut durchdacht" und habe „die Daten offenbar korrekt erhoben". Die Gegner wandten ein, dass „die dargelegten Fakten ohne Daten, wie sich die Verbrechensrate in diesen Jahren allgemein entwickelt hat, wenig Aussagekraft besitzen". Bei der Studie, die ergab, dass die Todesstrafe ineffektiv ist, war die Haltung genau umgekehrt. Gegner der Todesstrafen sagten: „Wenn man Nachbarstaaten miteinander vergleicht, erhält man aussagekräftigere Ergebnisse, weil sich die Länder ähneln." Befürworter sagten: „Die Umstände in den beiden Staaten können sehr unterschiedlich sein, auch wenn sie eine gemeinsame Grenze haben."

Selbst scheinbar objektive „Fakten" hingen von den Überzeugungen der Menschen ab, die diese Fakten interpretierten. Ob sie den Ergebnissen zustimmten oder nach Fehlern und Mängeln suchten, hing weniger von der jeweiligen Verfahrensweise ab, sondern eher davon, ob die Ergebnisse mit ihren eigenen Ansichten übereinstimmten.

Kein Wunder, dass die eine Person „Fake News" nennt, was die andere für die Wahrheit hält. Ob wir eine Information für richtig oder falsch halten, hängt also von unserer Position auf dem Spielfeld ab.

Die Wahrheit vor Augen geführt zu bekommen kann somit den Graben noch weiter vertiefen, anstatt uns näher zusammenzubringen.

Die Neigung, nach Informationen zu suchen, die unseren eigenen Standpunkt bestätigen, nennt man den Bestätigungsfehler.[10] Und dagegen ist niemand immun. Der Bestätigungsfehler beeinflusst, welche Behandlung ein Arzt verschreibt, welche Entscheidung Geschworene treffen und welche Strategien Investoren befolgen. Er bestimmt, wie Anführer handeln, wonach Forscherinnen suchen und auf welches Feedback Angestellte hören.

Der Psychologe Thomas Gilovich sagt dazu: „Wenn wir Fakten betrachten, die für unsere Überzeugung sprechen, sehen wir eher, was wir erwarten zu sehen, und ziehen die Schlüsse, die wir erwarten zu ziehen ... Entspricht die Schlussfolgerung unserer Überzeugung, fragen wir uns: ‚*Kann* ich das glauben?‘, aber gefällt sie uns nicht, fragen wir: ‚*Muss* ich das glauben?‘“*

Dieser Aspekt macht es noch schwerer, jemand anderen dazu zu bringen, seine Meinung zu ändern. Denn er muss nicht nur grundsätzlich zur Änderung seiner Haltung bereit sein, sondern auch dazu, sich Informationen anzusehen, die vielleicht tatsächlich dazu führen könnten, dass er sie überdenkt.

Wir gleichen Informationen und Ideen immer mit unserer eigenen Haltung ab, wägen sie ab und versuchen sie in unser Weltbild einzuordnen.

---

* Diese Neigung ist sogar bei Extremisten zu beobachten, zum Beispiel bei den Mitgliedern von Stormfront.org, dem größten Diskussionsforum weißer Rassisten im Internet. In dem Forum werden Weiße definiert als „nicht-jüdische Menschen vollständig europäischer Abstammung. Keine Ausnahmen.“ Die Mitglieder der Seite führen häufig Gentests durch, um zu beweisen, dass sie weiß sind. Aber was passiert, wenn die Testergebnisse zeigen, dass sie ihre eigenen Kriterien nicht erfüllen? Forscher fanden heraus, dass viele Mitglieder, deren Testergebnisse nahelegten, dass sie nicht vollständig europäischer Abstammung waren, sich eine Ausrede zurechtlegten. Die Testergebnisse seien verzerrt oder Gentests seien ohnehin nicht das richtige Mittel, um zu bestimmen, ob jemand „weiß“ ist. Sogar weiße Nationalisten ändern ihre eigenen Standards, wenn diese sich nicht so auslegen lassen, wie sie es wollen.

Fällt eine Aussage in unseren Indifferenzbereich, bekommt sie ein Gütesiegel und wird als glaubhaft und verlässlich abgespeichert. Und wir bewegen uns auf diese Aussage zu.

Fällt die Aussage hingegen in den Ablehnungsbereich, wird sie genauer unter die Lupe genommen. Sie wird erst einmal als unzuverlässig, abwegig und als Einzelbeispiel angesehen oder, schlimmer noch, einfach ignoriert.[11] Und wir bewegen uns in die entgegengesetzte Richtung.*

Wie können wir nun diesen Tendenzen entgegenwirken? Wie gelingt es Katalysatoren, den Ablehnungsbereich zu umgehen und andere dazu zu ermutigen, über das nachzudenken, was die Katalysatoren ihnen mitteilen wollen?

Es gibt drei Möglichkeiten, um Distanz zu überwinden: (1) die verrückbare Mitte finden, (2) weniger verlangen und (3) auf dem Feld einen nicht festbetonierten Punkt finden.

Die verrückbare Mitte finden

Vor jeder Wahl geben die Parteien für ihre Kampagnen riesige Summen aus. 2016 wurden zum Beispiel in den USA über 6,5 Milliarden Dollar für die Präsidentschafts- und Kongresswahlen ausgegeben.

Ein Teil des Geldes wird für Personal, Lebensmittel und Transport ausgegeben, der Großteil jedoch wird dafür verwendet, die Menschen zu überzeugen: durch Postwurfsendungen, Telefonmarketing und Canvassing (Haustürwahlkampf) sowie Wahlwerbung in Fernsehen, Radio und digitalen Medien, um die Wählerinnen und Wähler dazu zu bringen, diese oder jene Partei zu wählen.

* Umgekehrt gilt dasselbe. Ob wir eine Information als richtig oder falsch ansehen, trägt dazu bei, welcher Seite wir sie zuordnen. Wenn wir eine Information für richtig halten, denken wir, dass sie von unserer Seite kommt. Halten wir sie für falsch, dann muss sie aus der anderen Spielhälfte kommen.

Es gibt gute Belege dafür, dass dieses Geld gut angelegt ist. Politikwissenschaftler, die Dutzende Studien zu Vorwahlen untersucht haben, fanden ein eindeutiges Muster.[12] Wahlwerbung und Wahlkampagnen wirkten sich auf das Ergebnis aus. Postwurfsendungen und Canvassing hatten Einfluss darauf, wie die Wahlberechtigten die Kandidaten bewerteten und wen sie am Ende wählten.

Doch als die Wissenschaftlerinnen die Kongress- und Präsidentschaftswahlen analysierten, ergab sich ein anderes Bild. Wir würden vielleicht erwarten, dass das Ergebnis dasselbe ist. Denn wie bei den Vorwahlen geht es ja bei dem Rennen um die Präsidentschaft oder einen Senatorensitz darum, sich an die Wahlberechtigten zu wenden und Werbung zu schalten, um sie von der einen oder anderen Partei zu überzeugen.

Die Wissenschaftler fanden jedoch heraus, dass bei Dutzenden Studien Postwurfsendungen oder Canvassing keinerlei Auswirkung auf die Endwahlen hatten. Bei Werbung im Fernsehen und den digitalen Medien war es zwar schwieriger, den Effekt zu messen, aber alle Daten zeigten, dass auch sie keinerlei Auswirkung hatten.

Um die Ergebnisse zu überprüfen, führten die Forscher noch mehrere Tests durch. Sie machten diverse Experimente mit Tausenden Teilnehmern. Auf diese Weise konnten sie die statistische Genauigkeit deutlich erhöhen. Das Ergebnis indes blieb dasselbe. Es gab keinerlei Auswirkungen.

Warum?

Die Antwort liegt im Unterschied zwischen Vor- und Endwahlen. In beiden Fällen treten mehrere Kandidatinnen und Kandidaten gegeneinander an, legen ihre Standpunkte zu verschiedenen Themen dar und versuchen die Wähler auf ihre Seite zu ziehen.

Aber im Gegensatz zu den Vorwahlen, bei denen Mitglieder ein und derselben Partei gegeneinander kämpfen, tritt man bei den Präsidentschafts- und Kongresswahlen gegen einen Kandidaten der anderen Partei an. Bei Vorwahlen muss eine Entscheidung zwischen zwei Kandidaten getroffen werden, die ihre Positionen auf derselben

Spielfeldhälfte haben, bei den Endwahlen stehen sich die Kandidatinnen frontal gegenüber. Das heißt, die beiden Wahlmöglichkeiten liegen nicht nur weiter auseinander, sondern wahrscheinlich befindet sich auch die eine innerhalb des Indifferenzbereichs des Wählers, der überzeugt werden soll, und die andere innerhalb seines Ablehnungsbereichs. Dadurch ist es sehr viel schwieriger, ihn zu einer Änderung seiner Meinung zu bewegen. Es ist eine Sache, Demokraten dazu zu bringen, einen Kandidaten der Demokraten zu wählen, der vielleicht etwas liberaler ist als sie selbst, aber wenn ich möchte, dass sie einen Republikaner unterstützen, stehe ich vor einer ungleich größeren Herausforderung.

Das gilt natürlich umso mehr, wenn die Parteineigung hoch ist. Wenn wir eine starke Meinung zu einem bestimmten Thema haben, beeinflusst das die Bandbreite an Informationen, die wir anzusehen bereit sind. Ist uns ein bestimmtes Thema gleichgültig, ist unser Indifferenzbereich groß und der Ablehnungsbereich klein. Dann sind wir für viele Standpunkte offen und würden nur wenige von vornherein ablehnen.

Aber wenn uns etwas sehr wichtig ist, gilt das genaue Gegenteil. Wir unterteilen die Dinge in richtig und falsch und sehen nur einen kleinen Korridor möglicher Haltungen, die wir in Erwägung ziehen würden. Dann ist unser Indifferenzbereich klein und der Ablehnungsbereich groß.[13]

Das ist also einer der Gründe, weshalb es schwierig ist, die politischen Ansichten anderer zu ändern. Es geht nicht darum, dass sie sich nur ein wenig bewegen sollen, sondern wir verlangen von ihnen, die Seite zu wechseln. Und das nicht bei einem beliebigen Thema, sondern bei einem, das ihnen wichtig ist und bei dem sie kaum geneigt sind, sich einen anderen Standpunkt anzuhören. Das ist ungefähr so, als würde man einen Fan der Red Sox bitten, plötzlich den Yankees die Daumen zu drücken, oder jemanden, der nur Coca-Cola trinkt, auf Pepsi umzusteigen.

Da gibt es wahrlich leichtere Aufgaben.

Was können wir nun in einer solchen Situation tun? Sollen wir einfach aufgeben? Nein, natürlich nicht. Es gibt nämlich in der Studie zu den Wahlen einen Lichtblick. Manchen Kandidaten gelang es, dass die Wähler ihre Meinung änderten, obwohl das vorher kaum möglich schien. Und zwar, indem sie die verrückbare Mitte fanden.

Wohlüberlegte Wahlkampagnen versuchen nicht, *alle* Menschen zum Umdenken zu bewegen, sondern sie konzentrieren sich auf die Wechselwähler, die offen für Fakten und Argumente sind. Die Unentschlossenen, die je nach Kandidat, Umständen oder Thema tatsächlich umgestimmt werden können. Menschen, deren Indifferenzbereich größer ist oder deren Bereich sich mit den Positionen des Kandidaten überschneidet.

Außerdem wenden sich Katalysatoren nicht an alle Personen mit denselben Argumenten, sondern differenzieren. Sie sprechen ihre Zielgruppen mit genau auf sie zugeschnittenen Botschaften an.

Ein Beispiel: 2008 trat der Demokrat Jeff Merkley in Oregon bei den Wahlen für den US-Senat gegen den amtierenden Republikaner Gordon Smith an. Smith war ein beliebter Politiker, der allgemein als moderat eingeschätzt wurde. Der Wahlkampf versprach also spannend zu werden.

Nun interessierte es einige Forscher, inwiefern es dem Herausforderer gelänge, die Wählerinnen und Wähler auf seine Seite zu ziehen.[14] Würde er Menschen, die den amtierenden Republikaner gewählt hatten, dazu bringen, sich diesmal für den Demokraten zu entscheiden?

Anstatt alle Wähler mit ein und demselben Appell anzusprechen, suchten die Demokraten nach wankelmütigen Wählern, die aus irgendeinem Grund vielleicht dazu bereit wären, die Seite zu wechseln.

Zuerst suchten sie nach einem Keil – einem spaltenden Thema, bei dem der Republikaner zumindest mit einem Teil seiner Anhänger nicht übereinstimmte. Sie gingen verschiedene Möglichkeiten durch und entschieden sich schließlich für das Thema Abtreibung. Die Bewohner von Oregon befürworten mehrheitlich Abtreibungen, der amtierende Senator war jedoch dagegen. Besser noch: Der

Herausforderer gehörte zu einer Handvoll von Kandidaten für den Senat, die in diesem Jahr von NARAL Pro-Choice America unterstützt wurden, einer politischen Vereinigung, die sich für Abtreibungen einsetzt.

Dann ermittelten die Forscher Wähler, die sich für Abtreibungen aussprachen, und versuchten sie über dieses Thema zu einer Änderung ihres Wahlverhaltens zu bewegen. Zu Beginn des Wahlzyklus hatten Lobbygruppen eine groß angelegte Umfrage durchgeführt, um Wähler zu ermitteln, die das Recht der Frauen auf Abtreibung unterstützten. Die Forscher sprachen diese Zielgruppe durch Telefonanrufe und Briefe an und wies sie darauf hin, dass Merkley von Planned Parenthood und NARAL Pro-Choice America unterstützt wurde und dass sich sein Wahlkampfgegner im Senat mehrmals gegen Abtreibungen ausgesprochen hatte.

Würde eine solche Vorgehensweise bei allen Wählern funktionieren? Sicher nicht. Das wichtigste Wahlkampfthema war die Wirtschaft, während Abtreibungen nicht alle Wählerinnen und Wähler gleichermaßen interessierte.

Außerdem hätte es sogar problematisch werden können, hätte man an alle Wahlberechtigten dieselbe Nachricht versandt. Bei Leuten, denen das Thema Abtreibung egal ist, wäre sie einfach auf taube Ohren gestoßen, aber bei Abtreibungsgegnern hätte es dazu führen können, dass sie sich umso mehr für den Amtsinhaber einsetzten.

Aber indem die Kampagne die verrückbare Mitte ansprach, konnte sie fast zehn Prozent der Wählerschaft dazu bringen, die Partei zu wechseln. Und der Herausforderer Merkley gewann die Wahl.

Wenn wir also mit Themen zu tun haben, zu denen andere Menschen eine starke Meinung haben, sollten wir nach der verrückbaren Mitte suchen. Personen, die aufgrund ihrer Position auf dem Spielfeld eher geneigt sind, einen anderen Standpunkt einzunehmen, weil sie ohnehin schon nicht allzu weit davon entfernt sind.

Eine Möglichkeit besteht darin, nach Verhaltensspuren zu suchen. Das sind Hinweise auf innere Widersprüche oder die Bereitschaft, seine Meinung zu ändern. Im politischen Kontext wären das zum Beispiel die Blue Dog Coalition der Demokraten, die den Besitz von Waffen befürwortet, oder Republikaner, die eine Petition zu einer Umweltreform unterzeichnet haben. In der Wirtschaft wären es zum Beispiel Kunden, die sich in den sozialen Medien über einen Wettbewerber ausgelassen haben.

Auch hoch spezialisierte Ansätze wie das Lookalike-Targeting können sinnvoll sein. Dabei werden Daten zu den bereits bestehenden Kunden oder Unterstützerinnen erhoben, um Personen zu ermitteln, die ähnliche Eigenschaften und Vorlieben haben und deren Interesse daher vermutlich leichter zu wecken ist.

Und sollten noch keine Daten verfügbar sein, müssen Tests durchgeführt und Erfahrungen gemacht werden. Man sucht sich eine Personengruppe aus, testet einen bestimmten Ansatz und notiert auf verschiedenen Ebenen die wichtigsten Aspekte. Wenn sich auf diese Weise Untergruppen ermitteln lassen, bei denen dieser Ansatz besonders wirkungsvoll war, kann man auch leichter bestimmen, welche Personen in der breiteren Bevölkerung darauf anspringen würden.

Sie wollen ein neues Produkt auf den Markt bringen? Dann versuchen Sie nicht, jedermann davon zu überzeugen, wie großartig es ist, sondern finden Sie die Untergruppe, die dieses Produkt gebrauchen kann. Risikokapitalgeber bezeichnen Produkte und Dienstleistungen gern als Vitamine beziehungsweise Schmerzmittel. Dinge, die zu haben schön wäre, aber die man nicht dringend kaufen muss (wie Vitamine), und Dinge, die man haben muss und ohne die man nicht gut leben kann (wie Schmerzmittel).

Katalysatoren sprechen nun nicht alle Menschen an, sondern suchen diejenigen, die ihr Angebot als Schmerzmittel ansehen würden. Die denken, dass sie es unbedingt brauchen, und die nur darauf warten, es sich kaufen zu können.

Sie wollen die Teilnehmenden eines Meetings von etwas überzeugen? Dann sprechen Sie zuerst diejenigen an, deren Position Ihnen am nächsten ist. Die können Sie nicht nur am ehesten umstimmen, sondern sie werden dann womöglich auch zu Ihren Fürsprechern und holen noch andere mit ins Boot.

Weniger verlangen

Nach der verrückbaren Mitte zu suchen ist schon einmal ein guter Anfang. Aber manchmal wollen wir auch Menschen überzeugen, deren Standpunkt weiter entfernt ist. Wie kann uns das nun gelingen?

Stellen Sie sich vor, Sie sitzen in Ihrem Büro und erhalten einen Anruf auf Ihrem Handy. Der Anrufer stellt sich als Mitarbeiter der Verbrauchergruppe vor und fragt Sie, ob Sie bereit wären, an einer Umfrage teilzunehmen. Dazu würde er zu Ihnen nach Hause kommen und alle Produkte in Ihrem Haushalt kategorisieren. Um alle notwendigen Informationen zu erhalten, müsste er zu allen Zimmern Zugang haben und bis in die hintersten Schränke und Abstellräume schauen, weil auch die möglicherweise für das Ergebnis relevant sein könnten. Er würde mit fünf, sechs Leuten kommen und das Ganze würde nur ein paar Stunden dauern. Dann fragt er Sie, ob Sie dazu bereit wären. Das Ganze sei freiwillig, sprich unentgeltlich.

Würden Sie dabei mitmachen?

Wenn Sie jetzt lachen müssen, weil Sie ein solches Angebot schlicht und ergreifend unverschämt finden, wären Sie damit sicher nicht allein. Fünf, sechs Leute, die zu mir nach Hause kommen und meine Schränke durchwühlen? Auf gar keinen Fall! Wer ist so verrückt, überhaupt nach so etwas zu fragen? Und dann soll das alles auch noch unentgeltlich geschehen? Niemals.

Ein solches Ansinnen gehört natürlich in den Ablehnungsbereich. Es ist schlicht und einfach zu viel verlangt.

Als zwei Psychologen aus Stanford Personen anriefen und sie genau darum baten, sagten tatsächlich nur einige wenige Menschen zu.[15] Wer diese treuen Seelen waren oder ob sie überhaupt verstanden, wozu sie Ja sagten, wissen wir nicht. Die allermeisten jedenfalls sagten kaum überraschend Nein.

Die Psychologen interessierte ein Problem, das wir alle aus unserem Alltag kennen. Wie kriegen wir andere dazu, etwas zu tun, das sie eigentlich lieber nicht tun würden?

Sie stellten fest, dass die gängigste Herangehensweise darin besteht, den anderen dazu zu drängen: „So viel Druck wie möglich auf die widerstrebende Person ausüben, um sie dazu zu zwingen, sich Ihnen zu fügen." Ihr sagen, dass sie es tun muss. Sie bestrafen, wenn sie es nicht tut. Sie dafür bezahlen, dass sie es tut. Druck, Druck, Druck, so lange, bis sie nachgibt.

Nun dachten die Forscher, dass es vielleicht eine bessere Vorgehensweise geben könnte.

Und tatsächlich, es gab sie. Als die Forscher mit demselben Ansinnen an eine zweite Personengruppe herantrat, sagten mehr als doppelt so viele Ja.

Dieselbe Frage. Ein halbes Dutzend Leute trampeln zwei Stunden lang in Ihrem Haus herum, ohne dass Sie einen Cent dafür bekommen. Aber diesmal sagten mehr als die Hälfte der Befragten zu.

Worin lag der Unterschied?

Der Unterschied lag darin, dass die Forscherinnen diesmal weniger verlangten.

Drei Tage zuvor hatten sie die zweite Personengruppe mit einem harmlosen Ansinnen angerufen. Sie erzählten ihnen dieselbe Geschichte (dass sie für die Verbrauchergruppe arbeiten), aber anstatt gleich den großen Hammer zu schwingen (Schränke durchwühlen), traten sie mit einer kleinen Bitte an sie heran: ob sie bereit seien, am Telefon ein paar Fragen darüber zu beantworten, welche Produkte sie im Haushalt benutzten. Zum Beispiel, mit welchem Spülmittel sie ihr Geschirr spülten.

Die meisten Personen, die den Hörer abgenommen hatten, waren gern dazu bereit. Einem Fremden ein paar Fragen zu beantworten gehörte vielleicht nicht zu ihren Lieblingsbeschäftigungen, aber es lag auch nicht in ihrem Ablehnungsbereich.

Als die Forscher ein paar Tage später noch einmal anriefen und die große Bitte vortrugen, waren die Befragten sehr viel eher dazu bereit, sie in ihr Haus zu lassen.

Die Forscherinnen fanden heraus, dass die Befragten sich selbst anders wahrnahmen, nachdem sie die erste, kleinere Bitte erfüllt hatten. Am Telefon ein paar Fragen zu beantworten wäre wohl für die meisten Menschen erst einmal das Äußerste, wozu sie bereit sind. Es läge am Rande ihres Ablehnungsbereichs. Aber weil sie darin eingewilligt hatten, verschob sich ihre Position. Sie standen jetzt an einer anderen Stelle auf dem Spielfeld. Die Forscher sagten dazu: „Ist der Befragte der ersten Bitte nachgekommen, dann hält er sich möglicherweise danach selbst für eine Person, die einem solchen Ansinnen zustimmt."

Wenn jemand eine kleine Bitte erfüllt, die mit einer größeren Bitte in Zusammenhang steht, bewegt er sich dadurch sozusagen schon mal in die richtige Richtung. Dadurch liegt ein Ansinnen, das ihm zuvor fernlag, nunmehr in seinem Indifferenzbereich.

Denn wenn jemand auf dem Spielfeld seine Position ändert, bewegen sich seine Indifferenz- und Ablehnungsbereiche mit. Dann liegt die große Bitte nicht mehr im tiefsten Inneren des Ablehnungsbereichs, sondern wandert bei einigen Personen in den Indifferenzbereich. Das heißt, diese Personen sind nun eher bereit, der Bitte nachzukommen.

Es will Ihnen nicht gelingen, jemanden von etwas zu überzeugen? Dann bitten Sie ihn um weniger, anstatt ihn zu mehr zu drängen. Schalten Sie einen Gang zurück, sodass Ihre Bitte in seinen Indifferenzbereich fällt. Dann wird er ihr nicht nur eher nachkommen, sondern es eröffnen sich Ihnen auch mehr Möglichkeiten im Nachhinein.

Ärzte gehen oftmals auf diese Weise vor, wenn ihre übergewichtigen Patienten abnehmen sollen. Wenn jemand 25 oder 50 Kilogramm abnehmen muss, dann müsste man von ihm eigentlich drastische Maßnahmen fordern. Jeden Tag Sport. Kein Fast Food mehr. Den Nachtisch komplett weglassen.

Aber damit würde man nichts erreichen. Solche Empfehlungen mögen in der Theorie gut sein, aber darauf hören wird so gut wie niemand. Und es ist wahnsinnig schwer, sie umzusetzen. Natürlich sollte jemand, der stark übergewichtig ist, jeden Tag Sport treiben, aber wenn er monate- oder gar jahrelang keinen Sport getrieben hat, ist das zu viel verlangt.

Dr. Diane Priest versuchte, einen übergewichtigen Lkw-Fahrer zum Abnehmen zu bewegen. Der Mann trank gern Mountain Dew, und weil Literflaschen für ihn auf seinen Touren am handlichsten waren, trank er bis zu drei Flaschen dieser Limonade am Tag.

Drei Liter Mountain Dew? Das sind über 60 Gramm Zucker. Jeden Tag? Das ist, als würde man über hundert Snickers im Monat essen.

Das Beste wäre für ihn gewesen, keine Limonade mehr zu trinken. Aber Dr. Priest wusste, damit würde sie bei ihm auf taube Ohren stoßen. Deshalb begann sie mit einem kleineren Ansinnen.

Versuchen Sie, nur zwei Liter am Tag zu trinken, sagte sie zu ihm. Zwei Flaschen statt drei. Und immer wenn Sie zur Toilette gehen, füllen Sie Wasser in eine Ihrer Literflaschen, das können Sie dann stattdessen trinken.

Es fiel dem Lkw-Fahrer zwar anfangs schwer, aber nach einiger Zeit war er von drei Litern Mountain Dew am Tag auf zwei Liter herunter.

Dann sagte Dr. Priest zu ihm, er solle nur noch einen Liter am Tag trinken. Erst als er auch das geschafft hatte, meinte sie, er solle gar keine Limonade mehr trinken.

Jetzt trinkt der Lkw-Fahrer ab und zu noch eine Dose Mountain Dew, aber er hat über zwölf Kilogramm Gewicht verloren.[16]

Wenn wir andere zu etwas bewegen wollen, holen wir am liebsten den großen Hammer heraus. Wir wollen, dass sie ihren Standpunkt von jetzt auf gleich ändern. Wir suchen das Patentrezept, das sie dazu bringt, sofort damit aufzuhören, Limonade zu trinken, oder von einem Tag auf den anderen eine andere Partei zu wählen.

Aber wenn wir uns große Veränderungen genauer ansehen, stellen wir fest, dass sie selten abrupt passieren. Meist sind sie eher ein Prozess – ein langsamer, stetiger Wandel mit vielen Zwischenstationen.

Wer diese Prozesshaftigkeit ernst nimmt, verlangt erst einmal weniger. Dr. Priest sagte dem Lkw-Fahrer, er solle eine Flasche Mountain Dew am Tag weniger trinken. Doch dabei beließ sie es nicht. Sie verlangte erst wenig von ihm und dann ein wenig mehr.

Das heißt, es geht genau genommen nicht darum, weniger zu verlangen, sondern *den Wandel zu stückeln*. Große Forderungen in kleinere, machbare Aufgaben zu unterteilen. Mit einem kleinen Schritt anzufangen und von dort aus weiterzugehen. Erst mal 10 oder 15 Meter zu gehen, anstatt ein Stoßgebet zu sprechen und zu hoffen, dass es schon irgendwie gelingen wird.

Produktdesigner sprechen dabei von Trittsteinen. Hätte Uber von seinen Kunden gleich am Anfang verlangt, bei einem Fremden ins Auto zu steigen, hätte das Unternehmen vermutlich nie einen Fuß in die Tür gekriegt. Bei einem Fremden mitfahren? Davor hat uns unsere Mutter wirklich eindringlich gewarnt.

Stattdessen begann das Unternehmen mit einem deutlich kleineren Ansinnen. Es bot den Kundinnen eine einfache Möglichkeit, sich von einem Fahrzeug der Oberklasse kutschieren zu lassen. Unter dem Motto „Der private Chauffeur für jedermann" konnte man eine exklusive Fahrt in einem schwarzen Luxuswagen buchen. Erst nachdem diese Positionierung im Luxussegment erfolgreich abgeschlossen war, visierte das Unternehmen mit UberX eine breitere Kundschaft an. Damit bot es einen günstigeren Service mit Fahrzeugen unterhalb der Luxusklasse an – die aber zuvor ebenfalls eingehend geprüft wurden. Das letztliche Ziel des Unternehmens besteht darin, vollständig auf autonome Fahrzeuge umzusteigen.

Hätte Uber potenziellen Kunden gleich zu Beginn ein solches Angebot gemacht, wäre der Versuch vermutlich gescheitert. Es war zu weit von dem entfernt, was die Leute gewohnt waren. Zu anders als das, was wir für richtig halten. Doch indem das Unternehmen den Paradigmenwechsel in kleine Schritte unterteilte, nahm auch die Herausforderung für die Kundinnen ab. Alle neuen Produkte waren wie Trittsteine, auf denen sie sich langsam, aber sicher vom Gewohnten auf ein neues Feld zubewegen konnten.

Sagen Sie jemandem, er soll durch einen reißenden Fluss waten. Er wird vermutlich Nein sagen. Das ist mir zu gefährlich. Das Wasser ist zu tief. Die Strömung wird mich davontragen.

Wenn Sie ihm aber Trittsteine in den Fluss legen, ist er vielleicht eher dazu bereit, es zu wagen. Denn jetzt kann er von Stein zu Stein hüpfen und auf die andere Seite gelangen, ohne Angst haben zu müssen, nass zu werden.*

Das Feld verschieben und einen nicht festbetonierten Punkt suchen

Wenn wir weniger verlangen, nimmt die Distanz ab. Wir geben dem anderen einen Trittstein. Und dadurch rückt unser letztendliches Ansinnen in greifbare Nähe.

---

* Ein Ansatzpunkt ist, etwas anzubieten, das der andere schon gut findet oder das schon in seine Richtung geht. Es gibt ein Buch über Diäten und Sport, das sich dieses Vorgehen auf geschickte Weise zunutze macht. Der Autor setzt nicht damit an, dem Leser zu sagen, er solle gesünder leben, sondern er weist ihn darauf hin, dass er genau das ja schon will: „Herzlichen Glückwunsch! Ob es Ihnen bewusst ist oder nicht: Indem Sie dieses Buch in die Hand nehmen, haben Sie schon den ersten von hoffentlich vielen Schritten getan. Manche groß, manche klein, manche leicht und manche schwer – aber sie alle begleiten Sie auf dem Weg zum schönsten aller Ziele: körperliche Gesundheit, Wohlbefinden und Glück." Indem der Autor der Leserin sagt, dass sie sich ja schon auf den Weg gemacht hat, ermutigt er sie dazu, sich zu sagen, dass ihre Position auf dem Spielfeld näher als gedacht an ihrem gewünschten Zielpunkt liegt. Dadurch bleibt sie dann auch eher beim nächsten Schritt auf dem Weg zu diesem Ziel dabei (Greene, 2002, S. 9).[17]

Hat sich der andere jedoch auf seiner Position auf dem Spielfeld einbetoniert, dann gibt es noch eine andere Technik, die Erfolg verspricht. Dazu müssen Sie das Feld verschieben. Finden Sie eine Ebene, auf der es schon eine Übereinstimmung zwischen Ihnen gibt, und verwenden Sie sie als Dreh- und Angelpunkt für die gewünschte Veränderung.

Wie bringt man Menschen dazu, weniger Vorurteile zu haben? Diese Frage stellt sich Dave Fleischer, seit er sechs Jahre alt ist. Er wuchs in der einzigen jüdischen Familie in Chillicothe im US-Bundesstaat Ohio auf und war noch dazu schwul. „Hätte ich nur mit Menschen gesprochen, die meiner Meinung waren, dann hätte ich nur mit meiner Mutter und meinem Vater reden können", sagte er.

Fleischer, der inzwischen über 60 ist, hat sein Leben lang versucht, Vorurteile abzubauen. Seine eigenen Erlebnisse als Außenseiter führten ihn zu einer Arbeit im Gemeinwesen und er hat für verschiedenste politische Anliegen die Werbetrommel gerührt.

Im November 2008 erhielt Fleischer einen Weckruf. Die Bewohner von Kalifornien stimmten über die Proposition 8 ab, einen Antrag, gleichgeschlechtliche Ehen im Staat zu verbieten. Angesichts der dort vorherrschenden liberalen Tendenzen legten die Umfragen nahe, dass der Antrag abgeschmettert und das Pro-LGBT-Lager gewinnen würde.

Doch das Gegenteil geschah. Der Antrag wurde angenommen.

Das war ein harter Schlag für die LGBT-Gemeinde. Es herrschte ein Zustand zwischen Schock und Wut. Niemand wusste, wie man damit jetzt umgehen sollte, was man jetzt tun könnte.

Als Fleischer darüber nachdachte, was diese Niederlage für ihn bedeutete, kam ihm eine Idee. Anstatt Mutmaßungen über die Menschen anzustellen, die gegen ihn gestimmt hatten, wollte er sie lieber direkt fragen. Dorthin gehen, wo seine Gemeinde unterlegen war, nach den Leuten suchen, die gegen sie gestimmt hatten, und sie nach den Gründen fragen.

In Zusammenarbeit mit dem Los Angeles LGBT Center fuhr Fleischer mit seinem Canvassing-Team in die Countys, in denen sie verloren hatten. Orte, in denen die Menschen entschieden gegen gleichgeschlechtliche Ehen waren oder Schwule und Lesben sogar hassten. Bei ihnen klopften sie an die Tür und redeten mit ihnen, um ihren Standpunkt zu verstehen.

Canvassing folgt für gewöhnlich einem genauen Protokoll. Ein Politikberater verfasst eine Botschaft, die der Canvasser überbringen muss. Wort für Wort, gespickt mit Fakten und Zahlen, mit denen die Menschen überzeugt werden sollen. Die Gespräche – falls man das überhaupt so nennen kann – sind meistens einseitig und wirken etwas gezwungen. Ein bisschen, als würde Ihnen eine Predigt gehalten. Insofern ist es auch nicht verwunderlich, dass die meisten Menschen, die angesprochen werden, das Gespräch am liebsten so schnell wie möglich beenden.

Nach der Niederlage zur Proposition 8 entschieden Fleischer und sein Team jedoch, zuzuhören, statt zu reden. Ohne Protokoll. Sie wollten die Leute einfach nur fragen, warum sie diese Haltung hatten.

Über 15.000 Einzelgespräche später hatten Fleischer und sein Team viel mehr erfahren und herausgefunden, als sie erwartet hatten. Nicht nur, was die Meinung der Menschen zu gleichgeschlechtlichen Ehen betraf, sondern auch, was man tun musste, um Wählerinnen und Wähler umzustimmen. Sie erstellten ein neues Protokoll, das 74 Iterationen durchlief, bevor sie endlich zufrieden waren. Den neuen Ansatz nannten sie „Deep Canvassing".

Es gibt wenige Dinge, die so schwer zu ändern sind wie Vorurteile. Über 50 Jahre nachdem das US-amerikanische Bürgerrechtsgesetz Diskriminierung aufgrund von Rasse, Geschlecht oder nationaler Herkunft verboten hat, steht die Intoleranz allenthalben in voller Blüte. Mehr als die Hälfte aller Amerikaner haben Vorurteile gegenüber People of Color, ein Drittel spricht sich gegen gleichgeschlechtliche Ehen aus. Noch vor wenigen Jahren rief eine Studentin der Yale

University die Polizei an, als sie im Schlafsaal des Studierendenwohnheims eine Afroamerikanerin sah, und Beamte der U.S. Customs and Border Protection nahmen zwei Frauen fest, nur weil sie an einer Tankstelle in Montana Spanisch sprachen.

Das Problem ist dabei oft, dass Vorurteile tief verwurzelt sind. Kinder übernehmen Überzeugungen von ihren Eltern, aus der Kirche und anderen sozialen Zusammenhängen, und diese Standpunkte werden Teil ihres Weltbildes, fast zu einer Selbstverständlichkeit.

Als Fleischer Videos seines Deep-Canvassing-Ansatzes einem bekannten Politikwissenschaftler zeigte, war er nicht überrascht, dass der Professor große Zweifel hatte, ob er damit irgendwen zum Umdenken bewegen könnte. „Sie sollten nicht glauben, dass Sie damit Erfolg haben werden", sagte er, „das hat nämlich bisher noch niemand geschafft."

Um das Protokoll auf den Prüfstand zu stellen, führte Fleischer im Juni 2015 in Florida ein Experiment durch.[18] Ein paar Monate zuvor hatte das County Miami–Dade eine Verfügung erlassen, die Transgendermenschen vor Diskriminierung schützt. Das Los Angeles LGBT Center fürchtete einen Aufschrei in der Bevölkerung und tat sich mit einer anderen Organisation und freiwilligen Helferinnen zusammen, um die Leute zu befragen. Über 50 Personen gingen von Haus zu Haus und befragten über 500 Wähler.

Die Gespräche waren schwierig. Sehr aufgeladen, sehr emotional. Bei den Bürgerinnen und Bürgern, die gegen das Gesetz waren, war das kein Einzelfall oder Ausscherer, sondern sie hatten eine starre Meinung, die durch ihre Religion, Kultur und Erziehung geprägt war. Ein harter Brocken.

Aber als sich Forscher die Ergebnisse ansahen, stellten sie etwas Erstaunliches fest. Schon ein zehnminütiges Gespräch im „Deep Canvassing"-Stil führte dazu, dass die Gesprächspartner deutlich zugänglicher wurden. Sie äußerten sich positiver über Transgendermenschen und zeigten sich offener für Gesetze, die diese vor Diskriminierung schützen.

Und der Effekt war nicht nur kurzfristig. Die Haltung blieb noch Monate nach dem Gespräch bestehen und widerstand sogar aggressiven Angriffen der Gegenseite, etwa durch Anzeigen.

Die Vorstellung, dass Menschen durch ein einziges Gespräch ihre Haltung zu einem kontroversen Thema dauerhaft ändern, ist wunderbar. Aber sie führt uns zu einer noch wichtigeren Frage: Warum waren diese Gespräche so effektiv?

Beim konventionellen Canvassing ist der Überbringer mehr oder weniger wie ein Postbote. Er liefert seine Informationen ab und geht dann weiter zum nächsten Haus. Canvasser wollen das Gespräch so kurz wie möglich halten.

Das fängt schon damit an, wie Canvasser ausgebildet werden. Sie werden in zwei Gruppen aufgeteilt, die sich in Reihen gegenüber aufstellen, dann werden Paare gebildet. Der eine spielt den Canvasser, der andere die Wählerin. Am Ende „gewinnt" derjenige Canvasser, der das Gespräch am schnellsten abgewickelt hat.

Deep Canvassing dagegen dauert länger. Das Ziel besteht vor allem darin, dass das Gegenüber erst einmal offen und ehrlich seine Meinung sagt. Man führt ein Gespräch über ein komplexes und oftmals emotional aufgeladenes Thema. Das geht natürlich nicht in wenigen Minuten.

Das Team von Dave Fleischer ist bereit, Zeit zu investieren, um mit den Menschen wirklich in Kontakt zu kommen. Ihnen zu zeigen, dass sie sagen dürfen, was sie denken, unabhängig davon, ob es dem Canvasser gefällt oder nicht.

Deshalb wurde Virginia bei ihrem nervenaufreibenden Gespräch mit Gustavo nicht wütend, ging nicht einfach weg und ging auch nicht auf ihn los, als er die krasse Beleidigung aussprach.[19]

„Wir in Südamerika mögen keine Schwuchteln", hatte Gustavo gesagt.

Worauf Virginia höflich fragte, ohne die Stimme zu erheben: „Meinen Sie damit Transgendermenschen oder Homosexuelle?"

„Du sollst das sein, was du bist und wie Gott dich gemacht hat, und nicht versuchen, etwas anderes zu sein“, erklärte Gustavo.

„Aha, okay, also dann bin ich homosexuell“, sagte Virginia in fröhlichem Ton.

„Sie sind homosexuell“, erwiderte Gustavo. „Oh.“

Anstatt ihm eine Gardinenpredigt zu halten, fing Virginia einfach an, ihre Geschichte zu erzählen. Damit weckte sie sein Interesse. Er fragte sie, was sie zu dieser „Entscheidung“ geführt habe. Virginia erklärte ihm, dass es keine Wahl oder Entscheidung gewesen sei, sondern dass sie einfach so war. Und so kamen sie ins Gespräch

Virginia erzählte, wie sehr sie ihren Partner liebte, was Gustavo dazu brachte, von seiner Frau zu erzählen. Dass sie körperbehindert war und er alles für sie tun musste, sie füttern und baden. „Gott hat mir die Fähigkeit gegeben, einen behinderten Menschen zu lieben“, erklärte er, „und Liebe ist das, was am Ende zählt.“

„Da kann ich Ihnen nur zustimmen“, sagte Virginia. „Für mich geht es bei diesen Gesetzen, auch für Transgendermenschen, genau darum. Es geht darum, wie wir miteinander umgehen.“

Jetzt, da sie eine Verbindung zueinander hatten, kam Virginia noch einmal auf die Frage mit den Toiletten zu sprechen. Sie fragte Gustavo, was passieren könnte, wenn er und eine Transgenderperson zur gleichen Zeit eine Toilette benutzten. Er zuckte mit den Schultern.

Eigentlich nichts, gestand er ein.

„Macht Ihnen die Vorstellung Angst?“, fragte Virginia.

„Nein“, sagte Gustavo, das mache ihm keine Sorgen. Damit hatte Virginia die Diskussion über Toiletten von der Ebene abstrakter, hypothetischer Angst auf eine reale, praktische Ebene gehoben.

„Ja, vielleicht habe ich mich geirrt“, sagte Gustavo jetzt über seine ursprüngliche Position zu den Rechten für Transgendermenschen.

„Würden Sie dafür stimmen, dass die Diskriminierung von Transgendermenschen verboten wird?“, fragte Virginia.

„Ja, ich bin dafür“, sagte Gustavo.

Virginia hatte das Feld verschoben. Sie hatte einen nicht festbetonierten Punkt gefunden.

Wenn wir versuchen, die Perspektive eines anderen einzunehmen, sagen wir gern, wir versuchen uns „in seine Haut zu versetzen". Wir verlassen unseren Standpunkt und versuchen die Welt mit den Augen des anderen zu sehen.[20]

Das funktioniert ganz gut, wenn wir uns die Perspektive des anderen leicht vorstellen können. Zum Beispiel, wenn ein Schüler von einem Mitschüler gebeten wird, ihm zu helfen. Vielleicht hat er selbst schon einmal in der Schule mit irgendwas Probleme gehabt, zum Beispiel mit einer Rechenaufgabe. Dann kann er daran zurückdenken, sich daran erinnern, wie das für ihn war, und sich dann in den anderen Schüler hineinversetzen.

Aber was, wenn er der Überflieger der Klasse ist? Dann fällt es ihm natürlich sehr viel schwerer, die Perspektive des Mitschülers einzunehmen. Wer immer nur Bestnoten hat, kann sich schwer vorstellen, wie es ist, in der Schule Probleme zu haben. Das heißt, selbst wenn er versucht, die Perspektive des anderen einzunehmen, hilft ihm das wenig, um nachzuvollziehen, wie dieser sich gerade fühlt.[21]

Um dieses Problem zu vermeiden, soll der Gesprächspartner beim Deep Canvassing eine vergleichbare Situation aus seinem eigenen Leben finden. Er muss sich also nicht vorstellen, wie es ist, jemand anders zu *sein*, sondern sich eine Situation überlegen, in der er *sich ähnlich gefühlt hat.*

Ein Einserschüler kann sich vielleicht schwer vorstellen, wie es ist, in der Schule zu kämpfen zu haben, aber er hat sicher irgendwann in seinem Leben etwas erlebt, womit er Probleme hatte. Beim Sport, mit einem Mädchen oder irgendwo sonst. Wenn er an diese Situation zurückdenkt, kann er besser nachvollziehen, wie es ist, Probleme in der Schule zu haben.

Dieses Prinzip macht sich Deep Canvassing zunutze, um Vorurteile abzubauen. Es ist schwer, sich in die Haut eines anderen zu versetzen, vor allem wenn diese Person eine andere Hautfarbe, ein anderes Geschlecht oder eine andere sexuelle Orientierung hat.

Fragen Sie mal einen 45 Jahre alten weißen Mann, wie es seiner Vorstellung nach ist, diskriminiert zu werden. Daran wird seine Fantasie vermutlich scheitern. Selbst wenn er versucht, die Perspektive einer Person einzunehmen, die schon einmal diskriminiert wurde, hat er sich wahrscheinlich nie gefragt, ob ein Kellner unhöflich zu ihm war, weil er die „falsche" Hautfarbe hatte, oder ob ihm wegen seines Geschlechts eine Beförderung versagt wurde.

Anstatt die Befragten zu bitten, sich vorzustellen, wie es ist, transgender zu sein, sagt der Canvasser ihnen, dass sie an eine ähnliche Erfahrung aus ihrem eigenen Leben denken sollen. Virginia nahm Gustavos Liebe für seine behinderte Frau zum Anlass, ihm begreiflich zu machen, was sie für ihren Partner fühlte.

Andere Canvasser baten die Befragten, an eine Situation zu denken, in der sie negativ bewertet wurden, weil sie anders waren. Nachdem ihr Gegenüber seine Geschichte erzählt hatte, baten sie es, sich zu überlegen, ob sein eigenes Erlebnis vielleicht eine Tür öffnen könnte, um sich vorzustellen, was Transgendermenschen fühlen.

Ein Veteran erzählte, dass ihn Unternehmen nicht einstellen wollten, weil er unter einer posttraumatischen Belastungsstörung litt. Das war nur ein Aspekt seiner Persönlichkeit, aber die potenziellen Arbeitgeber sahen eben nur den. In diesem Beispiel ging es nicht um die Probleme von Transgendermenschen, aber das Erlebnis half dem Mann, sie besser zu verstehen und sich vorzustellen, wie es ist, wegen eines einzelnen Aspekts seiner Persönlichkeit diskriminiert zu werden.

Deep Canvassing funktioniert, weil wir damit das Feld verschieben. Anstatt gleich mit dem strittigen Thema einzusetzen – dem Feld, auf dem die beiden Gesprächspartner weit auseinanderliegen –, suchen wir eine Ebene, auf der wir näher beieinander sind. Wo wir eher derselben Meinung sind. Den *nicht festbetonierten Punkt.*

Wenn wir über ein komplexes, politisch aufgeladenes Thema wie Rechte für Transgendermenschen oder Abtreibung sprechen, ist es leicht, weit von unserem eigenen Standpunkt entfernte Vorstellungen abzublocken. Die Erzkonservativen stehen auf ihrer 10-Meter-Linie und die Rechte der Transgendermenschen liegen tief in ihrem Ablehnungsbereich auf der anderen, liberalen Spielfeldhälfte.

Aber durch Deep Canvassing wird das Gespräch in eine andere Richtung gelenkt. Dann führen wir nicht mehr nur eine abstrakte Debatte über Gedanken und Gefühle. Ja, nicht einmal mehr über Rechte für Transgendermenschen, zumindest nicht direkt.

Stattdessen sprechen wir über Liebe und Not. Über Fürsorge. Oder wie es sich anfühlt, geächtet zu werden. Negativ beurteilt oder diskriminiert zu werden, nur weil man anders ist. Also etwas, womit jeder Mensch etwas anfangen kann, unabhängig davon, was er über das spezielle Thema denkt.

Statt mit einem schwierigen Thema ins Gespräch einzusteigen, das die Gesprächspartner womöglich spaltet – dem festbetonierten Punkt –, suchen wir beim Deep Canvassing erst einmal einen gemeinsamen Nenner. Etwas, dem jeder zustimmen würde.

Erst wenn diese Gesprächsgrundlage geschaffen ist, kommt der Canvasser auf das eigentliche Thema zu sprechen, die Rechte von Transgendermenschen.* Denn inzwischen ist das Feld verschoben: Ursprünglich gab es zwei Teams, die sich an den beiden Enden des Spielfelds einbetoniert hatten, jetzt spielen beide Gesprächspartner im selben Team.

Wer würde widersprechen, wenn man ihm sagt, wie wichtig Liebe im Leben ist? Wie wichtig es ist, Not zu lindern und den Menschen

---

* Wenn Ihnen das bekannt vorkommt: kein Wunder. Denn Deep Canvassing hat viel mit dem Treppenmodell gemeinsam, das Verhandler bei Geiselnahmen anwenden. Anstatt den Geiselnehmer geradewegs zur Aufgabe bewegen zu wollen, sprechen sie erst einmal über etwas anderes, um Vertrauen aufzubauen und Verständnis zu entwickeln. Beim Deep Canvassing geht es allerdings nicht nur um Verständnis, sondern um einen Punkt der Übereinstimmung – einen nicht festbetonierten Punkt –, von dem aus das Feld dorthin verschoben wird, wo die Meinungen weiter auseinanderliegen.

zu helfen, die uns etwas bedeuten? Und wenn er diesen Aussagen zustimmt, dann sieht er vielleicht, was ihm vorher nicht klar war, dass nämlich der Schutz von Transgendermenschen all diesen Überzeugungen, die er selbst hegt, sehr nah ist.

Dave Fleischer formulierte es so: „Ich weiß, wie ich bin, wenn ich mich von meiner besten und von meiner schlechtesten Seite zeige. Und ich weiß es zu schätzen, wenn andere mir helfen, meine beste Seite zu zeigen. Genau das tun wir, wenn wir bei den Leuten klingeln. Wir sagen ihnen: ‚Hey, ich sehe Sie. Ich sehe, wie Sie sind, wenn Sie sich von Ihrer besten Seite zeigen.' Sehen Sie sich auch so? Möchten Sie gern so sein? Und wenn dem so ist, was bedeutet das dann, wenn Sie beim nächsten Mal überlegen, was Sie wählen?"

Deep Canvassing hat einen deutlichen, nachweisbaren Effekt. Das Gespräch war zwar relativ kurz, aber der Meinungsumschwung größer als die Veränderung der Haltung gegenüber Schwulen und Lesben in den USA zwischen 1998 und 2012, also in einem Zeitraum von fast 15 Jahren.

Das Interessanteste aber war, welche Menschen ihre Haltung änderten. Denn das war nicht allein die verrückbare Mitte, Demokraten, die ein kleines bisschen ihre Position verschoben, oder Personen, die ohnehin schon Rechte für Transgendermenschen unterstützten. Das Deep Canvassing funktionierte bei allen Befragten, unabhängig von ihrer politischen Zugehörigkeit oder ihren bisherigen Überzeugungen. Selbst Leute, die vorher gegen Rechte für Transgendermenschen waren, konnten sich jetzt für das Thema erwärmen.

Ihr Chef will eine Idee von Ihnen nicht unterstützen, weil er meint, die Umsetzung wäre zu teuer? Ein Kollege von Ihnen lehnt die Unternehmenskultur ab, weil er sie zu „schwammig" findet? Ein Katalysator würde jetzt erst einmal das Feld verschieben und nach einem nicht festbetonierten Punkt suchen.

Anstatt immer weiter gegen die Wand zu rennen, sollten Sie also eine Richtung suchen, in die der andere mitgehen kann. Selbst wenn

Ihr Gegenüber auf einer Ebene als Ihr Gegner erscheint, hat es sicher auch noch andere Facetten. Zum Beispiel stimmen Sie wahrscheinlich darin überein, dass das Unternehmen weiter wachsen sollte oder dass Mitarbeiterbindung wichtig ist. Fangen Sie das Gespräch damit an. Mit den Punkten, in denen Sie übereinstimmen. Darauf können Sie dann aufbauen.

Distanz ist das dritte große Hindernis, das Veränderungen verhindert. Unsere Abwehrhaltung sorgt dafür, dass wir zurückweichen, wenn wir merken, dass uns jemand von etwas überzeugen will. Aber selbst wenn uns nur Informationen oder Beweise vorgelegt werden, spielt Distanz eine Rolle. Ist das Neue zu weit von dem entfernt, wo ich mich befinde, dann fällt es in meinen Ablehnungsbereich und wird zurückgewiesen oder schlichtweg ignoriert.

Um bei jemand anderem eine Haltungsänderung zu erreichen, müssen wir also die verrückbare Mitte suchen. Menschen, für die der Weg zur Umkehr weniger weit ist und die uns dabei helfen können, andere zu überzeugen. Wollen wir Menschen, die weiter weg sind, zu etwas bewegen, dann müssen wir erst einmal weniger von ihnen verlangen, so wie Dr. Priest. Wir unterteilen den Weg zum großen Ziel in kleinere, machbare Etappen und legen Trittsteine aus. Wir verlangen erst wenig, dann ein wenig mehr. Und wir müssen nach einem nicht festbetonierten Punkt suchen, wie Dave Fleischer und seine Canvasser. Mit einem Punkt der Übereinstimmung beginnen und von dort aus weitergehen, um das Feld zu verschieben. Danach sieht der andere das ursprüngliche Thema vielleicht etwas anders.

Und vielleicht ändert er sich sogar ein klein wenig.

FALLSTUDIE:

WIE SIE DIE WÄHLERMEINUNG ÄNDERN KÖNNEN

Was bringt einen eingefleischten Demokraten dazu, die Republikaner zu wählen? Einen Konservativen, auf die liberale Seite zu wechseln?

Wir haben schon einige Beispiele gesehen, wie wir durch eine Verringerung der Distanz beim Gegenüber eine Änderung der politischen Haltung erreichen können. Konservative, die die Rechte von Transgendermenschen unterstützen, Prohibitionsbefürworter, die ihre strikte Haltung zum Alkoholverbot lockern.

Jetzt könnten Sie sagen, das seien eher kleine Veränderungen. Es ist etwas anderes, ob man seine Meinung zu einem einzelnen Thema wie der Prohibition ändert oder ob man das politische Lager wechselt.

Für solche Parteiwechsel gibt es berühmte Beispiele. Der US-Präsident Ronald Reagan war ursprünglich Demokrat und sogar Vorsitzender einer Gewerkschaft, ehe er 1962 in die Republikanische Partei eintrat. Die Senatorin Elizabeth Warren war jahrelang streng konservativ eingestellt, heute ist sie eine progressive Demokratin.

Wie ist das nun mit dem Durchschnittsbürger? Kann man ihn dazu bringen, die Partei zu wechseln? Und wenn ja, wie?

Ein Wechsel von rechts nach links

Silvia Branscom wuchs in den 1970er-Jahren in Enid im US-Bundesstaat Oklahoma auf. Der Ort, auch „Kornkammer von Oklahoma“ genannt, liegt am östlichen Rand der Great

Plains, im Herzen Amerikas. Die Menschen sind fast ausschließlich „gottesfürchtige" Weiße, wie sie sich selbst stolz bezeichnen, und als sich Silvias Eltern scheiden ließen, begann sie, eine Baptistengemeinde zu besuchen. Da war sie vier Jahre alt.

Später heiratete ihre Mutter wieder. Silvias Stiefvater war ein herzensguter Mann, ein Familienmensch, der sie wie sein eigen Fleisch und Blut behandelte. Er erklärte ihr alles über Autos und zeigte ihr, wie man Reparaturen im Haus durchführt.

Politisch stand ihr Stiefvater allerdings extrem weit rechts. Als ehemaliges Mitglied der Nationalgarde verteidigte er vehement das Recht auf Waffenbesitz. Er glaubte an harte Arbeit und las keine Flugblätter. Er war gegen Abtreibung und vertrat die Meinung, Frauen sollten keine Führungspositionen einnehmen.

In Silvias Kinder- und Jugendzeit fanden alle Ronald Reagan toll, Silvia auch. Wer nicht konservativ war, der konnte nicht gottgläubig sein. Wer tötet denn Babys? Als Silvia alt genug war, um an einer richtigen Wahl teilzunehmen, machte sie ihre Kreuze ausschließlich bei den Republikanern.

Währenddessen entwickelte sich ihr Leben weiter, wie es in einer Kleinstadt üblich ist. Gleich nach der Highschool heiratete sie, mit 21 Jahren wurde sie schwanger. Jeden Sonntag gingen sie und ihr Mann in die Kirche.

Silvias Mann war der Hausherr und Ernährer. Sie blieb daheim und kümmerte sich um das Kind. Sie war der Ansicht, „Frauen müssen sich ihrem Mann unterwerfen", und sagte das auch in aller Öffentlichkeit. Als ihr Mann sein Studium mit einem Master in Erdöltechnik abschloss, zogen sie nach Alaska.

Silvia wollte gern noch studieren. Sie war sehr wissbegierig und hatte sich sogar schon für ein geisteswissenschaftliches Studium eingeschrieben, bevor sie wegen ihrer Schwangerschaft eine Pause einlegen musste. Durch den Umzug war ihr Interesse wieder aufgeflammt und sie belegte zwei Kurse pro Semester an der University of Alaska.

An der Universität hatte sie zwei Professoren, die großen Einfluss auf sie hatten und sie zum Umdenken brachten.

Der eine leitete ihren Debattierkurs. Er behauptete, es gebe keine universelle Wahrheit. Sie widersprach und meinte, Gott sei eine universelle Wahrheit.

Dann diskutierte der Kurs über den zweiten Zusatzartikel zur Verfassung der Vereinigten Staaten: das Recht, eine Waffe zu besitzen. Für Silvia war das ein klarer Fall und sie stellte sich gern auf die Seite derer, die dieses Recht verteidigten.

Sie wurde vernichtet. Niedergewalzt und zu Staub zertreten. Silvia trat gegen einen Studenten an, der an Debattier-Wettbewerben teilnahm und landesweit den vierten Platz belegte. Von den Argumenten, die er vortrug, hatte sie noch nie in ihrem Leben gehört. Wer in ihrem Heimatort das Recht auf Waffenbesitz infrage stellte, wurde aus der Gemeinschaft verstoßen.

Ein anderer Professor gab einen Kurs zur abendländischen Kultur. Silvia war so erzogen worden, dass sie glaubte, wer kein Christ ist, hat entweder noch nie etwas von Jesus gehört oder ist ein schlechter Mensch, der Drogen nimmt und Verbrechen begeht. Ihr Professor widerlegte alle diese Vorstellungen. Er war kein Christ, aber ein freundlicher Mensch und guter Bürger und kannte die Bibel besser als irgendwer sonst. Besser als alle Christen, die sie in Oklahoma kannte.

Er berichtete in dem Kurs von den Kreuzzügen und verschiedensten Formen der Unterdrückung, die Christen ausgeübt hatten. All das war Silvia in ihrer Kindheit und Jugend ganz anders erzählt worden.

Die beiden Professoren versuchten Silvia nicht davon zu überzeugen, dass ihre Meinung falsch war, und drängten sie auch nicht dazu, zu glauben, dass sie recht hatten. Sie sagten ihr nicht, was sie tun oder wie sie denken sollte. Sie zeigten ihr nur, dass es noch einen anderen Weg, eine andere Denkweise gab.

Der Professor für abendländische Kultur war Silvia nah genug, um in ihren Indifferenzbereich zu fallen, und zugleich weit genug von ihr entfernt, um sie zum Umdenken zu bewegen. Er kannte die Bibel in- und auswendig und hatte einfach nur eine andere Perspektive darauf als sie.

Silvia blieb zwar eine gläubige Christin und wählte weiterhin die Republikaner, aber sie begann sich Fragen zu stellen und mit ihren Überzeugungen zu hadern, die sie lange für selbstverständlich gehalten hatte.

Dann wurde ihr Mann nach Schottland versetzt. Silvia konnte ihren Bachelor nicht abschließen und kam in eine Welt, die ihr ganz und gar fremd war.

In Großbritannien begegnete Silvia zum ersten Mal einer Muslimin. Deren Sohn ging in denselben Kindergarten wie ihr Kind. Später freundete sie sich mit einer Frau aus Indien an. Sie dachte in zunehmendem Maße global.

Zugleich trübte sich ihr Blick auf die Welt. Ihre religiösen Ansichten, die ihr bis dahin so klar und einleuchtend erschienen waren, und die Antworten, die – wie ihr gesagt worden war – die richtigen seien, waren plötzlich gar nicht mehr so eindeutig und klar.

Als Silvia schließlich in die USA zurückkehrte, sah die Welt für sie anders aus. Sie war erschüttert, wie wenig Wert dort auf Bildung gelegt wurde. Sie war selbst einmal ein großer Sportfan gewesen, aber jetzt fand sie es geradezu obszön, wie viel Geld statt in Bildung in den Sport gesteckt wurde. In Oklahoma streikten die Lehrerinnen und Lehrer, weil sie weniger als 40.000 Dollar im Jahr verdienten, während die Highschool für einen neuen Rasen für das Footballfeld 400.000 Dollar ausgab.

Silvia war überrascht über die Waffengewalt und den systemischen Rassismus, der gerade im Strafjustizsystem herrschte. Ihre Tochter war in England geboren worden und sie war entsetzt, wie schlecht das Gesundheitssystem in den USA war. Selbst die Predigten in der Kirche klangen in ihren Ohren falsch. All die vielen Worte über Liebe und Güte bezogen sich doch nur auf andere Menschen desselben Glaubens.

Der Wandel dauerte letztlich zehn Jahre. 1992 hatte Silvia George H. W. Bush gewählt und 1996 Bob Dole. Dann stellte sie fest, dass die Republikaner nicht mehr ihre Werte vertraten. Die Partei sagte zwar, Glaube sei ihr wichtig, aber die Schwachen und Randgruppen schienen ihr gleichgültig zu sein.

Deshalb wählte sie 2000 Al Gore.

Heute betrachtet sich Silvia als Demokratin. Sie findet Rassen- und Geschlechtergleichheit wichtig und ist der Ansicht, dass die Gesellschaft für alle besser ist, wenn für alle Sorge getragen wird.

Es macht sie traurig, dass Amerika so gespalten ist. Die Wut, die viele Demokraten auf die Republikaner haben, verspürt sie nicht, und sie glaubt, dass die meisten Menschen, die die Republikaner wählen, es gut meinen. Aber die meisten Politiker der Republikanischen Partei widern sie an, vor allem wie sie Angst instrumentalisieren, um gewählt zu werden. Auf dem Land sind die Kirche und die Familie das höchste Gut. Nur wird dabei manchmal vergessen, dass wir alle Teil einer großen Familie sind und fürsorglich behandelt werden sollten.

Ein Wechsel von links nach rechts

Diego Martinez wuchs im Kalifornischen Längstal auf. Um genau zu sein, in der Arbeiterstadt Modesto, 150 Kilometer östlich von San Francisco. Hier ist der größte Weinbaubetrieb der Welt angesiedelt. Auf dem fruchtbaren Boden wachsen

Mandeln, Walnüsse und verschiedene andere Feldfrüchte. Mehr als ein Drittel der Bevölkerung sind Hispano- oder Lateinamerikaner. Die Menschen sind zwar nicht ganz so liberal eingestellt wie in den meisten anderen Gegenden Kaliforniens, aber sie wählen doch mehrheitlich die Demokraten.

Diegos Eltern waren aus Mexiko eingewandert und er studierte zunächst am Modesto Junior College und dann an der San Diego State University.

Als sich Diego zum ersten Mal in eine Wählerliste eintragen ließ, stand er wie viele seiner Freunde den Demokraten nahe. Deren zentrale Themen waren die Gleichstellung der Ehe, Unterstützung von Bedürftigen und die Ablehnung von Auslandseinsätzen der Armee. Außerdem schienen die Demokraten gegenüber Immigranten freundlicher gesinnt zu sein. All das war Diego wichtig, weshalb er sich bei allen Wahlen für die Demokraten entschied, 2008 und 2012 für Barack Obama, 2016 für Hillary Clinton.

Aber gegen Ende des Jahres 2016 kamen Diego Zweifel, ob die Demokratische Partei noch das Richtige für ihn war. Was Obama über den Lohnunterschied zwischen Männern und Frauen sagte, irritierte ihn. Was den Lohnunterschied an sich betraf, gab er ihm recht, nur aus anderen Gründen. Und Obamas Eintreten für soziale Gerechtigkeit kam ihm immer übertriebener vor.

Auch gefiel ihm nicht, wie sich die Demokraten, die er kannte, benahmen. Er wohnte damals in New York und sah, wie seine demokratisch wählenden Freunde immer selbstgefälliger wurden, als wüssten sie auf alles eine Antwort. Als könnte ihre Partei alle Probleme lösen und als hätte sonst niemand gute Ideen.

Aber am meisten störte Diego, dass es keinen offenen Austausch gab. Wer nicht mit der allgemeinen liberal-demokratischen Meinung übereinstimmte, der musste wohl ein Rassist sein. Oder ein Fanatiker. Das war die Stimmung unter seinen Freunden. Die Demokraten schienen den Blick für die Wirklichkeit verloren zu haben.

Er bekam das Gefühl, dass ihm etwas aufgezwungen wurde. Und das gefiel ihm nicht. Deshalb hielt er Ausschau nach anderen Positionen.

Er begann sich für Jordan Peterson zu interessieren, einen Psychologieprofessor an der University of Toronto, der sich kritisch über politische Korrektheit äußerte. Er folgte Ben Shapiro, einem konservativen politischen Berichterstatter, der darüber berichtete, wie die Universitäten die Jugend des Landes indoktrinierte. Und er las die Bücher von Nassim Taleb. All das lag in seinem Indifferenzbereich und zog ihn langsam, aber sicher in die andere Spielfeldhälfte.

Diego fand überzeugend, was sie sagten. Sie waren intelligente Menschen. Ihre Gedanken zu Themen wie Redefreiheit, Verantwortung, Selbstverwirklichung oder Geschichte kamen ihm schlüssig vor und sie begannen sein Denken zu beeinflussen.

Vor allem dank Talebs Büchern konnte Diego endlich in Worte fassen, was ihn seit Langem an seinen demokratisch gesinnten Freunden störte. Dass sie nach Rassengleichheit schrien, aber noch nie mit einem russischen Taxifahrer ein Bier trinken waren. Dass sie über abstrakte, hochtrabende Ideen redeten, die Wirklichkeit dabei aber vollständig ausblendeten.

Die Demokraten, allen voran seine liberalen Freunde, schienen ihm auf Themen wie Diversität oder Gleichheit fixiert zu sein und die echten, größeren Probleme wie Wirtschaft oder nationale Sicherheit auszublenden. Es wollte ihm einfach nicht einleuchten, dass seine Freunde, die den Klimawandel als wissenschaftlich bewiesen ansahen, gleichzeitig die Erkenntnis von sich wiesen, dass Männer und Frauen biologisch unterschiedlich sind.

Inzwischen fühlte sich Diego am konservativen Ende des Spektrums deutlich wohler. Und im Sommer 2017 schwenkte er endgültig zu den Republikanern um.

Diego ist nicht der Ansicht, seine konservativen oder Republikaner wählenden Freunde wüssten alles besser. Und es gefiel ihm auch nicht, dass Trump Präsident wurde. Aber dass so viele Liberale sagten, sie seien tief bestürzt über Trumps Sieg, fand er doch etwas übertrieben. Ihnen schien es mehr darum zu gehen, Tugend zu signalisieren, als darum, die wahren Probleme anzugehen.

Diego weiß, dass die USA mehr sind als nur die reichen, gebildeten Küstenstädte. Ihm ist die Redefreiheit, für die sich die Republikaner einsetzen, wichtig. Und auch wenn er aufgrund ideologischer Differenzen linke Freunde verloren hat, so hat ihn noch nie ein rechter Freund einen Rassisten genannt, nur weil er nicht dessen Meinung war.

Die Geschichten von Silvia und Diego mögen sehr unterschiedlich sein. Eine weiße Frau aus dem tiefsten Amerika, die von rechts nach links wechselt, und ein hispanischer Man von der Westküste, der von links nach rechts wechselt.

Doch auch wenn ihre Wege in entgegengesetzte Richtungen gingen, haben sie doch sehr viel gemeinsam, nicht nur, weil beide in ländlich geprägten Gebieten aufwuchsen.

In beiden Fällen trugen einige wenige Einzelpersonen dazu bei, dass sie ihre Ansichten änderten. Nicht, indem diese Personen ihnen sagten, was sie tun sollen, oder sie zu irgendetwas drängten, sondern indem sie ihre Abwehrhaltung minderten. Ihnen eigene Handlungsmacht eröffneten. Sie auf ihrem Weg leiteten und begleiteten und ihnen die Augen für neue Informationen und Ideen öffneten. Gut, darunter waren Professoren und Intellektuelle, aber auch ganz normale Freunde, denen sie in ihrem Alltag begegneten.

Darüber hinaus änderte sich – wie bei den meisten großen Veränderungen – nicht alles in kürzester Zeit. Erst einmal musste jemand die Distanz verringern. Und es war nicht der eine große Sprung, sondern mehrere kleine Schritte. Verschiedene Ereignisse und Begegnungen im Laufe vieler Monate oder gar Jahre. Ein langsamer, allmählicher Wandel, ausgelöst durch Reisen in andere Länder oder das Bedauern über fehlenden echten Austausch.

Indem die Katalysatoren im Leben von Silvia und Diego bei Dingen ansetzten, die sie gemeinsam hatten, und von dort aus weitergingen, trugen sie zu ihrem Gesinnungswandel bei.

Aber Distanz ist nicht die letzte Hürde, die Veränderungen erschwert. Es gibt noch eine weitere, nämlich Ungewissheit.

4 UNGEWISSHEIT

1998 lief Nick Swinmurn, ein ehemaliger Ticketverkäufer im Minor League Baseball, durch eine Einkaufsmall in San Francisco. Er suchte nach Schuhen. Aber nicht nach irgendwelchen Schuhen, sondern nach einem ganz bestimmten Modell von Airwalk.

Im ersten Laden hatten sie das richtige Modell, aber die falsche Farbe. Im nächsten die richtige Farbe, aber die falsche Größe. Nach einer Stunde lief Swinmurn immer noch von Geschäft zu Geschäft und suchte vergebens nach seinen Schuhen. Als er alle Läden abgeklappert hatte, ging er frustriert und mit leeren Händen nach Hause.

Das muss doch auch anders gehen, dachte er.

Das Internet kam in der Bay Area damals gerade in Mode, weshalb er sich dachte, er könnte doch ein Online-Schuhgeschäft eröffnen. Wo alle Marken, Stile und Farben, die man sich wünschen konnte, übersichtlich und auf einen Blick zu finden wären. Er besorgte sich das nötige Kapital, richtete eine schlichte Website ein und fertig war Shoesite.com.

Aber es war gar nicht so leicht, ein Onlinegeschäft aufzuziehen. Schon nach wenigen Monaten war Shoesite.com pleite. Das Kapital war aufgebraucht und Swinmurn hatte Schwierigkeiten, weitere Geldgeber zu finden. Der Verkauf lief schleppend, was größere Risikokapitalgesellschaften abschreckte.

Schlicht gesagt wollten Risikokapitalgeber nicht in ein Online-Schuhgeschäft investieren. Die Antwort war immer dieselbe: Wer kauft denn im Internet Schuhe?

Der einzige Vorteil von Shoesite.com bestand darin, dass die Website keine Konkurrenz hatte, weil es niemand für eine gute Idee hielt, ein solches Geschäft aufzuziehen.

Heute kaufen wir alles im Internet. Schuhe und Kleidung sowieso, aber auch Grundstücke, Autos und Haustiere. Wer damit groß geworden ist, Bilder nach rechts zu wischen, um ein Date auszumachen, und wer das befremdliche Fiepen beim Verbindungsaufbau eines Modems nicht mehr kennt, kann sich kaum noch ein Leben vorstellen, in dem nicht mehr alles mit einem Klick zu haben ist.

Doch dem war nicht immer so. Während es uns heute vorkommt, als hätte sich Onlineshopping mehr oder weniger über Nacht etabliert, weil es inzwischen allgegenwärtig ist, sieht es in Wahrheit ganz anders aus.

Ende der 1990er-, Anfang der 2000er-Jahre war es schwierig, im Internet Waren zu vertreiben. Trotz des ganzen Hypes machte der Onlineumsatz nur einen Bruchteil des gesamten Umsatzes aus. Von hundert Dollar, die die Menschen für Waren und Dienstleistungen ausgaben, gingen nur ein paar Cent an Internethändler. Um genau zu sein, verdankten sich die meisten Umsätze im Internet Business-to-Business-Transaktionen. Warenversand und Großhandelsartikeln.

Gerade noch hatte Pets.com Werbung beim Super Bowl geschaltet, jetzt musste man alle Angestellten entlassen. Der Lebensmittellieferant Webvan, anfangs auf eine Milliarde Dollar geschätzt, musste nach anderthalb Jahren dichtmachen. Im Oktober und November 2000 gab in einem Zeitraum von sechs Wochen fast jeden Tag ein Dotcom-Unternehmen auf.

Selbst Amazon strauchelte. Im letzten Quartal 1999 verlor man 323 Millionen Dollar, im Jahr 2000 lag der Aktienkurs mehr als 83 Prozent unter dem 52-Wochen-Hoch.

Das Problem war, dass die Leute es gewohnt waren, in „echten" Geschäften einzukaufen. Wenn sie etwas haben wollten, stiegen sie ins Auto, fuhren zum nächsten Einzelhändler und suchten sich etwas aus, was in den Regalen lag.

Man konnte vielleicht einfacher und effizienter einkaufen, aber das war eben unser aller Gewohnheit. Wir kannten es nicht anders und fanden es in Ordnung.

Um Shoesite.com zum Erfolg zu führen, musste Nick Swinmurn also erreichen, dass sich das Verbraucherverhalten änderte. Er musste den Ungewissheitszins überwinden.

Der Ungewissheitszins

Vor ein paar Jahren hielt ich die Kälte nicht mehr aus. Der Winter war extrem streng gewesen, die Stadt wurde von eisigen Temperaturen und polaren Wirbelstürmen heimgesucht. Ich brauchte Urlaub.

Miami schien mir das perfekte Ziel zu sein. Selbst im Februar herrschten dort über 20 °C und es schien die Sonne. Wunderschöne Strände, gutes Essen. Jetzt musste ich mir nur noch ein Hotel suchen.

Nachdem ich mich auf verschiedenen Webseiten umgesehen hatte, blieben zwei Möglichkeiten übrig. In beiden Fällen ein Zimmer mit Balkon und Meerblick, vom Preis her ähnlich.

Der einzige Unterschied bestand darin, wie die Zimmer eingerichtet waren. Das Hotel A war offenbar vor vielen Jahren einmal renoviert worden. Die Zimmer sahen ordentlich aus. Nicht herausragend, aber auch nicht inakzeptabel.

Das Hotel B war erst vor Kurzem teilrenoviert worden. Manche Zimmer waren ganz neu eingerichtet und sahen großartig aus, mit geschmackvollen Möbeln und neuen Teppichen. Die anderen Zimmer dagegen waren seit Langem unrenoviert. Sie sahen schäbig aus, das Inventar war veraltet und die Betten hatten ihre beste Zeit längst hinter sich.

Wenn ich eines der schöneren Zimmer in Hotel B bekommen könnte, wäre die Wahl klar. Aber als ich dort anrief, sagte mir der Hotelangestellte, das hänge davon ab, wann die anderen Gäste auscheckten. Sie könnten zwar notieren, dass ich gern ein renoviertes Zimmer hätte, es mir aber nicht garantieren, dass ich es auch bekäme.

Jetzt musste ich mich entscheiden. Sollte ich Hotel A nehmen, dann hätte ich ein ordentliches Zimmer sicher, oder mit Hotel B Lotterie spielen? Dann würde ich vielleicht ein besseres, vielleicht aber auch ein schlechteres Zimmer bekommen.

Wie würden Sie sich in einer solchen Situation entscheiden? Würden Sie auf Nummer sicher gehen oder das Risiko eingehen, um eventuell etwas Besseres zu kriegen?

Wissenschaftler haben zwar nicht genau dieses, aber doch Dutzende oder gar Hunderte ähnlicher Experimente gemacht. Sie haben Testpersonen die Wahl gegeben zwischen einer sicheren, guten Sache und einer unsicheren, aber potenziell besseren. Welche Wahl würden sie treffen?

Ein Beispiel: Sie können 30 Dollar bekommen oder Ihr Glück aufs Spiel setzen: Sie bekommen mit 80-prozentiger Wahrscheinlichkeit 45 Dollar und mit 20-prozentiger Wahrscheinlichkeit nichts.

Anders als beim Beispiel mit meinem Hotel in Miami können Sie sich hier leicht die „richtige“ Antwort ausrechnen. Zumindest würde ein rational denkender Mensch das tun. Wenn Sie das Risiko eingehen, haben Sie die Chance auf einen höheren Gewinn. Spielen

Sie das Spiel zehn Mal, dann bekommen Sie acht Mal 45 Dollar. Natürlich würden Sie auch ein paar Mal leer ausgehen, aber meistens würden Sie deutlich mehr kriegen als die garantierten 30 Dollar.

Und selbst wenn Sie die Male mit einkalkulieren, in denen Sie nichts bekommen, schneiden Sie doch besser ab, wenn Sie das Risiko eingehen. Bei zehn Mal bekommen Sie 8 × 45 Dollar = 360 Dollar, wenn Sie auf Nummer sicher gehen, erhalten Sie 10 × 30 Dollar = 300 Dollar.

Aber was würden Sie nun tatsächlich in dieser Situation tun? Würden Sie die garantierten 30 Dollar nehmen oder auf Risiko gehen?

Wenn Sie wie die meisten Menschen ticken, sagen Sie wahrscheinlich, Sie nehmen lieber die 30 Dollar. Auch wenn es weniger Geld ist und Sie der Wahrscheinlichkeitsrechnung nach schlechter abschneiden, haben Sie zumindest das Geld sicher.

Warum ist das so? Weil wir Menschen das Risiko scheuen. Wir wissen gern, was wir genau bekommen, und solange das etwas Gutes ist, ziehen wir das sichere dem riskanten Angebot vor.* Selbst wenn wir bei dem riskanten Angebot einen besseren Schnitt machen würden.

Es wäre toll, ein frisch renoviertes Hotelzimmer zu bekommen. Mein Urlaub wäre dadurch schöner. Aber wie frustrierend wäre es, am Ende in einem der alten, heruntergekommenen Zimmer zu landen? Ist es das Risiko wert, selbst wenn die Wahrscheinlichkeit, dass Letzteres eintrifft, relativ gering ist?

Das Abwerten unsicherer Ereignisse nennt man auch den „Ungewissheitszins“. Wenn wir zwischen einer sicheren und einer riskanten Sache wählen sollen, dann muss die riskante Option deutlich besser sein, damit wir uns dafür entscheiden. Das renovierte Zimmer muss sehr viel schöner sein, das erwartete Auskommen sehr viel höher.

Der Ungewissheitszins ist größer, als Sie vielleicht denken.

---

* Risikoscheu sind wir vor allem, wenn es darum geht, etwas zu gewinnen oder etwas Positives zu bekommen. Wenn es um Verluste geht, suchen wir dagegen eher das Risiko. Anstatt mit Sicherheit eine kleine Geldsumme zu verlieren, riskieren wir lieber, noch mehr Geld zu verlieren, aber dafür die Chance zu haben, auch gar nichts zu verlieren.

Anfang der 2000er-Jahre fragten drei Wissenschaftlerinnen der University of Chicago Testpersonen, wie viel sie für einen Geschenkgutschein im Wert von 50 Dollar zu zahlen bereit wären.[1] Der Gutschein war für ein Geschäft im Ort und musste in den nächsten zwei Wochen eingelöst werden.

Die Befragten wollten, nachdem sie ein bisschen darüber nachgedacht hatten, im Schnitt knapp 26 Dollar bezahlen. Manche von ihnen kauften nie in diesem Geschäft ein, anderen waren die zwei Wochen etwas zu knapp. Diese und andere Gründe führten dazu, dass sie den Wert, den der Gutschein für sie hatte, auf etwa die Hälfte des tatsächlichen Werts schätzten.

Eine andere Personengruppe wurde gefragt, wie viel sie bereit sei, für einen Gutschein über 100 Dollar beim selben Geschäft zu bezahlen. Das Ergebnis war ähnlich. Im Durchschnitt wollten sie etwa 45 Dollar zahlen. Manche mehr, manche weniger, aber im Schnitt lag der Wert wegen der oben genannten Gründe bei etwa der Hälfte des tatsächlichen Werts.

Ebenfalls nicht überraschend.

Bei einer dritten Gruppe bauten die Wissenschaftler indes eine Ungewissheit ein.[2] Ihr wurde ein Spielschein mit einer Gewinnwahrscheinlichkeit von 50:50 angeboten. Sie würden mit 50-prozentiger Wahrscheinlichkeit einen Geschenkgutschein über 50 Dollar erhalten und mit 50-prozentiger Wahrscheinlichkeit einen Geschenkgutschein über 100 Dollar. Wie viel wären sie wohl bereit, dafür zu bezahlen?[3]

Bevor wir zur Antwort kommen, sehen wir uns eine noch einfachere Frage an. Wie viel *sollten* die Personen im Vergleich zum 50-Dollar-Gutschein bereit sein, für den Spielschein zu bezahlen? Mehr als für den 50-Dollar-Gutschein? Weniger? Dasselbe?

Die „rationale" Antwort auf diese Frage ist ziemlich eindeutig. Der Wert bei diesem Angebot sollte zwischen dem besten und dem schlechtesten möglichen Ergebnis liegen.

Nehmen wir als anderes Beispiel einen Gebrauchtwagen. Der Listenpreis liegt bei 10.000 Dollar. Aber es könnte sein, dass der Wagen bald einen neuen Steuerriemen braucht, dessen Reparatur 1.000 Dollar kostet. Insofern würden die meisten Menschen wohl sagen, dass der Wert des Autos zwischen 9.000 und 10.000 Dollar liegt. Zwischen dem Listenpreis und dem Wert, falls die Reparatur tatsächlich notwendig wird.

Jetzt könnten Sie den Mittelwert der beiden Preise nehmen und sagen, das Auto ist 9.500 Dollar wert. Oder wenn Sie meinen, der Steuerriemen wird wohl tatsächlich bald zerschlissen sein, eher in Richtung 9.000 Dollar tendieren, zum Beispiel 9.250 Dollar. Wie dem auch sei, der Wert des Gebrauchtwagens sollte irgendwo zwischen 9.000 und 10.000 Dollar liegen. Irgendwo zwischen dem besten und schlechtesten möglichen Ausgang.

Nun sollte dieselbe Logik auch für die Geschenkgutscheine gelten. Wir wissen nicht, ob wir mit dem Spielschein einen Gutschein über 50 oder über 100 Dollar erhalten, aber im schlimmsten Fall sind es eben 50 Dollar. Insofern sollten wir also bereit sein, zumindest diesen Preis zu bezahlen. Vielleicht ein bisschen mehr, wenn auch vielleicht nicht sehr viel mehr. Aber die Befragten waren nicht dazu bereit.

Nein, das waren sie ganz und gar nicht. Als die Wissenschaftlerinnen die Daten analysierten, fanden sie heraus, dass genau das Gegenteil der Fall war. Niemand wollte für den Spielschein mehr bezahlen. Nicht einen Cent. Ja, die Befragten wollten nicht einmal dasselbe bezahlen. Der 50-Dollar-Gutschein war ihnen 26 Dollar wert, der 100-Dollar-Gutschein 45 Dollar, aber der Spielschein nur 16 Dollar. Fast 50 Prozent weniger als der schlimmstmögliche Ausgang.[4]

Der Grund dafür ist der Ungewissheitszins.

Wer eine Wette auf einen Geschenkgutschein abgab, wusste genau, was er bekommen würde. Er würde eine bestimmte Geldsumme bezahlen und dafür einen Gutschein mit einem bestimmten Wert erhalten.

Aber wer einen Spielschein kaufte, hatte diese Gewissheit nicht. Er wusste nicht, wie das Spiel ausgehen würde. Und obwohl beide Möglichkeiten nicht schlecht waren, hatte diese Ungewissheit ihren

Preis. Und deshalb setzten die Befragten den Wert des Spielscheins herab.

Veränderungen bringen immer einen gewissen Grad an Ungewissheit mit sich. Ist es eine gute Idee, im Internet Schuhe zu kaufen? Spare ich dadurch Zeit und Mühe, oder ist der Aufwand dadurch nur noch größer? Werden mir die Schuhe passen? Werden sie mir gefallen? Ganz sicher kann ich da nie sein.

Menschen mögen keine Ungewissheit. In keiner Weise. Ungewissheit ist für uns wie schlechtes Wetter oder vergorene Milch oder irgendetwas anderes, das wir unerfreulich finden. Nein, wir finden Ungewissheit wirklich unangenehm. Sie hat ihren Preis.

Die Ungewissheit ist sogar noch schlimmer als ein sicherer negativer Ausgang. Wenn Sie wissen, dass Sie zu spät zu einem Meeting kommen, ist das unangenehm, aber wenn Sie sich fragen, ob Sie es vielleicht doch noch rechtzeitig schaffen könnten, ist das noch unangenehmer. Von seinem Arbeitgeber entlassen zu werden ist nicht gerade lustig, aber zu wissen, dass Sie *in naher Zukunft* entlassen werden, ist noch schlimmer.

Daher sind wir je weniger an einer Änderung interessiert, umso mehr Ungewissheit sie mit sich bringt. Je mehr Unklarheit einem Produkt, einer Dienstleistung oder einem Vorschlag innewohnt, umso weniger erstrebenswert erscheint es uns. Es gleicht für uns dann eher einem Spielschein als einem Geschenkgutschein.

Sie sind sich nicht sicher, ob die Rasenpflegefirma die braunen Flecken aus Ihrem Vorgarten wegbekommen wird? Dann brauchen Sie sie auch gar nicht erst anzurufen. Sie wissen nicht, ob Ihre Vorgesetzten Sie für „unkonventionelle Lösungen" belohnen werden? Dann können Sie auch genauso gut die Füße stillhalten und alles so machen, wie es schon immer gemacht wurde.

Ungewissheit ist ein Stolperstein beim Versuch, die Dinge anders zu machen. Es senkt dessen Wert, sodass wir weniger gewillt sind, etwas zu ändern.

Aber damit nicht genug. Ungewissheit kann sogar noch schwerwiegendere Auswirkungen haben. Sie kann dafür sorgen, dass überhaupt keine Entscheidungen mehr getroffen werden.

Die Pause-Taste

In einer berühmten Studie haben Wissenschaftler Studierende der Stanford University gebeten, sich vorzustellen, sie hätten gerade eine schwere Prüfung hinter sich.[5]

> *Es ist das Ende des Semesters, Sie sind müde und erschöpft und erfahren gerade, dass Sie die Prüfung bestanden haben. Jetzt erhalten Sie ein Angebot für einen fünftägigen Weihnachtsurlaub auf Hawaii, zu einem außergewöhnlich günstigen Preis. Das Sonderangebot endet morgen. Würden Sie*
>
> *(a) das Angebot annehmen?*
> *(b) das Angebot ablehnen?*
> *(c) eine Gebühr von fünf Dollar zahlen, damit das Angebot bis übermorgen verlängert wird, sodass Sie noch einen Tag länger darüber nachdenken können?*

Die ersten zwei Antwortmöglichkeiten sind ziemlich klar: den Urlaub buchen oder nicht. Bei der dritten Möglichkeit geht es darum, die Entscheidung aufzuschieben. Anstatt sofort reagieren zu müssen, können Sie noch länger über das Angebot nachdenken.

Die meisten Studierenden sagten, sie würden das Angebot annehmen. Manche wollten es nicht annehmen und manche sagten, sie würden es sich gern noch länger überlegen, aber die meisten sagten Ja.

Nun wurde einer zweiten Gruppe ein ähnliches Angebot gemacht, nur mit dem Unterschied, dass den Teilnehmenden gesagt wurde, sie seien durchgefallen und müssten die Prüfung in ein paar Monaten, nach den Semesterferien wiederholen.

Obwohl sie durchgefallen waren, entschieden sie sich genauso wie die erste Gruppe. Die meisten sagten, sie würden das Angebot annehmen.

Das klingt logisch. Wer die Prüfung bestanden hat, sieht den Urlaub als Belohnung an. Zum Feiern nach Hawaii! Wer durchgefallen ist, sagt sich, na gut, dann ist das wenigstens ein kleines Trostpflaster. Dann kann ich mich ein bisschen erholen und durchschnaufen, bevor ich die Prüfung wiederhole. Zwei verschiedene Gründe, dieselbe Entscheidung.

Aber es gab noch eine dritte Gruppe. Hier wurde den Teilnehmenden nicht gesagt, ob sie bestanden hatten, sondern dass das Ergebnis noch nicht vorliege. Es sei noch ungewiss. Und dass sie, genau wie die Studierenden, die durchgefallen waren, die Prüfung in ein paar Monaten wiederholen müssten.

Wenn die Studierenden unabhängig davon, ob sie die Prüfung bestanden hatten, den Urlaub buchten, dann sollte es doch wohl keine Rolle spielen, dass sie nicht wussten, ob sie bestanden hatten. Selbst wenn das Ergebnis noch nicht feststand, sollten sie sich dafür entscheiden, den Urlaub zu buchen.

Aber die Ungewissheit führte dazu, dass die Entscheidung anders ausfiel. Statt das Angebot anzunehmen, beschlossen die meisten Teilnehmenden, die Entscheidung zu verschieben und noch abzuwarten, bis die Lage klar war. Sie beschlossen, nichts zu tun, anstatt zu handeln.

Ungewissheit ist wie eine Pause-Taste. Wir halten in unserem Handeln inne und erstarren in unserem aktuellen Zustand.

Insofern ist Ungewissheit gut für den Status quo, aber schlecht, wenn es darum geht, Veränderungen voranzutreiben. Statt weiterzugehen und etwas Neues auszuprobieren, warten wir lieber ab und bleiben bei dem, wie wir es schon immer gemacht haben. Zumindest so lange, bis die Ungewissheit geklärt ist – sofern das jemals der Fall ist.

Sie sind unsicher, ob Sie Ihre Schuhe im Internet kaufen sollen? Dann können Sie ebenso gut in den Laden gehen und es wie immer machen. Sie wissen nicht, ob Sie Personal für ein neues Projekt abstellen sollen? Dann können Sie ebenso gut die Entscheidung aufschieben, bis Sie mehr Klarheit über das Projekt erlangt haben.

In Neuem liegt fast immer etwas Ungewisses. Wenn wir also nicht wissen, wie sehr sich unsere Lage dadurch verbessert, dann können wir ebenso gut auf Nummer sicher gehen und beim Status quo bleiben.

Wie die gelbe Flagge an der Rennstrecke oder ein Baustellenschild auf der Autobahn wird durch Ungewissheit das Fortkommen gebremst.[6] Die Menschen nehmen den Fuß vom Gas und lassen es langsamer angehen.

Wie bringen wir sie nun dazu, den Fuß wieder aufs Gas zu setzen?

Erprobbarkeit

Die Antwort auf diese Frage findet sich auf einem Feld, das von alledem weit entfernt scheint: im Hybridmais.

Everett Rogers wurde Anfang der 1930er-Jahre auf einer Familienfarm in Iowa geboren. Die Weltwirtschaftskrise hatte gerade eingesetzt und das Leben war hart, mit am schlimmsten traf es das ländliche Iowa. Auf der Farm gab es keine Heizung, kein fließend Wasser und keinen Strom und von klein auf musste Rogers auf dem Hof mithelfen. Morgens ging er in die aus einem einzigen Raum bestehende Schule, nachmittags fütterte er Hühner, melkte Kühe und verrichtete all die anderen Arbeiten, die gerade anfielen.

Zur Uni zu gehen stand für Rogers im Grunde außer Frage, hätte nicht einer seiner Lehrer sein Auto mit den besten Abiturienten vollgepackt und wäre mit ihnen zur Iowa State University gefahren. Rogers hatte noch nie eine Universität von innen gesehen, aber es gefiel ihm dort und er beschloss, ein Landwirtschaftsstudium aufzunehmen.

Jeden Sommer kehrte Rogers auf die Familienfarm zurück, um mitzuhelfen, und brachte immer Informationen über die neuesten landwirtschaftlichen Erfindungen mit – neue Erkenntnisse über die Vorteile des Fruchtwechsels oder Technologien, durch die sich Effizienz und Ertrag steigern ließen.

Die meisten seiner Tipps wurden indes einfach ignoriert. Zum Beispiel weigerte sich Rogers' Vater, Hybridmais auszusäen, obwohl dieser dürreresistent war und einen um 25 Prozent höheren Ertrag versprach.

Rogers fragte sich, warum. Deshalb beschloss er, nach seinem Master noch an der Iowa State University zu promovieren.

Ein paar Jahre zuvor hatten zwei Mitglieder seiner Fakultät ebenjene Erfindung untersucht, die Rogers' Vater ablehnte: den Hybridmais. In einer Studie mit über 250 Landwirten in zwei Gemeinden in Iowa stellten sie fest, dass es 13 Jahre dauerte, bis alle Bauern Hybridmais benutzten, obwohl er „technisch besser" war, also stärkere Halme besaß und mehr Mais pro Samen ergab. Und selbst wenn die Landwirte den neuen Samen benutzten, dauerte es fast zehn Jahre, bis sie ihn auf allen ihren Feldern aussäten.

Rogers fand das faszinierend. Deshalb beschloss er, eine ähnliche Studie zu Unkrautvernichtungsmitteln durchzuführen.

Während er sich in das Thema einlas, stieß er auf Forschungsergebnisse anderer Fachrichtungen, die sich mit ähnlichen Fragen beschäftigten, etwa wie sich Bildungsprogramme verbreiten oder welche Faktoren Einfluss auf den Erfolg eines neuen Medikaments haben.

Rogers stellte fächerübergreifende Ähnlichkeiten fest und machte sich daran, ein allgemeines „Diffusionsmodell" zu erstellen, eine Theorie nicht nur über landwirtschaftliche Erfindungen und deren Anwender, sondern auch darüber, wie sich neue Erfindungen, Technologien und Ideen in einer Bevölkerungsgruppe verbreiten, seien es Konsumenten, Angestellte, Lehrer oder irgendeine andere Gruppe.

Als er das Modell seinem Dissertationsausschuss vortrug, stieß er allerdings erst einmal auf Skepsis. Wie konnte es sein, dass sich aus denselben Gründen bei den verschiedensten Erfindungen an den verschiedensten Orten und bei den verschiedensten Kulturen Erfolg einstellte?

Das klang doch zu absurd.

Als Rogers später das Gebäude verließ, traf er auf ein Mitglied des Ausschusses. Der Professor war gerade in ein Buch vertieft, sah aber auf, als Rogers an ihm vorbeiging. „Der Ausschuss hatte ja ziemlich große Zweifel, inwiefern sich Ihr Diffusionsmodell verallgemeinern lässt“, sagte er, „aber vielleicht ist es ein interessantes Thema für ein Buch.“

Heute ist Rogers' Buch *Diffusion of Innovations* („Die Verbreitung von Erfindungen“) ein moderner Klassiker. Ein einziges anderes sozialwissenschaftliches Werk wird häufiger zitiert. Sein Buch wird fast 100.000 Mal in allen Fachbereichen vom Marketing über Unternehmensführung bis hin zu Maschinenbau, Wirtschaftslehre und Energiepolitik erwähnt.

Rogers legt in diesem Buch dar, dass sich bis zu 87 Prozent der Abweichung, wie schnell sich eine Neuerung durchsetzt, anhand von nur fünf Eigenschaften erklären lässt. Für so unterschiedliche Bereiche wie Hybridmais, moderne Mathematik oder Kühlschränke, in neueren Auflagen auch das Internet, zeigt Rogers auf, dass man mit einer Handvoll Faktoren erklären kann, warum manche Dinge ein großer Erfolg werden und andere keine rechte Zugkraft entwickeln.

Und der wichtigste dieser Faktoren, der in den von Rogers betrachteten Studien die größte Abweichung ausmachte, war die sogenannte „Erprobbarkeit“.

Einfach gesagt bedeutet Erprobbarkeit, wie leicht etwas auszuprobieren ist. Wenn etwas mit wenigen Mitteln getestet oder im Experiment versucht werden kann, dann ist es leicht erprobbar.

Manche Produkte, Dienstleistungen oder Ideen lassen sich leicht ausprobieren. Wenn Ihnen zum Beispiel jemand von einem neuen Blog erzählt und einen Link schickt, können Sie sich den Blog ohne großen Aufwand einfach ansehen. Mit einem Klick sind Sie auf der Seite und können sich einen Überblick verschaffen, worum es geht, wie er aufgebaut ist und ob er Sie eventuell interessieren könnte.

Ähnlich verhält es sich mit einer neuen Marke, die Küchenpapier herstellt. Küchenpapier ist billig, leicht zu finden und man braucht keine weiteren Vorkenntnisse, um es zu benutzen.

Nehmen wir dagegen eine neue Verwaltungssoftware für Vermögensberater. Wenn ein Unternehmen eine solche Software kauft, muss es viele Arbeitsstunden aufwenden, um die Daten einzugeben, und dann all seine Kunden dazu bringen, sich dieselbe Software zu besorgen und ebenfalls all ihre Daten einzugeben – und zwar bevor überhaupt klar ist, ob es durch das Programm Zeit oder Geld sparen wird. Eine solche Software auszuprobieren ist alles andere als einfach.

Je leichter etwas auszuprobieren ist, umso mehr Menschen benutzen es und umso schneller kann es Fuß fassen.[7] Medikamentöse Therapien, bei denen es zuvor eine Testphase gab, wurden mit einer fünfmal höheren Wahrscheinlichkeit angewandt. Ob Hochschuldozenten neue Lehrmethoden anwandten, hing stark davon ab, ob sie sie vorher ausprobieren konnten. Dutzende weitere Studien, die sich mit Themen wie Onlinebanking oder Cloud-Computing, landwirtschaftlichen Erfindungen oder Computerspielen befassten, zeigten, dass die Erprobbarkeit ein entscheidender Faktor dafür war, ob ein neues Produkt oder eine Dienstleistung angenommen wurde.

Das liegt daran, dass die Ungewissheit sinkt, wenn ich etwas vorher ausprobieren kann. Ich kann mir neue Dinge erst einmal ansehen und mir eine Meinung darüber bilden, bevor ich sie tatsächlich dauerhaft anwende.

Aber Erprobbarkeit ist kein statisches Merkmal. Ja, natürlich lassen sich manche Produkte, Dienstleistungen, Initiativen und Ideen leichter ausprobieren als andere. Aber selbst bei ein und derselben Sache lässt sich die Erprobbarkeit steigern. Es gibt immer Mittel und Wege, um Menschen zum Umdenken zu bewegen, sie dazu zu bringen, wieder aufs Gas zu drücken, etwas Neues auszuprobieren, es zu unterstützen oder zu tun.

Die Frage ist nur, wie ich die Ungewissheit senken kann, indem ich die Erprobbarkeit erhöhe. Die vier wichtigsten Möglichkeiten dazu sind: (1) Freemium-Modelle anbieten, (2) Vorlaufkosten reduzieren, (3) Entdeckungen fördern und (4) für Umkehrbarkeit sorgen.[8]

Freemium-Modelle anbieten

Wie Uber oder Airbnb erscheint Dropbox oft auf Listen mit „Einhörnern“ – privaten Start-ups mit einem Marktwert von über einer Milliarde Dollar. Keine zehn Jahre nach seiner Gründung verzeichnet der Filehosting-Dienst über 500 Millionen registrierte Benutzer. Über 200.000 Unternehmen und Organisationen nutzen das Tool. Der geschätzte Marktwert von Dropbox beträgt über zehn Milliarden Dollar.

Doch dem war nicht immer so.

Anfangs hatte Dropbox Schwierigkeiten, Kunden zu gewinnen. Die Technologie war innovativ, aber man versuchte ein Problem zu lösen, von dem die meisten Menschen gar nicht wussten, dass sie es hatten. Alle waren es gewohnt, Dateien, Bilder und andere Inhalte auf dem eigenen Computer zu speichern, und zu einem cloudbasierten Dienst zu wechseln erschien den meisten einigermaßen wagemutig. Wenn du Stunden investiert hast, um ein Dokument zu erstellen, ist das Letzte, was du willst, dass dieses Dokument irgendwo verschwindet. Dasselbe gilt für Fotos der geliebten Familie. Wenn ich etwas auf meinem Computer sehe, gibt mir das ein Gefühl der Sicherheit. Die Cloud dagegen ist irgendwie nebulös und schwer zu greifen. Gut, die Dropbox bot mehr Speicherplatz und leichten Zugang, aber was, wenn der Server ausfiel?

Nun überlegte der Geschäftsführer von Dropbox, ob er eine Person fürs Marketing einstellen oder Suchanzeigen kaufen sollte, aber das Unternehmen hatte nicht viel Geld und der Return on Investment schien relativ niedrig zu sein. Deshalb machte Dropbox, anstatt den Menschen zu erklären, wie toll die Erfindung war, etwas anderes.

Das Unternehmen verschenkte seine Erfindung.

Das klingt vielleicht erst einmal merkwürdig. Ein Produkt verschenken? Das verstößt doch gegen alle Grundregeln erfolgreichen Unternehmertums. Selbst ein Achtjähriger, der auf der Straße selbst gemachte Limonade verkauft, weiß, dass er dafür Geld verlangen muss, wenn er Geld einnehmen will. Warum sollte ein Unternehmen, das wirtschaftlich sein will, sein Produkt oder seine Dienstleistung verschenken?

Aber die Rechnung ging auf.

Nach nur zwei Monaten hatte sich die Zahl der Nutzer bereits mehr als verdoppelt, nach nicht einmal einem Jahr verzehnfacht. Und schon bald verzeichnete Dropbox einen Umsatz von mehreren Milliarden Dollar.

Das Wachstum gelang Dropbox dank des sogenannten „Freemium"-Geschäftsmodells. Wer sich als Nutzer anmeldet, kann die Dienstleistung kostenlos nutzen. Er kann seine Dateien speichern, Fotos hochladen und verschiedene Funktionen nutzen, ohne dem Unternehmen auch nur einen Cent dafür zu bezahlen.

Für Kunden ist Freemium natürlich eine tolle Sache. Denn wem gefällt es nicht, wenn er etwas geschenkt bekommt?

Aber auch für das Unternehmen selbst kann sich Freemium auszahlen. Weil mehr Menschen die Dienstleistung ausprobieren, wenn sie kostenlos ist.

Vielleicht hat jemand schon mal von Dropbox gehört und sogar überlegt, ob er es nutzen soll, aber wenn er zwanzig oder zehn oder auch nur fünf Dollar dafür bezahlen soll, dann lässt er es lieber bleiben. Denn es braucht ja doch etwas Zeit, sich mit etwas Neuem vertraut zu machen. Wenn ich dann noch eine monatliche Gebühr dafür zahlen muss, dann sind mir die Kosten für die Umstellung schon zu hoch, es sei denn, ich bin mit meiner derzeitigen Lösung unzufrieden. Dadurch, dass ich Dropbox kostenlos ausprobieren kann, reduzieren sich diese Kosten zumindest ein klein wenig. Natürlich muss ich trotzdem noch alle meine Dateien hochladen und mich mit einem neuen System vertraut machen, aber die Tatsache, dass die Dienste erst einmal kostenlos sind, ist für viele Menschen ein Anreiz, sich zu registrieren und sich das Programm anzusehen.

Wäre das aber schon alles, was hinter Freemium steckt, dann wäre das natürlich nicht genug. Es ist zwar schön, wenn man viele neue Kunden hat, aber jedes Unternehmen muss am Ende Geld verdienen.

An dieser Stelle kommt der zweite Teil des Kofferworts „Freemium" zum Tragen.

Denn diese Wortneuschöpfung ist eine Kreuzung aus den Wörtern „free" und „premium". Die Basisversion des Programms ist kostenlos, aber die Anwendung ist so konzipiert, dass zufriedene Nutzer dafür bezahlen, wenn sie eine Premiumversion mit mehr Funktionen nutzen möchten.

Dropbox bietet genügend kostenlosen Speicherplatz, um größere Dokumente zu teilen, PowerPoint-Präsentationen hochzuladen und einige Fotos und Videos zu speichern.

Wer aber erst einmal damit angefangen hat, Dropbox zu nutzen, für den wird es schnell zur Gewohnheit. Hat er bislang vielleicht ein kleines Sortiment an USB-Sticks oder eine externe Festplatte gehabt, dann reicht ihm erst mal der kostenlose Speicherplatz der Dropbox. Es ist sein Einlasstor zur Anwendung, um Dateien zu teilen, Gruppenprojekte zu verwalten oder schöne Erinnerungen zu bewahren.

Aber die neue Gewohnheit braucht Platz. Irgendwann geht mir der kostenlose Speicherplatz aus, wenn ich immer wieder neue

Dateien hochlade. Dann muss ich, um mehr Speicherplatz zu bekommen oder vielleicht auch zusätzliche Funktionen nutzen zu können, auf die Bezahlversion umsteigen.*

Durch das Freemium-Angebot erhält der Nutzer Zeit und Speicherplatz, um sich ansehen zu können, wie die Dienstleistung genau aussieht. Natürlich kann es passieren, dass jemand nur eine einzige Datei hochlädt und das Programm dann nicht weiter nutzt. Aber wenn die Anwendung praktikabel ist, werden die meisten Nutzerinnen auch ein zweites und drittes Mal darauf zurückkommen. Und feststellen, dass ihnen das Programm wertvolle Dienste leistet.

Anstatt Menschen davon überzeugen zu müssen, wie großartig Dropbox ist, überzeugen die Nutzer sich selbst. Einfach, indem sie den Dienst nutzen und ihn für gut befinden.

Dropbox ist kein Einzelfall. Hunderte Unternehmen sind mithilfe des Freemium-Modells erfolgreich geworden. Sie können „Candy Crush" kostenlos spielen, aber um bestimmte Level oder Funktionen freizuschalten, müssen Sie eine Gebühr bezahlen. Sie können die *New York Times* im Prinzip kostenlos online lesen. Erst nachdem Sie

---

* Beim Freemium-Modell macht man sich oftmals die sogenannten Umstellungskosten zunutze. Habe ich erst einmal Zeit und Kraft investiert, um Dropbox kennenzulernen, dann ist es eher unwahrscheinlich, dass ich noch zu einem anderen Anbieter wechsle, wenn ich schon den ersten Schwung Dateien hochgeladen habe – selbst wenn dieser Anbieter doppelt so viel kostenlosen Speicherplatz anbietet. Insofern ist Freemium mit dem „Rasierer-Klingen-Modell" vergleichbar, auch wenn dort das erste Produkt nicht kostenlos angeboten wird. Viele Unternehmen bieten ihre Rasierer zu einem günstigen Preis an, um Kunden anzulocken. Nun hat aber jedes Unternehmen sein eigenes Klingensystem, sodass Klingen anderer Anbieter damit nicht kompatibel sind. Habe ich also den Rasierer eines Unternehmens gekauft, bin ich daran gebunden. Jetzt kann das Unternehmen einen „Premium"-Preis für die Rasierklinge verlangen. King Camp Gillette, der Gründer des Unternehmens, das seinen Namen trägt, sagte dazu einmal: „Schenk den Leuten den Rasierer und verkauf ihnen die Klinge." Pakete aus Hardware und Software funktionieren oftmals ähnlich. Ein neues Videospielsystem wird zum Selbstkostenpreis oder sogar unter Wert verkauft, weil das Unternehmen weiß, dass es den Verlust durch den Verkauf von Videospielen, die nur auf diesem System laufen, später wieder kompensieren kann.

in einem Monat zehn Artikel gelesen haben, müssen Sie ab dem nächsten Artikel etwas bezahlen. Pandora, Skype, LinkedIn, Evite, Spotify, SurveyMonkey, WordPress und Evernote sind nur einige Unternehmen, die dank dieses Ansatzes groß geworden sind.[9]

Wichtig ist dabei, dass es bei Freemium nicht darum geht, die Leute hereinzulegen. Dropbox sagt den Nutzern nicht am Anfang, der Dienst sei kostenlos, und überrascht sie dann plötzlich damit, dass sie eine monatliche Gebühr zahlen müssen. Es gibt keine Lockvogeltaktik.

Bezahlen muss ich den Dienst nur, wenn ich mich für ein Upgrade entscheide: wenn ich mehr Speicherplatz oder zusätzliche Funktionen nutzen will. Es ist meine eigene Entscheidung.

Wenn das Freemium-Modelle funktioniert, gibt es dem Nutzer einen Anreiz, sich für ein Upgrade zu entscheiden, ohne dass er es kaufen *muss*. Ähnlich wie bei der Frage der Autonomie, über die wir im Kapitel zur Abwehrhaltung gesprochen haben, kann der Nutzer selbst entscheiden, ob und wann er von der Gratis- zur Bezahlversion wechseln will.

Würde Dropbox gleich bei der Anmeldung von den Nutzerinnen verlangen, für den Speicherplatz zu bezahlen, oder würde ein Unternehmen wie Pandora den Leuten sagen, dass sie für eine werbefreie Version zahlen müssen, dann würden mehr potenzielle Nutzer wahrscheinlich Nein sagen. Weil sie sich nicht sicher wären, ob der Dienst seinen Preis wert ist. Aber weil sie ihn dank der Freemium-Version kennenlernen und wertschätzen konnten – oder im Fall von Pandora erlebt haben, wie nervig Werbung ist –, geben sie am Ende gern ein paar Dollar dafür aus.*

---

* Am besten funktioniert das Freemium-Modell, wenn der Kunde versteht, warum die Bezahlversion Geld kosten muss. Bei Speicherplatz ist das leicht zu begreifen. Selbst wenn man meinen könnte, bei einer „Cloud" hingen die Dateien irgendwo in der Luft, ist wohl den meisten Menschen klar, dass ihre Daten auf einem Server liegen und irgendwer dafür bezahlen muss. Es kostet ja auch Geld, wenn ich ein paar Kisten in einen Lagerraum stellen will. Wenn mir nun aber bei zusätzlichen Funktionen nicht unbedingt einleuchten mag, warum ich dafür bezahlen soll, dann ist es umso wichtiger, den Nutzern den Wert dieses Dienstes vor Augen zu führen.

Nicht alle Nutzer geben Geld für ein Upgrade aus, aber je mehr Nutzerinnen den Dienst ausprobiert haben, umso mehr werden sich am Ende für die Bezahlversion entscheiden. Das ist reine Wahrscheinlichkeitsrechnung. Was ich erst einmal ausprobieren kann, das kaufe ich dann auch eher.

Weitere Einzelheiten zur Anwendung eines Freemium-Modells für Unternehmen finden Sie im Anhang „Freemium".

Vorlaufkosten reduzieren

Das Freemium-Modell funktioniert besonders gut bei digitalen Angeboten, weil man daran leicht Änderungen vornehmen kann, sodass die Nutzer nahtlos von der Basis- zur Bezahlversion wechseln können.

Aber das Modell lässt sich auch auf andere Gebiete anwenden. Sehen wir uns dazu das Beispiel an, wie Nick Swinmurn seine Anlaufschwierigkeiten mit Shoesite.com gemeistert hat.

Nachdem ihm der x-te Risikokapitalgeber abgesagt hatte, traf sich Nick Swinmurn, der Gründer von Shoesite.com, mit seinem leitenden Angestellten Fred Mossler, um zu überlegen, wie es weitergehen könnte. Sie mussten etwas finden, womit sie den Verkauf ankurbeln konnten, und zwar schnell, sonst wäre Shoesite.com in Kürze pleite.

Eine Idee von ihnen war, Rabatte anzubieten. Die Preise zu senken, um Kunden zu locken. Einige der größeren Internethändler wie Ebay oder Amazon hatten dieses Prinzip schon angewandt, um neue Kunden zu gewinnen und den Umsatz zu steigern.

Aber Swinmurn und Mossler hatten Angst, dass das ihren Partnern nicht gefallen würde. Schuhhersteller sind unerbittlich, wenn es darum geht, den Markenwert zu erhalten. Die Kunden bezahlen gern mehr für Schuhe von Nike, weil Nike eine coole Premiummarke ist. Durch Rabatte erodiert der Markenwert leicht. Deshalb meiden Schuhhersteller Händler, die die Preise senken.

Außerdem würden durch Rabatte vielleicht kurzfristig Kunden angelockt, aber das zugrunde liegende Problem würde dadurch nicht gelöst: Die Leute standen dem Onlineshopping skeptisch gegenüber. Insofern waren Rabatte nur eine – zudem sehr ineffektive – Notlösung.

Deshalb überlegten sich Swinmurn und sein Team eine andere Möglichkeit. Sie kannten niemanden, der das schon einmal gemacht hatte, und wussten auch nicht, ob es geschäftlich Sinn ergab, aber auf alle Fälle war es neu: Sie boten einen kostenlosen Versand an.

Das war damals ein hohes Risiko. Swinmurn und Mossler hatten keine Ahnung, ob es funktionieren würde oder wie viel Geld sie dafür überhaupt in die Hand nehmen mussten.

Die meisten Onlinehändler sahen zu der Zeit im Versand eine Goldgrube. Damit konnten sie ihre Gewinnmarge erhöhen und ein paar Dollar mehr machen, als Aufschlag für „Verpackung und Versand".

Durch den kostenlosen Versand würde Shoesite.com also Geld verlieren, statt Geld zu verdienen. Bei jeder Bestellung musste Shoesite.com dafür bezahlen, dass die Ware zum Kunden kam. Das konnte, alle Bestellungen zusammengenommen, einen großen Kostenfaktor darstellen. Außerdem musste Shoesite.com alle Waren, die die Kunden zurückschickten, wieder in den Lagerbestand aufnehmen, was zusätzliche Arbeit kostete.

Aber Shoesite.com hatte keine Wahl. Dem Unternehmen ging das Geld aus und es hatte keine Zeit mehr, um noch lange irgendetwas auszuprobieren.

Also, sagten sich Swinmurn und Mossler, probieren wir es aus. Im November 1999 kündigten sie ganz oben auf ihrer Website an, dass sie ab sofort kostenlosen Versand anboten.

Erst einmal – geschah nichts.

Doch dann gingen die Verkäufe nach oben, und zwar steil. 2001 machte Shoesite.com bereits mehrere Millionen Dollar Umsatz, nur drei Jahre später war es schon mehr als das 20-Fache davon. Noch ein paar Jahre darauf verkaufte das Unternehmen Waren im Wert von über einer Milliarde Dollar im Jahr.

Heute liegen in den Lagerhallen des Unternehmens über 3,2 Millionen Artikel von fast tausend Marken. Schuhe natürlich, aber auch eine große Bandbreite an Kleidung, Schmuck, Accessoires und sogar Koffer. Wahrscheinlich kennt jeder, selbst wenn er noch nicht dort eingekauft hat, irgendwen, der auf Shoesite.com etwas bestellt hat.

Sie haben noch nie von Shoesite.com gehört?

Vielleicht kommt Ihnen dann zumindest der Name bekannt vor, den sich das Unternehmen ein paar Monate nach seiner Gründung gab. Der geht auf das spanische Wort für Schuhe zurück, *zapatos*. Heute heißt das Unternehmen nämlich Zappos.

Als Zappos den kostenlosen Versand einführte, traf das Unternehmen auf ziemlich viel Skepsis. Niemand glaubte daran, dass es damit Erfolg haben würde, zudem war es ein kostspieliger Schachzug.

Aber die Idee funktionierte, weil dadurch das Haupthindernis für einen Kauf wegfiel: Die Ungewissheit nahm deutlich ab.

Swinmurn und Mossler wussten, dass die Kunden ungern Schuhe im Internet kauften, weil sie sie gern erst einmal anprobierten. Im normalen Laden kann ich mir die Schuhe ansehen und anziehen, während ich bei einem Onlinekauf im Voraus bezahlen muss. Ich gebe Geld aus, bevor ich das Produkt überhaupt gesehen habe, ohne zu wissen, ob es mir gefällt oder – im Fall von Schuhen – ob es mir passt. Und wenn ich etwas nicht ausprobieren kann, bevor ich es kaufe, kann ich mir nicht sicher sein, ob ich am Ende damit zufrieden sein werde.

Wegen dieser Ungewissheit mieden die Menschen, Sachen im Internet zu kaufen. Und sie wollten natürlich keine Versandkosten zahlen, nur um diese Ungewissheit zu reduzieren.

„Wenn wir die Versandkosten aus der Rechnung herausnehmen“, sagte Mossler, „dann können wir den Kunden das Bild vermitteln, dass wir das Schuhgeschäft zu ihnen nach Hause bringen. Sie können so viele Schuhe bestellen, wie sie wollen, sie ausprobieren und alles zurückschicken, was ihnen nicht gefällt.“

Genau das taten die Kundinnen – und tun es bis heute. Wir bestellen zwei, drei oder auch zehn Paar Schuhe, probieren sie an, behalten die schönsten und schicken die Blindgänger zurück. Ja, die Kundenberater sind sogar angehalten, ihren Kunden zu sagen, dass sie die Schuhe gern in zwei verschiedenen Größen bestellen können, um sicherzugehen, dass ihnen eine davon auch passt.

Kostet es Zappos Geld, wenn jetzt so viele Leute Schuhe in mehreren Größen bestellen? Natürlich.

Aber im Laufe der Zeit zeigte sich auch, dass das durchschnittliche Bestellvolumen stieg. Nicht nur weil Kundinnen Schuhe bestellten und wieder zurückschickten, sondern weil sie auch mehr Schuhe behielten. So wie sie es im normalen Laden auch machen würden. Die Kunden bestellten gern mehr, weil sie wussten, dass sie alles kostenlos zurückschicken konnten.

Heute sehen wir, wie das Zappos-Prinzip den Onlinehandel in ein kolossales Ungetüm verwandelt hat. Ich sage nur Amazon Prime.[10] Amazon wurde nicht so erfolgreich, weil es die Preise senkte oder einen schönen Slogan erfand, sondern indem es das Hindernis beseitigte, das den Wandel blockierte.

Durch den kostenlosen Versand konnten sich die Kunden die bestellte Ware ansehen wie in einem normalen Geschäft, ohne dafür bezahlen zu müssen. Dadurch verschwand der Ungewissheitszins und unsere Art und Weise, einzukaufen, änderte sich grundlegend und für immer.

Wenn man sich Beispiele wie Freemium oder Zappos ansieht, könnte man leicht denken, der gemeinsame Nenner sei das Wort „kostenlos“. Als würde es nur um Geld gehen, wenn die Barrieren abgebaut werden sollen, damit jemand etwas ausprobiert. Dass das Angebot billiger oder am besten noch kostenlos sein muss.

Aber Geld ist nicht die einzige und noch nicht einmal die größte Hürde, die Veränderungen verhindert. Zum Beispiel finden viele Kunden es attraktiver, wenn sie 5,99 Dollar Versandkosten sparen, als wenn der Preis für die Ware, die sie kaufen wollen, um zehn Dollar gesenkt wird.[11]

Das wahre Hindernis ist nämlich nicht das Geld, sondern die Ungewissheit. Werden mir die Schuhe gefallen? Werden sie mir überhaupt passen?

Wenn mir die Schuhe mit einem Rabatt von zehn Dollar angeboten werden, zahle ich zwar weniger, aber die Ungewissheit bleibt. Das Produkt ist billiger, aber ich weiß dadurch immer noch nicht, ob mir die Schuhe gefallen oder passen werden.

Und wenn ich dafür bezahlen muss, überhaupt die Möglichkeit zu haben, diese Ungewissheit zu beseitigen, dann lasse ich es lieber bleiben. Dann drücke ich lieber auf die Pause-Taste und tue gar nichts.

Stellen Sie sich vor, Sie könnten das Auto, das Sie kaufen wollen, vorher nicht Probe fahren. Sie müssten also Zehntausende Dollar bezahlen, bevor Sie überhaupt wissen, ob Ihnen die Handhabung gefällt oder Sie auf dem Fahrersitz bequem sitzen. Dann würden Sie natürlich mit viel höherer Wahrscheinlichkeit bei Ihrem alten Wagen bleiben.

Produkttests – sei es beim Autohändler oder im Apple Store, der das neueste Gerät präsentiert – ermöglichen es uns, ein Gefühl für das Produkt zu bekommen, bevor wir uns zum Kauf entscheiden. Das Auto wird dadurch am Ende nicht billiger, aber es sinkt die Ungewissheit, ob sich der Wagen überhaupt für unsere Zwecke eignet.

Deshalb haben Händler wie Casper Sleep (Matratzen) oder Warby Parker (Brillen auf Rezept), die ihre Ware ausschließlich im Internet vertreiben, „echte“ Geschäfte eröffnet. Casper wurde damit erfolgreich, dass es den traditionellen Einzelhandel aufgab und seine Ware nur noch online verkaufte. Dadurch sanken die Kosten, sodass sie niedrigere Preise anbieten konnten.

Aber manche ihrer potenziellen Kunden wollten doch gern erst einmal Probe liegen, bevor sie eine Matratze bestellten. Deshalb baute Casper ein „Schlafmobil", mit dem es durchs Land fuhr, eröffnete Pop-up-Stores und schließlich auch dauerhafte Geschäfte, in denen die Kundinnen die Betten ausprobieren konnten.*

Pilotsendungen bieten Fernsehsendern eine kostengünstige Möglichkeit, um zu erfahren, wie eine Sendung bei den Zuschauern ankommt. Potenzielle Hauskäufer können ein Viertel erkunden, indem sie dort erst einmal zur Miete wohnen. Wer sich überlegt, Skifahren zu lernen, kann sich das Zubehör probeweise leihen und muss sich nicht die ganze Ausrüstung kaufen, ohne zu wissen, ob der Sport überhaupt etwas für ihn ist. Wenn er sie dann am Ende doch kauft, ist der Preis derselbe, aber er konnte die Skier zumindest vorher einmal ausprobieren.[12]

Das Unternehmen Guy Cotten, das auf maritime Kleidung spezialisiert ist, hat dieses Konzept sogar angewandt, um seine Kunden dazu zu bringen, Schwimmwesten zu tragen.

Jeder Mensch weiß, dass es auf einem Boot besser ist, eine Schwimmweste zu tragen, aber viele tun es trotzdem nicht. Um den Kundinnen zu zeigen, dass Schwimmwesten Leben retten können, senkte das Unternehmen die Vorlaufkosten. Es konnte zwar keine Proben herausgeben und der kostenlose Versand wäre zu teuer ge-

---

* Hilfreich ist auch, ein umfangreiches Angebot in kleine Häppchen aufzuteilen. Wer gleich einen Einjahresvertrag unterschreiben soll, lässt es vielleicht lieber bleiben. Deshalb bieten Fitnesscenter oft eine monatliche Kündigungsfrist an. Große multinationale Konzerne wollten ihre Produkte an die indische Landbevölkerung verkaufen, die sich die Ware aber zum normalen Preis nicht leisten konnte. Deshalb boten die Unternehmen ihre Produkte in kleineren Größen an. Statt 700 Milliliter Head & Shoulders kaufen zu müssen, konnten die Kunden jetzt zehn Milliliter für nur fünf Rupien erwerben (circa sieben Cent). Dank dieser sogenannten „Tütchen-Revolution" konnten die Kundinnen eine Reihe von Produkten ausprobieren. Heutzutage werden fast alle Verbrauchsgüter des täglichen Bedarfs in solchen Probiergrößen angeboten.

wesen, aber es ersann eine andere Möglichkeit: Es erfand Sortie en Mer, einen First-Person-Online-Simulator, der das Ertrinken simuliert.

Der Simulator zeigt aus der Ich-Perspektive einen schönen Tag auf einem Segelboot. Sie vergnügen sich auf dem Meer, unterhalten sich mit Ihrem Freund – tragen aber keine Schwimmweste. Plötzlich werden Sie von einem schwenkbaren Mast ins Wasser gestoßen. Ihr Freund versucht, das Boot zu wenden, um Sie herauszuholen, aber der Wind weht so heftig, dass er das Boot davonträgt und Sie hilflos im Wasser strampeln.

Sie können nur über Wasser bleiben, um nicht zu ertrinken, wenn Sie ununterbrochen mit der Maus scrollen.

Das klingt jetzt erst mal nicht so schwierig, macht vielleicht für ein paar Sekunden sogar Spaß. Aber es wird schnell mühselig. Und irgendwann geben Sie auf. Aber sobald Sie nicht mehr mit der Maus scrollen, können Sie sich selbst dabei zusehen, wie Sie untergehen und langsam auf den Meeresgrund sinken.

Ein gruseliges Erlebnis. Aber das ist natürlich genau der Punkt. Sie finden es anstrengend, minutenlang mit Ihrer Maus zu scrollen? Dann stellen Sie sich einmal vor, wie Sie stundenlang mit den Beinen strampeln müssen, um über Wasser zu bleiben. Da könnte eine Schwimmweste schon helfen.

Diese und ähnliche Beispiele funktionieren, weil sie die Vorlaufkosten reduzieren.[13] Sie sorgen dafür, dass es Sie weniger Zeit, Geld oder Mühe kostet, etwas auszuprobieren. Der kostenlose Versand bietet den Kunden die Möglichkeit, Schuhe anzuprobieren, ohne dafür bezahlen zu müssen. Durch eine Testfahrt oder das Anmieten eines Hauses können wir die große Anschaffung, die wir womöglich tätigen werden, vorher ein wenig kennenlernen. Der Simulator zeigt uns, wie schwer es ist, auf offenem Meer zu überleben, wenn wir keine Schwimmweste tragen. Die Ungewissheit sinkt, sodass sich am Ende mehr Menschen für die betreffende Sache entscheiden.[14]

Denken Sie an Ihren letzten Einkauf im Supermarkt. Welches Obst haben Sie gekauft? Oder welches Eis?

Wenn Sie wie die meisten Menschen ticken, haben Sie vermutlich genau das gekauft, was Sie immer kaufen. Dieselbe Apfelsorte, dasselbe Eis, dieselbe Schokolade oder Vanille oder, wenn Sie Ihren wagemutigen Tag hatten, dieselbe Pfefferminzschokolade. Die Trägheit war wieder stärker.

Jetzt überlegen Sie, wann Sie das letzte Mal in einem neuen Eiscafé waren. Sie haben sich vielleicht nicht für eine Sorte entschieden, die Sie noch nie gegessen haben, aber womöglich doch etwas genommen, was Sie nicht jedes Mal nehmen. Sich ein kleines Abenteuer gegönnt. Pistazie, Cookies mit Sahne oder Milchschokolade mit Haselnuss.

Sind wir einfach offener für Neues, wenn wir auswärts essen gehen? Wagemutiger? Bereit, etwas anderes, Neues auszuprobieren?

Nein, eigentlich nicht. Das Eiscafé hat Ihnen einfach seine Eissorten kostenlos zum Probieren gegeben.

Sie wollen andere dazu bringen, sich zu ändern? Sie wollen ändern, wie sie sich immer verhalten, was sie immer wählen, was sie immer tun?

Dann müssen Sie ihr Katalysator sein und die Hindernisse, die verhindern, dass sie etwas ausprobieren, beiseiteräumen. Seien Sie ein Eiscafé, kein Supermarkt.

Entdeckungen befördern

Freemium und das Senken der Vorlaufkosten funktionieren dann, wenn jemand ohnehin Interesse daran hat, etwas auszuprobieren. Aber was können Sie tun, wenn die Menschen gar nicht wissen, dass es Sie gibt? Oder wenn sie es zwar wissen, aber denken, dass sie Ihr Angebot nicht interessiert?

2007 hatte der Autohersteller Acura ein Problem. Das Problem war nicht das Produkt. Die Autos waren sehr gut. Der MDX war just in diesem Jahr Testsieger in der Kategorie SUV in der Zeitschrift *Motor Trend* geworden, der TSX und der RSX hatten mehrmals auf der Liste der zehn besten Autos in *Car and Driver* gestanden.

Das Problem war, wie die Kunden die Marke wahrnahmen. Acura stellte qualitativ hochwertige, langlebige Autos her. Aber die Kunden hatten noch andere Kaufkriterien. Acura hatte sich zwar lange vor Lexus in den USA niedergelassen, aber Lexus hatte immer noch den größeren Marktanteil. Wer überlegte, sich einen japanischen Luxuswagen zu kaufen, dachte als Erstes an Lexus. Acura spielte bei den Kaufüberlegungen ganz einfach keine Rolle.

Nun dachten die Manager von Acura, sie könnten die Leute dazu bringen, ihre Autos zu kaufen, wenn sie sie Probe fahren ließen. Die Kunden, die Acura fuhren, waren von der Marke überzeugt. Sie schwärmten von den Motoren. Und wenn ihr altes Auto verschrottet werden musste, kauften sie sich einen neuen Acura.

Nur waren das leider zu wenige. Acura war wie ein Spitzenrestaurant, in dem ständig nur die Hälfte der Tische besetzt ist – einfach weil fast niemand von dem Restaurant weiß.

Acura bot zwar bereits Testfahrten an, aber das reichte nicht aus. Damit gab man zwar interessierten Kunden die Möglichkeit, die Autos auszuprobieren, aber es löste nicht das Problem, dass zu wenige Menschen die Marke überhaupt kannten.

Wer macht eine Testfahrt? Nur Menschen, die die Marke schon kennen und denken, sie könnte ihnen gefallen. Wer aber vor einem Autokauf gar nicht erst an Acura denkt oder wer meint, die Marke würde ihm ohnehin nicht gefallen, der geht auch nicht zum Händler und bittet um eine Testfahrt.

In einem solchen Fall greifen Unternehmen meist auf ein bewährtes Verfahren zurück: Werbung.

Ein gutes Beispiel dafür ist Buick. Das Unternehmen sah sich selbst als Premiummarke an, aber die breite Öffentlichkeit war da anderer Meinung. Die meisten Menschen fanden Buick langweilig. Das waren altmodische Autos, die ihre Großeltern fuhren. Deshalb machte

Buick das, was viele große Unternehmen tun, wenn ihre Verkäufe stagnieren. Sie kauften eine Anzeige beim Super Bowl.

Buick gab Millionen Dollar für eine traditionelle Werbung aus, um die Kunden dazu zu bringen, ihre Meinung zu ändern. Sie ersannen Werbekampagnen, in denen ergraute Omas sagten: „Sieht gar nicht aus wie ein Buick", und engagierten Shaquille O'Neal und andere Promis, um diese in ihren Werbefilmen von Buick schwärmen zu lassen.

Die ganze Sache ging so dermaßen schief, dass Buick ein paar Jahre später den Markennamen von den Autos entfernte. Inzwischen schien die einzige Möglichkeit, noch Autos zu verkaufen, darin zu bestehen, den Kunden *nicht* zu sagen, dass sie gerade einen Buick kauften.

Acura wusste, dass sie ihr Problem nicht durch traditionelle Werbung lösen konnten. Die war nicht nur zu teuer, sondern würde auch das Haupthindernis nicht beseitigen. Sie mussten die Leute in den Wagen kriegen. Die Leute mussten Acura ausprobieren.

Anstatt die Menschen von der Marke zu überzeugen, brachte Acura also seine Autos zu den Menschen.

Das Unternehmen ging eine Partnerschaft mit W Hotels ein, einer Hotelkette der Spitzenklasse, um deren Gästen einen exklusiven Fahrdienst zu bieten. Als Erweiterung des „Whatever/Whenever-Services" des Hotels wurde allen Gästen angeboten, sie kostenlos in einem Acura MDX durch die Stadt zu kutschieren. Dazu mussten sie nur den Service buchen und schon wurden sie überallhin gebracht, wohin sie nur wollten, ganz ohne zusätzliche Kosten.

Vielleicht mögen Sie Acura nicht sonderlich, finden die Marke langweilig oder überteuert oder wissen überhaupt nicht, dass es sie gibt. Aber wenn Sie in einem W Hotel übernachten und einen kostenlosen Fahrdienst in Anspruch nehmen können – würden Sie da Nein sagen? Ganz nebenbei würden Sie feststellen, dass die Marke vielleicht viel toller ist, als Sie dachten.

Und genau das geschah bei über einer Million Menschen.

Haben jetzt alle, die bei dieser Gelegenheit in einem Acura gesessen haben, nachher auch einen Acura gekauft? Nein, natürlich nicht. Aber immerhin Zehntausende taten es. Und etwa 80 Prozent von ihnen wechselten von einer anderen Luxusmarke zu Acura.

Was war Ihrer Vermutung nach der größere Return on Investment? Millionen Dollar auszugeben, um die Menschen davon zu überzeugen, dass Buick besser ist, als sie denken? Oder W Hotel ein paar Autos zur Verfügung zu stellen, damit dessen Gäste die Möglichkeit bekommen, herauszufinden, wie großartig Acura ist?

Die Aktion von Acura ermöglichte den Menschen, ihre Meinung zu ändern, indem sie eine Entdeckung machten. Denn wenn wir gar nicht wissen, dass etwas existiert, oder denken, dass es uns nicht gefallen würde, dann probieren wir es auch gar nicht erst aus.

Acura hätte den Gästen der W Hotels Probefahrten anbieten können, aber damit wäre das Problem nicht gelöst. Wer meinte, Acura würde ihm nicht gefallen, hätte das Angebot von vornherein gar nicht angenommen.

Stattdessen strich das Unternehmen die „Probe" aus der „Fahrt". Es ermöglichte seinen potenziellen Kunden, seine Autos auf eine andere Weise zu erleben, die ihnen nichts abverlangte. Dadurch brachte es eine breitere Masse dazu, die Marke in ihre Kauferwägungen einzubeziehen.

Supermärkte geben Gratisproben aus, zum Beispiel Salamistückchen auf Zahnstochern. Dadurch wird nicht nur für Wurstliebhaber die Hürde abgebaut, die Salami zu probieren, sondern es steigt auch die Anzahl an Menschen, die überlegen, die Wurst zu kaufen.

Die Zahnpasta in Probiergröße im Kulturbeutel der Luxus-Airline oder die Pröbchen mit Rasierschaum im Badezimmer von Hotels erfüllen dieselbe Funktion. Selbst wenn jemand gar nicht die Zahnpasta wechseln will, benutzt er die Probe, wenn er seine Tube zu Hause vergessen hat, wodurch sich die Wahrscheinlichkeit erhöht, dass er die Marke irgendwann in der Zukunft wechseln wird.[15]

Auch Bestandskunden können hilfreich sein, um Menschen zum Ausprobieren zu animieren.

Vor ein paar Jahren habe ich eine Baufirma für große Apartmenthäuser dabei unterstützt, ihre Marke weiterzuentwickeln. Wir haben versucht herauszufinden, wie sich die Markenbekanntschaft erhöhen lässt und mehr potenzielle Kunden angelockt werden können, die sich die Häuser ansehen. Da kam uns eine geniale Idee: Wir könnten doch einfach die Bewohner dazu bewegen, häufiger Gäste einzuladen.

Wenn wir den Bewohnern ihre Partyausstattung oder das Catering schenkten, auch bei größeren Events, würden mehr Kaufinteressenten die Apartments sehen. Natürlich kann man mit einem Makler durch eine leere Wohnung stapfen, aber wer kann einem besser erzählen, wie es ist, darin zu wohnen, als die Bewohnerinnen selbst?

Kiwi Crate, ein Abo-Angebot für Lernspielzeug, hat etwas Ähnliches gemacht. Normalerweise bekamen die Abonnentinnen einmal im Monat ein Paket zugeschickt. Aber um den Umsatz zu steigern, ersann das Unternehmen ein Geburtstagspaket. Eltern, die für ihr Kind eine Geburtstagsfeier ausrichteten, konnten ein spezielles Paket mit tollem Spielzeug und Spielideen bestellen.

Dadurch wurden die Kinder nicht nur enger an die Marke gebunden, sondern es entdeckten auch jedes Mal Dutzende neue Menschen die Marke. Und sie kamen mit einem Spielzeug heim, das sie daran erinnerte, wie schön der Geburtstag gewesen war. Dadurch stieg wiederum die Wahrscheinlichkeit, dass sie selbst Kunden werden würden.

Umkehrbarkeit

Ich möchte noch eine letzte Möglichkeit nennen, wie die Ungewissheit verringert werden kann: durch Umkehrbarkeit.

Vor ein paar Jahren habe ich überlegt, mir einen Hund anzuschaffen. Als ich klein war, hatten meine Eltern immer einen Hund und ich fand das großartig. Ich war ein großer Hundefreund und nutzte jede Gelegenheit, mit den Hunden anderer Leute zu spielen. Ab und zu half ich sogar ehrenamtlich im Tierheim aus, um noch öfter mit Hunden zu tun zu haben.

Insofern war es nicht überraschend, dass ich schon länger mit dem Gedanken spielte, mir vielleicht einen eigenen Hund anzuschaffen.

Aber immer wenn ich es mir genauer überlegte, kamen mir dieselben Bedenken: *Welche Rasse? Bin ich oft genug zu Hause, um mich um den Hund zu kümmern? Was, wenn ich auf Reisen bin?*

Die Hürden waren einfach zu hoch. Deshalb kam ich jedes Mal zu dem Schluss, dass es nicht der richtige Zeitpunkt war, mir einen Hund zu kaufen.

Aber als ich einmal am Wochenende nach einem Abendessen mit meiner Freundin zum Auto zurückging, kamen wir zufällig an einem Tierheim vorbei, nämlich Philadelphia's Street Tails Animal Rescue. Durch das Schaufenster sahen wir einen Welpen. Und weil wir ein bisschen Zeit hatten, gingen wir hinein, um ihn uns anzusehen. Es war ein süßes, acht Wochen altes Pitbull-Weibchen mit einem herrlichen Smoking-artigen Fell und knabberte glücklich an meinen Fingern, als ich es auf den Arm nahm. Ein wunderbares Tier.

Aber als ich überlegte, ob ich sie mitnehmen sollte, kamen in mir wieder die alten Fragen auf: *Bin ich oft genug zu Hause? Was, wenn meine Wohnung zu klein für sie ist, wenn sie ausgewachsen ist?* Und so weiter und so fort. Ich war einfach unsicher.

Als ich den Hund wieder absetzte, um das Tierheim zu verlassen, kam eine ehrenamtliche Mitarbeiterin auf mich zu. „Sie hat Ihnen offenbar gefallen", sagte sie.

„Ja", antwortete ich. „Aber ich weiß nicht, ob ich mich genug um sie kümmern kann."

„Ich verstehe", sagte sie. „Vielleicht hilft es Ihnen ja, wenn ich Ihnen eine zweiwöchige Probezeit anbiete?"

Eine zweiwöchige Probezeit?

Das Tierheim wollte sichergehen, dass die potenziellen Käufer den Tieren ein gutes neues Zuhause bieten konnten. Dass Hund und

Herrchen zueinander passten. Wenn es sich also jemand im Laufe der ersten zwei Wochen anders überlegte, konnte er den Hund einfach wieder zurückbringen.

Plötzlich war die Hürde, einen eigenen Hund zu haben, gar nicht mehr so hoch.

Meine Freundin und ich füllten die Papiere aus, dann kauften wir noch ein paar Dosen Hundefutter und ein Körbchen und stiefelten mit dem Hund aus dem Tierheim.

Heute, einige Jahre später, ist meine Freundin meine Frau und Hündin Zoë integraler Bestandteil unserer Familie. Und alles, was es dazu brauchte, war eine zweiwöchige Probezeit.

Durch die zweiwöchige Probezeit wurde die Anschaffung nicht günstiger. Wir mussten für Zoë Futter, Impfungen, ein Körbchen und all die anderen Dinge kaufen, die ein Welpe so braucht.

Auch die Vorlaufkosten wurden dadurch nicht geringer. Wir mussten die ganze Ausrüstung kaufen, bevor wir Zoë mit nach Hause nahmen.

Aber meine Ungewissheit nahm ab. Weil ich meine Entscheidung rückgängig machen konnte. Schlimmstenfalls würden wir Zoë wieder zurückbringen, wenn es ihr bei uns nicht gefiel. Dank der *Umkehrbarkeit meiner Entscheidung* fiel es mir leichter, die Hündin überhaupt erst einmal mitzunehmen.

Warenretouren sind für den Einzelhandel ein Riesenproblem. Jedes Jahr geben die Kunden Waren im Wert von einer Viertelbillion Dollar zurück, von denen nicht einmal die Hälfte noch einmal zum vollen Preis verkauft werden kann. Es ist ein Problem auch für die Bestandsverwaltung, die die Waren sortieren und beschädigte Produkte an Masseverwalter oder Großhändler weitergeben muss.

Insofern ist es kein Wunder, dass viele Händler ihre Rückgabebedingungen verschärft haben. REI und L.L.Bean haben ihre berühmte Garantie auf Lebenszeit verkürzt. Die meisten Unternehmen geben ihren Kunden die Möglichkeit, Waren innerhalb von 30 Tagen zurückzugeben. Der Hintergrund ist, dass bei einer kürzeren Rückgabefrist die Kosten gesenkt und der Gewinn erhöht werden kann.

Dem würde wohl jeder intuitiv zustimmen. Je länger der Kauf zurückliegt, umso schwieriger kriege ich die Ware noch einmal an den Mann. Kleidung kommt außer Mode, Technologien veralten. Je kürzer also der Zeitraum ist, in dem Waren zurückgegeben werden können, umso weniger Waren werden auch tatsächlich zurückgegeben und sind zudem in einem besseren Zustand und leichter wieder zu verkaufen.

Aber es gibt auch Stimmen, die sagen, das sei zu kurz gedacht. So haben zwei Marketingforscher ein Experiment durchgeführt, bei dem verschiedenen Kundengruppen eines Unternehmens zufällig unterschiedliche Rückgabebedingungen genannt wurden.[16] Bei der strengeren Regelung konnten nur defekte oder falsch versandte Produkte zurückgegeben werden. Bei der nachsichtigeren Regelung konnten die Kunden jedes Produkt zurückgeben, ganz gleich wann und aus welchem Grund.

Anders, als man meinen könnte, lag der Gewinn bei den weniger restriktiven Bedingungen höher. Und zwar nicht nur ein bisschen, sondern um 20 Prozent. Denn unter diesen Bedingungen nahmen nicht nur die Rückgaben zu, sondern auch die Käufe und die Mundpropaganda. Und der gesteigerte Umsatz machte die Mehrkosten für die Rückgaben mehr als wett. Wandte man die nachsichtigeren Bedingungen auf alle Kunden des Unternehmens an, ergab das einen zusätzlichen Gewinn von über zehn Millionen Dollar im Jahr.[17]

Wenn ich also am Ende der Kaufabwicklung die Friktionen verringere, kann ich wie bei den gestrichenen Vorlaufkosten dafür sorgen, dass mehr Kunden das Angebot annehmen. Wie der kostenlose Versand und die kostenlose Probezeit sorgen nachsichtige Rücksendebedingungen dafür, dass die Bedenken der Käuferinnen, etwas auszuprobieren, abnehmen und sie am Ende eher etwas kaufen. Wenn ich weiß, dass ich eine Ware zurückgeben kann, sinkt mein Risiko und ich bin eher bereit, es mit der Ware zu versuchen.

Zappos bot aber nicht nur kostenlosen Versand an, sondern kombinierte ihn mit einer kostenlosen Rücksendung. Wenn einem Kunden das bestellte Produkt nicht gefiel, stand er am Ende also nicht schlechter da als vorher.

Geld-zurück-Garantien funktionieren ähnlich. Der Kunde zahlt nur, wenn er zufrieden ist. Oder nur für tatsächlich erbrachte Leistungen. Es gibt Anwälte, die damit werben, dass Sie Ihr Geld zurückbekommen, wenn Sie Ihren Prozess verlieren. Sogar Flugtickets können nach dem Kauf 24 Stunden lang kostenlos zurückgegeben werden. All das senkt die Ungewissheit und animiert die Kunden dazu, ein Nein in ein Ja zu verwandeln.[18]

Die Trägheit nutzen

Es lohnt sich, noch einen weiteren Aspekt vorzustellen, wie sich Hürden abbauen lassen, damit andere etwas ausprobieren, und wie dadurch die Ungewissheit verringert werden kann.

Die Studie mit den Kaffeebechern im Kapitel zum Status quo hat uns gezeigt, dass Verkäufer Dingen mehr Wert beimessen als Käufer. Sobald wir etwas besitzen, bauen wir eine Verbindung dazu auf und geben es nur ungern wieder ab.

In diesem Sinne nutzen Angebote zum Ausprobieren diesen Effekt, weil dadurch die Haltung des Käufers von Erwerb zu Erhalt wechselt. Bevor ich ein Produkt getestet habe, besteht meine Entscheidung darin, ob ich es kaufe oder nicht. Ob es die Kosten oder Mühen wert ist, es anzuschaffen.

Aber wenn ich ein Produkt schon einmal ausprobiert habe, stehe ich vor einer völlig anderen Frage. Nicht, ob ich bereit bin, fünf Dollar auszugeben, um eine Zeitschrift lesen zu können, sondern ob ich fünf Dollar ausgebe, um sie *weiterzulesen*. Um sie weiterhin in Händen zu halten und darin blättern zu können. Zwar gibt es immer Menschen, die nicht bereit sind, den Handelspreis einer Ware zu bezahlen, aber eben deutlich mehr, die den Preis gern bezahlen, um die Ware nicht wieder zu verlieren.

In diesem Sinn werden potenzielle Käufer einer Kaffeetasse durch das Testangebot zu potenziellen Verkäufern. Sie werden zum Besitzer, sodass sich ihnen nicht mehr die Frage stellt: Was wäre ich bereit, dafür zu bezahlen?, sondern: Was brauche ich als Entschädigung, wenn ich diese Tasse abgeben soll? Und dass letztere Summe höher ist, bedeutet, dass die meisten Menschen bereit sind, Geld dafür auszugeben, etwas behalten zu dürfen.

Wenn ich meinen Kunden mehr Zeit gebe, um Waren zurückzugeben, kann das am Ende tatsächlich darauf hinauslaufen, dass sie *weniger* Waren zurückgeben.[19] Das heißt, wenn sie 90 Tage Rückgaberecht haben statt 30 Tage, sinkt die Wahrscheinlichkeit, dass sie etwas zurückgeben. Denn in dieser Zeit entwickeln sie eine Beziehung zu dem Produkt, werden zu seinem Besitzer und sind weniger geneigt, es wieder abzugeben.

Angebote, die uns zum Ausprobieren animieren, befördern zugleich auf clevere Weise unsere Trägheit. Bevor sich ein Kunde entscheidet, neue Schuhe zu kaufen, bedeutet Trägheit, dass er bei seinen alten Schuhen bleibt. Und wenn wir uns ansehen, wie viele Wahlmöglichkeiten es gibt, glauben wir gern, dass er schnell überfordert ist und lieber gar keine Wahl trifft.

Aber wenn unsere Trägheit durch ein Angebot wie kostenloser Versand oder kostenlose Rückgabe überlistet wird und wir tatsächlich ein Paar Schuhe bestellen, bedeutet Trägheit etwas anderes: Dann geht es nicht mehr darum, ob es die Mühe wert ist, neue Schuhe zu kaufen, sondern um die Frage, ob es die Mühe wert ist, die bestellten Schuhe wieder zurückzusenden.

Sind die Schuhe erst einmal bei mir angekommen, muss ich die Mühe auf mich nehmen, sie wieder in den Karton zu packen, den

Retourenschein aufzukleben und das Paket zur Post zu bringen. Noch mehr Mühe kostet es mich, unter den unzähligen Angeboten im Internet ein anderes Paar zu finden, das mir besser gefällt. Die Schuhe sind immer noch dieselben, aber die Alternative bedeutet für mich sehr viel mehr Anstrengung. Meine Trägheit ist immer noch der entscheidende Faktor, nur heißt Trägheit in diesem Fall: Die Schuhe bleiben bei mir.*

Was sich leichter ausprobieren lässt, wird auch eher gekauft

Neophobie ist die Angst oder Abneigung gegenüber Neuem. Bei Tieren wird der Begriff verwendet, um die Neigung zu beschreiben,

---

* Testangebote sorgen aber auch noch für eine andere Verschiebung: vom Vergleich mehrerer Produkte hin zur Beurteilung eines einzelnen Produkts. Wenn wir überlegen, welches Produkt wir kaufen oder welche Dienstleistung wir in Anspruch nehmen sollen, stellen wir oft Vergleiche an. Welches Angebot ist das bessere? Wir vergleichen mehrere Möglichkeiten, wägen die Vor- und Nachteile ab und entscheiden uns für das Angebot, das uns am besten erscheint. Wir suchen nach Maximierung, nach dem Optimum. Nur: Wenn wir etwas ausprobieren können, halten wir oft in unserem Vergleichsmodus inne. Dann suchen wir nicht mehr aktiv nach dem besten Angebot, sondern konzentrieren uns auf dieses eine, um herauszufinden, ob es uns genügt. Und wenn es das tut, geben wir uns auch damit zufrieden. Dazu muss das Angebot nur eine bestimmte Messlatte überschreiten. Wenn ich also zum Beispiel ein Paar Schuhe bestellt habe, dann suche ich nicht mehr auf anderen Webseiten weiter, sondern warte, bis sie angekommen sind, um zu sehen, ob sie mir passen und gefallen. Ich suche nicht mehr irgendwo am Horizont nach etwas Besserem, sondern konzentriere mich auf das, was ich direkt vor mir habe. Was dazu führt, dass ich mich in den meisten Fällen auch dafür entscheide.

Noch ein Beispiel: Sehen wir uns einen Single im Vergleich zu jemandem an, der fest liiert ist. Als Single suchen Sie aktiv nach dem besten Partner. Sie gehen mit verschiedenen Menschen aus, vergleichen sie und überlegen, was Sie an ihnen gut finden. Womöglich haben Sie eine Liste mit bestimmten Eigenschaften, nach denen Sie suchen, und je länger Sie suchen, umso länger wird auch diese Liste. Dadurch sinkt die Wahrscheinlichkeit, dass irgendwann mal jemand Ihren Ansprüchen genügen wird, und steigt die Wahrscheinlichkeit, dass Sie für immer allein bleiben.

Wenn Sie dagegen fest liiert sind, stellen Sie sich andere Fragen und denken über andere Entscheidungen nach. Sie suchen nicht die ganze Zeit nach anderen Möglichkeiten oder fragen sich, ob es noch etwas Besseres gibt, sondern konzentrieren sich auf die Person, mit der Sie zusammen sind. Solange sie Ihnen gefällt, bleiben Sie auch mit ihr liiert.

unbekannte Dinge oder Situationen zu meiden. Bei Kindern geht es dabei oft um Nahrungsmittel-Neophobie, also die Angst, neue Nahrungsmittel zu probieren.

Die meisten Menschen sind zwar nicht klinisch krank, aber bis zu einem gewissen Grad sind wir alle neophob. Wir haben alle unsere Gewohnheiten, denen gegenüber wir Neues tendenziell eher ablehnen oder unterbewerten. Das liegt unter anderem an der bereits bekannten Ungewissheit.

Wenn ich also bei jemandem eine Änderung an dieser Haltung erreichen will, ist es eine gute Möglichkeit, ihn Dinge ausprobieren zu lassen. Welche Strategie ich dazu anwende, hängt davon ab, wie mein Gegenüber genau gestrickt ist und an welcher Stelle im Entscheidungsprozess es feststeckt.

Ist jemand an einer Sache interessiert, aber noch nicht ganz sicher, dann ist es oft hilfreich, am Anfang des Prozesses anzusetzen. Ich biete ihm wie Dropbox eine kostenlose Testversion an und lade ihn später dazu ein, auf die bessere Bezahlversion umzustellen. Wie bei Zappos oder Autohändlern, die die Vorlaufkosten durch kostenlosen Versand, Testfahrten oder ähnliche Angebote senken.

Am anderen Ende des Prozesses kann ich wie etwa Street Tails Animal Rescue für die Umkehrbarkeit der Entscheidung sorgen. Durch eine kostenlose Rückgabe oder eine Probezeit wird der andere dazu angeregt, etwas auszuprobieren, und er weiß, dass er schlimmstenfalls am Ende alles wieder rückgängig machen kann.

In dem Fall, dass die Menschen gar nicht wissen, dass etwas existiert, oder denken, dass es nichts für sie ist, können Sie versuchen, Entdeckungen zu fördern. Wie Acura oder Kiwi Crate können Sie Ihr Angebot direkt zu den Menschen bringen oder sie über ihre sozialen Beziehungen dazu anregen, es auszuprobieren.

All diese Angebote tragen dazu bei, dass Menschen ihre Trägheit aufgeben und aktiv werden, indem ihnen die Möglichkeit gegeben wird, etwas auszuprobieren, was sie normalerweise nicht ausprobiert hätten.

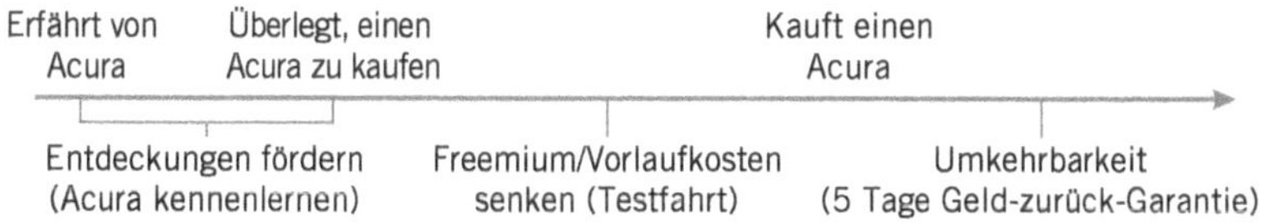

In vielen dieser Beispiele ging es darum, dass Menschen die Produkte, die sie kaufen, oder die Dienstleistungen, die sie nutzen, wechseln sollen. Dasselbe Prinzip lässt sich aber auch auf Ideen oder den Lebensstil anwenden. Denken Sie zum Beispiel an Vegetarismus. Kein Fleisch mehr zu essen ist eine große Umstellung. Vor allem wenn Ihnen schon beim Gedanken an ein saftiges Steak das Wasser im Mund zusammenläuft, wird Ihnen der Entzug schwerfallen.

Aber eine Initiative wie Meatless Monday („Fleischloser Montag") bietet Ihnen die Möglichkeit, es auszuprobieren, ohne viel aufgeben zu müssen. Sie schwören nicht gleich dem Fleischkonsum ab, sondern essen einfach einmal in der Woche kein Fleisch und sehen sich an, wie das für Sie ist. Vielleicht stellen Sie ja fest, dass es gar nicht so schlimm ist.

Sie wollen einen potenziellen Kunden dazu bringen, ein neues Produkt oder eine Dienstleistung zu kaufen? Was können Sie tun, um ihm das Ausprobieren zu erleichtern? Damit er sich ein Bild davon machen kann, ohne schon im Vorhinein viel Geld, Zeit und Aufwand hineinzustecken? Damit er einen Vorgeschmack bekommt, welche Vorteile, Aspekte, Funktionen ihn erwarten?

Lassen Sie ihn die Sache im Kleinen ausprobieren, und wenn sie ihm gefällt, kommt er wieder und will mehr davon.

FALLSTUDIE:

WIE SIE IHREN CHEF UMSTIMMEN KÖNNEN

Wenn wir uns ansehen wollen, wie Ungewissheit abgebaut wird, sollten wir uns an einen Ort begeben, an dem nicht selten selbst die besten neuen Ideen gegen Hürden prallen, die Veränderungen blockieren: ins Büro.

Das neue Projekt schien von vornherein zum Scheitern verurteilt. Als Jacek Nowak das Meeting verließ, klingelten ihm noch die Reaktionen seiner Kollegen im Ohr: „Wozu soll das gut sein?“ oder „Das ist reine Zeitverschwendung“. Selbst wenn sie die ganze Arbeit auf sich nehmen und das Programm einführen würden, gäbe es keine Garantie, dass die Kunden auch darauf anspringen würden. Dass sie ihre Mühe wertschätzen könnten. Es lief doch alles ganz gut. Warum dann etwas daran ändern?

Nowak arbeitete seit über zehn Jahren im Bankwesen. Angefangen hatte er im Kundendienst, als Verantwortlicher für die Verwaltungsprozesse in einer Bankfiliale. Dann hatte er sich langsam nach oben gearbeitet. Er hatte Workshops geleitet, Fortbildungsprogramme koordiniert und das Einstellungsverfahren mit weiterentwickelt. Zuletzt war er nicht mehr für die Ausbildung neuer Angestellter zuständig, sondern leitete seinerseits die Übungsleiter an. Als Filialleiter einer Santander Bank war er für den Kundendienst in mehreren Geschäftsstellen zuständig. Er war verantwortlich für Aus- und Weiterbildung, damit alle Angestellten ihre bestmögliche Leistung abriefen.

Aber eine Studie über Testkäufe hatte ihn zuletzt enttäuscht. Die Ergebnisse waren zwar in Ordnung – teils sogar gut –, aber irgendetwas fehlte. Die meisten Angestellten arbeiteten schon länger für das Unternehmen und kannten die Produkte und Vorgehensweisen in- und auswendig. Nur war die Umsetzung dadurch, dass sich ihre Arbeitsabläufe seit Jahren wiederholten, sehr mechanisch. Sie lächelten den Kunden zwar an, ganz wie es im Leitfaden stand, aber nicht aus echter Freude, sondern weil sie sich dazu verpflichtet fühlten. Sie standen auf, wenn eine Kundin hereinkam, genau wie sie es sollten, aber nur kurz und ohne rechte Überzeugung.

Alle Richtlinien wurden eingehalten oder sogar übererfüllt, aber wenn man genauer hinsah, erkannte man erschreckende Muster. Wichtige Leistungsindikatoren wie die Vergabe größerer Kredite lagen unter den Erwartungen. Zu viele Kunden kündigten ihre Konten und wechselten zur Konkurrenz. Die Kunden waren insgesamt durchaus zufrieden, hatten aber nicht genug Vertrauen in die Angestellten, um mit ihnen über ihre wahren Bedürfnisse zu sprechen.

Nowak war klar, dass sich etwas ändern musste. Er wollte das Kundenerlebnis verbessern, die Beziehung zu den Kunden vertiefen und erreichen, dass sie seine Angestellten nicht mehr als Verkäufer, sondern als Berater ansahen, die ihnen hilfreich zur Seite standen.

Nun sah er sich die optimalen Vorgehensweisen in verschiedenen Branchen an und stellte fest, dass bei der Verbesserung des Kundenerlebnisses oft Elemente wie Überraschung oder Freude eine Rolle spielten. Wenn man die Kunden mit kleinen Geschenken oder Gesten überraschte, sahen sie, dass sie wertgeschätzt wurden. In einem Hotel der Luxusklasse wurden die Gäste zum Beispiel mit Namen begrüßt und man stellte ihnen ihr Lieblingsgetränk aufs Zimmer.

Nowak dachte, es könnte der Bank helfen, etwas Ähnliches zu tun. Sie könnte den Kunden eine Karte zum Geburtstag schicken, sie mit Namen begrüßen oder mit ihnen wichtige

Ereignisse in ihrem Leben feiern. Eine Kundeninitiative, die die emotionale Verbindung zum Kunden stärkt und die Arbeitsmoral der Angestellten hebt.

Doch als er die Idee seinem Chef und anderen Mitgliedern der Geschäftsleitung vorstellte, waren die meisten dagegen. Die Bankenbranche ist schlicht und einfach extrem konservativ. Die Angestellten sitzen genau wie vor 20 Jahren im Anzug hinter schweren Holztischen. Sie denken an Zinsen und Girokonten, nicht an das Kundenerlebnis oder Mitarbeiterengagement.

Den Kunden handgeschriebene Geburtstagskarten schicken? Die Geschäftsleiter runzelten die Stirn. So etwas funktioniert doch nicht, meinten sie. Wer in dieser Branche arbeitet, der hat bestimmte Gewohnheiten, wie er mit den Kunden verfährt, und wenig Interesse, daran etwas zu ändern. Es laufe doch alles gut, meinten die Geschäftsleiter. Sie sahen keine Notwendigkeit, jetzt irgendetwas umzuschmeißen. Für sie war jede Veränderung eine Bedrohung.

Daraufhin versuchte Nowak, mehr Informationen zu sammeln. Er zeigte der Geschäftsleitung die Ergebnisse einer Studie über die Vorlieben und Gefühle von Kunden und versuchte ihr anhand von Daten zu erläutern, dass der Preis bei der Entscheidungsfindung nicht das Entscheidende ist. Er zog sogar einen außenstehenden Berater hinzu, der auf die Frage des Kundenerlebnisses spezialisiert war, um über die neuesten Instrumente und Vorgehensweisen zu sprechen.

Aber die Geschäftsleitung blieb bei ihrer Meinung. Bei einer Bank läuft das anders, sagte sein Chef zu ihm. Den Kunden geht es um schnellen, effizienten Service, nicht um eine besonders gute Beziehung. Ein Kauf ist ein Kauf. In anderen Branchen mochte das ja vielleicht funktionieren, aber hier nicht. Nicht bei uns.

Diese Antwort hören viele Angestellte von ihrem Chef. Nein, danke. Später vielleicht. Bei einem anderen Unternehmen ist das sicher eine gute Idee, aber bei uns funktioniert das nicht.

Fast könnte man meinen, bei Vorgesetzten gibt es ein vorprogrammiertes Nein. Sie haben nicht nur zu viel zu tun, sondern sie haben auch eine klare Vorstellung, wie das Geschäft zu laufen hat, von der sie auf keinen Fall abrücken wollen. Sie denken, die nächste Beförderung kommt am ehesten, wenn sie alles machen, wie es immer gemacht wurde. Alles, was davon abweicht, wäre ein unnötiges Risiko.

Nowak brauchte also eine Idee, wie er seine Kollegen zum Umdenken bewegen konnte. Eine Möglichkeit, die Geschäftsführung und die Angestellten davon zu überzeugen, dass sein Vorschlag funktionieren würde. Er musste ihre Ungewissheit über seine Initiative senken.

Doch je mehr er versuchte, die anderen von seiner Idee zu überzeugen, umso mehr wuchs der Widerwille und umso stärker waren seine Kollegen gegen das Projekt. Frustriert probierte es Nowak noch ein letztes Mal auf eine andere Weise. Er suchte sich ein kleines Team, um mehr über die Angestellten und ihr Leben zu erfahren, auch über seinen Chef und die anderen Mitglieder der Geschäftsführung. Geburts- und Hochzeitstage, aber auch ungewöhnlichere Sachen wie ihren Traumurlaub oder wann sie im Unternehmen angefangen hatten. Positives wie ihr Lieblingsessen, aber auch Schwieriges, Krankheitsfälle in der Familie oder andere Probleme, mit denen sie haderten oder kämpften.

Dann überlegte er sich auf der Grundlage dieser Informationen für jeden Mitarbeiter und jede Mitarbeiterin eine kleine, berührende Überraschung. Für den Geburtstag eines Filialleiters organisierte er eine Schnitzeljagd mit diversen Aktionen an verschiedenen Orten in der Stadt. Zwei Angestellten, die eine schwierige Wandertour vor sich hatten, schenkte er warme Mützen. Einer leitenden Angestellten schickte er ein handgeschriebenes Glückwunschschreiben zu ihrem zehnjährigen Firmenjubiläum: „Sie sind jetzt seit 3.650 Tagen bei uns, das sind mindestens 5.256.000 lächelnde Blicke von Ihnen, ohne die unsere Arbeit nicht halb so angenehm gewesen wäre. Vielen Dank.“

Andere erhielten ein kleines Geschenk oder eine andere Aufmerksamkeit oder ein fürsorgliches Wort. Immer persönlich, immer auf den jeweiligen Menschen zugeschnitten, und oft sehr emotional.

Der Sohn eines Mitarbeiters hatte einen Autounfall. Für ihn gründete Nowaks Team eine Facebook-Gruppe und sammelte Geld für die Behandlung. Binnen weniger Stunden hatte die Gruppe Tausende Mitglieder und schon bald war die nötige Summe beisammen, um den Krankenhausaufenthalt zu bezahlen.

Alle hätten sich über einen großen Fernseher gefreut. Das wäre einfach gewesen. Aber ein paar persönliche, präzise Worte lösten viel mehr in ihnen aus.

Die Adressaten waren sprachlos. Alle waren überrascht, viele tief bewegt. Es berührte sie, dass sich jemand Zeit genommen hatte, ihnen etwas Persönliches mitzuteilen.

Ein paar Wochen später eröffnete Nowak das gewohnte Meeting der Geschäftsführung mit der Frage: „Wie haben Sie diesen Moment der persönlichen Wertschätzung erlebt?“

Die Antworten waren klar. Die Geste hatte bei ihnen allen großen Eindruck hinterlassen. Jetzt konnte Nowaks Team endlich darüber sprechen, wie wichtig Gefühle sind. Es konnte noch einmal die neue Initiative vorstellen und darlegen, welche Bedeutung das Kundenerlebnis hatte – ohne Angst haben zu müssen, dass jemand sagt: Das funktioniert doch nicht. Denn es hatte ja schon für alle Anwesenden funktioniert.

Die Initiative gibt es bis heute. Die Angestellten feiern nicht nur die Geburtstage und Hochzeiten ihrer Kunden, sondern gehen in jedes Kundengespräch mit Empathie. Sie versuchen, die besonderen, ganz persönlichen Bedürfnisse jeder einzelnen Kundin herauszufinden und ungewöhnliche Lösungen zu finden.

Die Sache lief so gut, dass der Vorstand ein neues Leitungsteam für den Bereich Kundenerlebnis ins Leben rief und Jacek Nowak zum Leiter ernannte.

Noch wichtiger war allerdings, das sich Nowak eines Projekts angenommen hatte, das schon gescheitert schien, und es gleichsam einmal auf links drehte. Er brachte nicht nur seinen Chef dazu, an etwas zu glauben, gegen das er sich anfangs dezidiert gewehrt hatte, sondern er brachte ihn sogar so weit, dass er am Ende Feuer und Flamme war.

Anstatt die Geschäftsführung davon zu überzeugen, wie wichtig das Kundenerlebnis ist, senkte Nowak die Ungewissheit. Nicht, indem er die Führungskräfte zu etwas drängte oder noch mehr Zahlen und Fakten anhäufte, sondern indem er sich zum Katalysator machte und ihnen selbst ein solches Erlebnis ermöglichte. Indem er die Hürde senkte, sodass die Geschäftsführung ausprobieren konnte, was er vorgeschlagen hatte.

Durch diese Herangehensweise gelang Nowak etwas, das uns oft unmöglich erscheint. Er brachte seinen Chef dazu, seine Meinung zu ändern.

Wir haben jetzt über Abwehrhaltung, Status quo, Distanz und Ungewissheit gesprochen. Als Nächstes wollen wir uns noch die letzte Barriere ansehen, mit der Katalysatoren oft zu tun haben. Dieser Barriere begegnen wir in Situationen, in denen es an Beweisen mangelt.

5

FEHLENDE BEWEISE

Als Jugendlicher dachte Phil, er würde einmal eine Beratungsfirma für Alkohol- und Drogenmissbrauch gründen. Und er hätte nie gedacht, dass er selbst heroinabhängig werden würde.

Phil ging es gut. Nach einem Bachelor in Finanzwesen bekam er eine Anstellung bei einer Telekommunikationsgesellschaft im Mittleren Westen, die zu den 500 umsatzstärksten Unternehmen der USA gehörte. Er war ein herausragender Mitarbeiter, wechselte bald zu einer der fünf großen Wirtschaftsprüfungsgesellschaften und war dort eine Art Vorzeigemitarbeiter.

Tatsächlich aber war Phil hinter dieser falschen Fassade das Paradebeispiel für einen Suchtkranken. Als er 19 Jahre alt war, gab ihm ein Freund ein paar Vicodin. Ihm gefiel die Wirkung und er fing an, sie öfter zu nehmen. Erst ließ er sich von Freunden welche geben, dann fälschte er Rezepte und irgendwann plünderte er sogar die Hausapotheken seiner Bekannten.

Phil dachte, er könne jederzeit damit aufhören. Er schloss mit sich selbst einen Pakt, dass er die Pillen wegschmeißen würde, wenn er einen Studienplatz für Wirtschaftswissenschaften auf dem College bekäme. Er bekam den Studienplatz und hörte auf, machte einen kalten Entzug. Damit bewies er sich selbst, dass er kein Problem mit Drogen hatte. Er hatte alles unter Kontrolle.

Ein paar Jahre war alles in Ordnung. Doch dann gab jemand Phil als Geschenk zum Studienabschluss ein paar Pillen und er beschloss, sie zu nehmen.

Erst nahm er sie nur ab und zu. Aber schon bald gewöhnte er sich daran und warf sie in besorgniserregenden Mengen ein. Schließlich nahm Phil sie jeden Tag und tat alles dafür, seine Sucht zu kaschieren. Wieder fing er an, Rezepte zu fälschen, während er allen erzählte, es gehe ihm gut.

Phils Familie wusste davon, hätte ihn aber niemals als Suchtkranken bezeichnet. Für sie war jemand süchtig, wenn er keinen Job hatte und Leute bestehlen musste, um seiner Sucht nachzugehen. Solange Phil einen Job hatte, würde er wohl irgendwann wieder damit aufhören. Wenn er nur die richtige Frau kennen lernte, die sich um ihn kümmerte, wäre es damit vorbei.

Stattdessen wurde Phil irgendwann verhaftet und wegen der Fälschung eines Rezepts angeklagt. Er verlor seine Stelle und zog wieder bei seinen Eltern ein. Dann stieg er auf Heroin um.

Als das geschah, geriet Phils Leben außer Kontrolle. Er wurde noch mehrmals verhaftet und saß 90 Tage im Gefängnis. Er begann zu stehlen, um seine Sucht zu finanzieren. Nahm Geld von seinen Freunden und seiner Familie oder beklaute sie und verhökerte die Sachen an eine Pfandleihe.

Seine Familie versuchte, ihn zum Aufhören zu bewegen. Sein Vater schrie ihn an, seine Mutter weinte. Sie bettelten und flehten und drohten, ihn rauszuschmeißen. Sie schickten ihn zu einem Entzugsprogramm nach dem anderen. 19 staatlich finanzierte Programme – von denen ihn keines von der Sucht abbrachte.

Immer wieder gelang es Phil, seine Familie zu überreden, ihn wieder bei sich aufzunehmen. Ihr weiszumachen, dass es diesmal anders wäre. Er unterschrieb seinen Eltern gegenüber sogar einen Vertrag, in dem er versprach, ein neues Leben zu beginnen. Es machte ihn nur zu einem noch besseren Lügner.

Phils Familie tat alles, was sie nur konnte. Sie ging sogar so weit, dass sie ihn komplett abstürzen ließ. Aber Phil hörte trotzdem nicht mit den Drogen auf. Er meinte immer noch, er habe alles unter Kontrolle.

Kieselsteine und Findlinge

Um zu verstehen, wie Suchtberater Abhängige dazu bringen, mit den Drogen aufzuhören, müssen wir das Reich von Drogen und Alkohol erst einmal verlassen und uns den Unterschied zwischen einer schwachen und einer starken Haltung ansehen, wie Verhaltensforscher es nennen.

Wie gefällt Ihnen das Wort „juvalamu"? Und wie das Wort „chakaka"?

Vielleicht gefällt Ihnen das Wort „juvalamu" besser – wie den meisten Menschen –, vielleicht finden Sie auch „chakaka" besser. Am wahrscheinlichsten aber ist, dass Ihnen beide Wörter wenig sagen.

Die Meinung zu solchen Nonsenswörtern nennt man schwache Haltung. Vorlieben oder Meinungen, die jemandem nicht besonders wichtig sind, über die er nicht viel nachgedacht hat oder die sich relativ leicht ändern lassen.

Wenn ich Ihnen jetzt sagen würde, dass Juvalamu der Name eines Diktators ist, der seine politischen Gegner ermorden ließ, würde Ihnen das Wort wahrscheinlich nicht mehr so gut gefallen. Diese eine Information genügt, damit Sie Ihre Meinung ändern.

Wie finden Sie Kiefern? Primzahlen? Serifenbetonte und serifenlose Schrift? Für die meisten Menschen sind das Beispiele für schwache Haltungen. Sie haben vielleicht eine Meinung dazu, die Ihnen aber nicht sonderlich wichtig ist und die Sie auch leicht ändern könnten.

Jetzt denken Sie an verschiedene politische Parteien oder an Ihren Lieblingsverein. An Ihr Lieblingsbier. Oder an Abtreibung.

Das alles sind Beispiele für starke Haltungen. Themen oder Vorlieben, über die Sie viel nachgedacht haben oder von denen Sie eine klare moralische Überzeugung haben. Dinge, zu denen man nicht einfach nur eine Meinung hat, sondern bei denen es um richtig oder falsch geht.

Es ist kaum verwunderlich, dass sich starke Haltungen sehr viel weniger verändern.

Stellen Sie sich vor, in einem Artikel wird darüber berichtet, dass Ihr Lieblingsstar eine rassistische Bemerkung gemacht hat. Was ist Ihre erste Reaktion? Wahrscheinlich wollen Sie es erst einmal nicht glauben. Dieser Mensch ist doch niemals ein Rassist.

Anders als bei dem Beispiel mit dem Diktator Juvalamu springt hier unser Anti-Persuasionsradar, an, um unsere starke Haltung zu schützen. Statt unsere Meinung zu ändern, werten wir Informationen ab, die gegen unsere Haltung sprechen, und versuchen sie zu widerlegen, um nicht unsere eigene Perspektive überdenken zu müssen.

So wie wir bei richtig schlimmen Kopfschmerzen stärkere Medikamente brauchen, braucht es bei manchen Themen, Produkten und Verhaltensweisen mehr, damit wir unsere Meinung dazu ändern. Es braucht mehr Beweise.

Wenn Ihnen ein guter Freund eine neue Website empfiehlt, genügt vermutlich dieser eine Hinweis, damit Sie sich die Seite auch tatsächlich ansehen. Sie vertrauen seiner Meinung und es ist kein großer Aufwand, die Seite aufzurufen. Sie werden also auf seine Empfehlung hin aktiv.

Aber jetzt stellen Sie sich vor, Ihr Freund hat sich gerade eine Solaranlage aufs Dach setzen lassen. Oder er ist einer Initiative gegen

Einkommensungleichheit beigetreten, hat einen schwierigen medizinischen Eingriff machen lassen oder damit angefangen, seine Lebensmittel nur noch online zu kaufen.

Würden Sie dann genauso wie er handeln?

Wahrscheinlich nicht.

Gleiches gilt für Unternehmen, die überlegen, eine innerbetriebliche Ausbildung zu entwickeln, oder Unternehmensleiter, die vielleicht eine neue Managementstrategie erarbeiten wollen. Dass ein anderes Unternehmen dasselbe macht, mag hilfreich sein, genügt aber meist nicht, um die Aufgabe auch tatsächlich anzugehen.

Bei starken Haltungen liegt die Schwelle höher, bevor wir etwas ändern. Wir brauchen mehr. Mehr Informationen, mehr Futter, mehr Gewissheit. Mehr Beweise, die uns zum Umdenken bewegen.

Änderungen herbeizuführen ist in diesem Fall so, als säße man auf einer Wippe und müsste das Gewicht auf der anderen Seite hochhieven.

Wie viel Gewicht, wie viele Beweise es braucht, damit das gelingt, hängt davon ab, wie schwer das Gewicht auf der anderen Seite ist. Einen Kieselstein können Sie mit Leichtigkeit heben. Ein gutes Argument genügt, schon ist das Steinchen oben.

Aber wenn Sie einen Findling hochhieven müssen, braucht es schon deutlich mehr. Sie brauchen mehr Argumente und Beweise, sonst ändert sich gar nichts.

Das Übersetzungsproblem

Wenn wir einen Findling hochhieven müssen, liegt für die meisten Menschen die Lösung darin, einfach mehr Druck zu machen. All ihre Überzeugungskraft aufzubringen, damit die anderen begreifen, dass ihre Lösung die richtige ist. Die Flinte nicht gleich ins Korn zu werfen, sondern immer und immer wieder darauf zu bestehen. Darauf zu beharren.

Ihre Frau ist gegen den teureren Pauschalurlaub, den Sie buchen wollen? Dann versuchen Sie sie noch einmal auf andere Art und Weise zu überzeugen. Ihr Kunde ist immer noch unschlüssig, ob er die Ware bestellen soll? Dann rufen Sie ihn in einer Woche noch einmal an.

Und nachzuhaken funktioniert ja auch. Zumindest manchmal.

Studien über Werbung haben gezeigt, dass wir ein Produkt eher kaufen, wenn wir eine Werbung mehrmals sehen.[1] Beim ersten Mal übersieht der Konsument die Werbung vielleicht, aber wenn er sie zwei, drei oder gar vier Mal gesehen hat, kommt die Message schon eher bei ihm an und er nimmt die verschiedenen Aspekte des Angebots wahr.

Aber wie jeder Mensch bezeugen kann, der im Fernsehen umschaltet, wenn er einen Werbespot zum x-ten Mal sieht, hat dieses Verfahren auch seine Nachteile. Wenn ich ein und dieselbe Verkaufspräsentation immer und immer wieder sehe, wird es irgendwann langweilig, ermüdend und lästig. Ich weiß ja schon, was kommt, also schalte ich innerlich ab.

Überredungskünstler, die sich für besonders clever halten, lösen das Problem gern durch Variationen. Der erste Werbespot weist auf diesen, der zweite auf jenen Aspekt hin. Das Verkaufspersonal eines Unternehmens erläutert beim ersten Telefonat einen bestimmten Vorteil, beim zweiten Gespräch einen anderen.

Leider funktioniert das meistens nicht. Der Verkäufer mag zwar denken, dass er dem Kunden „mehr Informationen" zur Verfügung stellt oder ihm „das Geschäft noch schmackhafter macht", aber für den Zuhörer ist das alles immer nur noch mehr vom selben Brei. Nur ein weiterer Versuch, ihn zu überzeugen, sodass seine Abwehrhaltung noch zunimmt. Wenn er nicht schon im ersten Gespräch überzeugt war, ist er jetzt noch weniger bereit, den Argumenten des Verkäufers zu folgen.

Aber es gibt noch einen Grund, weshalb dieser Ansatz nicht funktioniert, und der ist sehr viel subtiler: ein Übersetzungsproblem.

Stellen Sie sich vor, ein Kollege kommt am Montagmorgen zu Ihnen ins Büro und erzählt Ihnen, dass er am Wochenende eine tolle Serie im Fernsehen gesehen hat. Pfiffige Dialoge, spannende Handlung, herausragende Schauspieler. Er fand die Episode großartig und denkt, die Serie könnte Ihnen auch gefallen.

Ihr Kollege hat ein bisschen Gewicht auf die Wippe gelegt. Und je nachdem, wie hoch bei Ihnen die Hürde ist oder wie gern Sie Fernsehserien schauen, genügen die „Beweise", die er vorlegt, um Sie zu überzeugen oder eben nicht. Wenn Ihr Fernsehgeschmack eher wie ein Kieselstein ist, genügen ein paar wenige gute Argumente, damit Sie sich die Serie ansehen. Sind Ihre Vorlieben eher wie ein Findling, dann denken Sie vielleicht über die Empfehlung nach, aber das heißt noch lange nicht, dass Sie sich die Serie auch tatsächlich ansehen. Es ändert sich also nichts.

Am nächsten Donnerstag kommt die nächste Episode im Fernsehen und Ihr Kollege erzählt Ihnen wieder begeistert davon. „Der zweite Teil ist genauso gut wie der erste!", sagt er. „Ich bin schon total gespannt, wie es weitergeht!"

Seine Begeisterung ist nicht ganz bedeutungslos. Denn die zweite Episode hätte auch ein Reinfall sein können. Serienmacher nehmen oft die erste Episode einer Serie, um sie den Fernsehsendern anzubieten, deshalb ist die auch oft die beste. Eine gute Pilotsendung heißt nicht gleich, dass auch die ganze Serie gut ist. Insofern sollte es Ihnen zu denken geben, dass Ihrem Kollegen die zweite Episode genauso gut gefallen hat.

Andererseits sind Sie durch diese Information letztlich nicht viel schlauer. Denn Sie wissen ja schon, dass Ihrem Kollegen die Serie gefallen hat. Dass er die zweite Episode auch gut fand, ist dann keine große Überraschung mehr. Es ist kein zusätzliches Argument. Wenn Sie sich die Serie nach seiner ersten Empfehlung nicht angesehen haben, steigt die Wahrscheinlichkeit nicht, dass Sie es jetzt tun werden.

Das liegt daran, dass es immer ein Übersetzungsproblem gibt, wenn ein anderer uns etwas empfiehlt. Ein Rätsel.

Wenn Ihr Kollege zu Ihnen sagt, diese Serie ist toll, dann kann das heißen, dass die Serie wirklich toll ist. Aber es könnte auch bedeuten, dass Ihr Kollege einfach gern Serien schaut. Oder dass er allgemein auf Sitcoms steht oder auf Filme mit einer starken Protagonistin.

Wenn wir eine Empfehlung hören, versuchen wir uns immer selbst eine Meinung darüber zu bilden. Wir versuchen herauszufinden, was diese Empfehlung aussagt. Sagt sie etwas über das aus, was empfohlen wird, oder über den, der es empfiehlt?

Aber selbst wenn Ihnen Ihr Kollege nicht besonders oft eine Fernsehserie empfiehlt, bleibt die Frage: Wird *mir* die Serie auch gefallen?

Denn ob wir jemand anderen von etwas überzeugen können, hängt nicht nur davon ab, ob wir ihm glaubwürdig erscheinen, sondern es geht auch darum, ob etwas zu ihm passt. Natürlich kann es sein, dass wir uns auf diesem bestimmten Gebiet gut auskennen, aber Vorlieben sind verschieden. Manche mögen Sitcoms, andere hassen sie. Manche sehen sich gern Liebesfilme an, andere können sie nicht ausstehen.

Wenn wir also eine Empfehlung erhalten oder sehen, dass jemand anderes etwas Bestimmtes macht oder gut findet, dann versuchen wir herauszufinden – zu übersetzen –, was das für uns bedeutet. Wie aussagekräftig ist die Meinung dieser Person für uns? Was sagt sie darüber, wie die Person selbst reagieren würde?

Wäre der Kollege, der Ihnen die Serie empfohlen hat, genau wie Sie, hätten Sie kein großes Problem. Es müsste kein Zwilling sein, der vollkommen identisch mit Ihnen ist, sondern einfach jemand, der dieselben Vorlieben und Abneigungen hat wie Sie. Dieselben Bedürfnisse, Sorgen und Werte.

Der Genau-wie-Sie-Kollege findet diese Serie gut? Dann wird sie Ihnen wohl auch gefallen. Der Genau-wie-Sie-Kollege hat sich eine Solaranlage aufs Dach setzen lassen und ist damit sehr zufrieden? Dann werden Sie wohl auch damit zufrieden sein. Denn wenn ihm die Serie gefallen hat oder er mit seiner Solaranlage zufrieden ist, wird es Ihnen mit ziemlicher Sicherheit genauso ergehen.

Aber wer keinen perfekten Doppelgänger hat, muss seine eigenen Schlüsse ziehen. Was bedeutet es, dass jemand anderem etwas Bestimmtes gefällt? Wie sehr wird es mir dann gefallen? Inwiefern kann ich daraus, dass ein bestimmter Ansatz in einem anderen Unternehmen funktioniert, schließen, dass er auch in meinem Unternehmen funktionieren wird?

Dieses Übersetzungsproblem gibt es nicht immer. Wenn Ihnen jemand ein Spielergebnis mitteilt oder Ihnen sagt, wer die Wahl gewonnen hat, müssen Sie das nicht für sich übersetzen. Wenn er Ihnen diese Information gibt, ist es irrelevant, was für ein Mensch er ist oder was ihm gefällt. Das Spielergebnis ist das Spielergebnis ist das Spielergebnis. Der Wahlsieger ist der Wahlsieger. Das sind objektive Fakten.

Aber wenn es darum geht, andere Menschen dazu zu bringen, ihre Haltung oder Meinung zu ändern, spielt das Übersetzungsproblem immer eine Rolle. Wir finden nicht alle dasselbe gut und glauben auch nicht dasselbe. Was für die eine Person oder das eine Unternehmen funktioniert, muss nicht unbedingt auch für andere funktionieren. Das ist eher subjektiv und weniger objektiv.

Wie können wir nun also das Übersetzungsproblem lösen?

Der Kampf gegen den Drogenmissbrauch

Volkstrauertag 2005. Phil stand auf, zog sich an und ging aus dem Haus, um sich einen Schuss zu besorgen.

Als er gegen Mittag von Heroin zugedröhnt zurückkehrte, saßen seine Mutter, sein Vater und der Rest der Familie im Wohnzimmer. Sein Bruder, seine Schwestern und sogar noch ein paar Nachbarn. Alle, denen Phil etwas bedeutete. Zwölf Personen.

Darunter auch zwei Menschen, die Phil nicht kannte. Der eine war ein psychologischer Berater.

Phil wurde wütend. Er fühlte sich hintergangen. Kurz überlegte er sogar, einfach wieder aus dem Haus zu rennen.

Doch dann fingen die anderen an zu reden. Sie hatten Briefe geschrieben, in denen sie ihm sagten, wie sehr sie ihn liebten und wie viel er ihnen bedeutete, und wie sehr es sie verletzte, was er tat.

Es war schwer für ihn, einfach wegzuhören, als sie ihm die Briefe vorlasen. Denn sie kamen aus tiefstem Herzen. Sie sagten ihm, wie sehr sie ihn liebten und wie traurig sie waren. Wie sehr sie ihn vermissten und ihn wieder in ihr Leben zurückholen wollten.

Seine Familie ging Phil über alles. Und jetzt begriff er, dass er das alles gerade kaputt machte. Seine Eltern stritten sich nur noch und sein Bruder wollte das Haus nicht mehr betreten, wenn er da war.

Wenn du ein Drogensüchtiger oder Alkoholiker sein willst, dann können wir dich nicht daran hindern, sagten sie. Aber du wirst dir nicht mehr in unserem Haus einen Schuss setzen. Nie wieder.

Phil war ein stämmiger Kerl. Seine Eltern hatten Angst, dass er auf sie losgehen und sie alle verprügeln würde. Phil macht keinen Entzug mehr, sagte seine Mutter. Er ist der sturste Mensch, den ich kenne. Der psychologische Berater hörte mehr Ausreden und Entschuldigungen von Phils Mutter als von 50 Drogensüchtigen im Monat.

Phil musste keinen Entzug mehr machen. Er konnte einfach so weitermachen, Drogen nehmen, stehlen, mit all dem Elend weitermachen, in das einen die Drogensucht führt. Er musste nicht mehr auf Entzug.

Aber dass da jetzt all diese Menschen saßen, ließ ihn nicht kalt. Dass sie alle dieselben Gefühle ihm gegenüber hatten, änderte etwas. Es zwang ihn, es wahrzunehmen. Und er begriff, wie sehr sein Verhalten die Menschen um ihn herum angegriffen hatte. Wie sehr er seine Familie verletzt hatte. Er begriff, dass er süchtig war.

Hundert Mal hatte seine Mutter versucht, ihn dazu zu bringen, mit den Drogen aufzuhören. Aber diesmal war es anders. Phil knickte ein. Und nahm ihre Hilfe an.

Psychologische Berater sind oft der letzte Ausweg. Sie kriegen nur die allerhärtesten Fälle zu Gesicht. Wenn ein Drogensüchtiger zu ihnen kommt, sind meist alle anderen Möglichkeiten ausgeschöpft. Denn wenn es einfach wäre, ihn von den Drogen abzubringen, wäre er nicht hier. Dann hätte ihn schon jemand anders dazu gebracht. Wenn jemand zur psychologischen Beratung geht, heißt das, dass andere es schon versucht haben und gescheitert sind. Dass Menschen gebeten, gebettelt, geschrien, geweint und gedroht haben. Ohne jede Wirkung.

Die psychologische Beratung ist kein Allheilmittel. Um einen Drogensüchtigen dazu zu bringen, keine Drogen mehr zu nehmen, muss sein gesamtes Ökosystem umgekrempelt werden. Seine Freunde und seine Familie haben möglicherweise seine Sucht mit ermöglicht, ohne es zu bemerken oder zu beabsichtigen. Damit die Abkehr nachhaltig ist, muss sich also auch das gesamte System ändern.[2]

Aber unter den richtigen Umständen, eingebettet in einen umfassenderen Lösungsansatz, kann die psychologische Beratung ein hilfreicher erster Schritt auf dem Weg zur Besserung sein. Denn sie löst das Übersetzungsproblem. Sie hilft, den Knackpunkt zu erkennen: dass der Betreffende denkt, er hätte gar kein Problem.

Fast die Hälfte aller Amerikaner hat jemanden in der Familie oder im näheren Umfeld, der drogenabhängig war. Und die meisten Suchtkranken streiten ihre Sucht ab. Sie glauben nicht, dass sie etwas ändern müssen.

Zu dem Problem gehört auch, dass sich Alkoholiker oder Drogenabhängige oft nicht erinnern. Wenn jemand zu ihnen sagt: „Dave, du hast ein Problem. Du hast mich gestern Abend angeschrien." oder: „Du hast gestern Abend dein Auto um einen Laternenpfahl gewickelt", sagt Dave vielleicht, er weiß nicht, wovon Sie reden. Nicht aus Arglist, sondern weil er einen Blackout hat. Er kann sich nicht daran erinnern, was er getan hat.

Aber es steckt noch mehr dahinter.

Denn selbst wenn sich Dave an das erinnern kann, was passiert ist, muss er es auch glauben. Dr. Vernon E. Johnson, ein Vorreiter der Gesundheitsberatung bei Suchtkranken, erklärt: „Die Mechanismen von Rationalisierung und Projektion verhindern, dass die chemisch abhängige Person ihre Krankheit wahrnimmt. Sie halten den Alkoholkranken oder Drogensüchtigen von der Realität fern, sodass es ihm letztlich unmöglich ist, zu begreifen, dass er ein Problem hat."[3]

Anders gesagt: Die meisten Suchtkranken glauben nicht, dass sie ein Problem haben, sonst hätten sie längst etwas dagegen unternommen. Und wenn ein Drogenabhängiger nicht glaubt, dass er ein Problem hat, wie sollte es dann einem einzelnen anderen Menschen gelingen, ihn von den Drogen abzubringen?

Es ist nämlich furchtbar leicht, den anderen zu diskreditieren. Sich zu sagen, er spielt verrückt, er dreht durch. Gut, vielleicht glaubt er, ich hätte ein Alkoholproblem, aber er ist der Einzige, der das glaubt, es ist also offenbar nur seine Meinung. Damit steht es eins gegen eins. Und wessen Meinung vertraue ich dann wohl eher? Klar: meiner eigenen.

Eine ganze Gruppe zu diskreditieren ist da schon schwerer. Wenn mehrere Menschen zur selben Zeit dasselbe sagen, ist das schwerer zu ignorieren.

Die Gruppe hat genug Gewicht, um zum Süchtigen durchzudringen. Wenn alle deine Freunde und deine Familie in deinem Wohnzimmer sitzen und dir sagen, du hast ein Problem, dann ist es schwer, zu denken, die sind alle voreingenommen, die irren sich. Selbst wenn der Suchtkranke ihnen widerspricht, kann er kaum umhin, sich damit auseinanderzusetzen, dass sie alle derselben Meinung sind.

Was dann möglicherweise dazu führt, dass er sich auf Entzug begibt.[4]

Zahlenmäßige Überlegenheit

Ob Drogenabhängigkeit oder Essstörung, Spielsucht oder Alkoholismus – psychologische Berater helfen den Betroffenen, zu erkennen, dass sie ein Problem haben. Sie helfen, das Netz aus Lügen und Leugnen zu durchbrechen, und bringen den Suchtkranken dazu, sich zu überlegen, ob sein Verhalten vielleicht negative Auswirkungen hat.

Aber auch auf anderen Gebieten kann zahlenmäßige Überlegenheit etwas bewirken. Die Aufsichtsräte von Unternehmen implementieren neue Verfahrensweisen oft erst, nachdem diese von mehreren anderen Unternehmen angewandt wurden. Ärzte warten bei neuen Medikamenten erst einmal ab und verschreiben sie erst, wenn schon mehrere Kollegen sie verschrieben haben. Unternehmen wenden eine neue Lieferkettentechnologie oder Managementstrategie erst an, wenn schon andere Unternehmen sie ausprobiert haben.[5]

Wenn mehrere Quellen dasselbe sagen oder tun, löst sich dadurch das Übersetzungsproblem. Gibt es nur eine Quelle, fällt uns die Übersetzung schwer. Dann wissen wir nicht, wie aussagekräftig ihre Meinung ist. Wir wissen nicht, was ihr Verhalten für uns selbst bedeutet.

Aber wenn mehrere Quellen etwas sagen oder tun, können wir es nicht so leicht ignorieren. Denn nun gibt es unterstützendes Beweismaterial. Verstärkung. Mehrere Quellen, die sich an diesem einen Punkt treffen, die alle dieselbe Ansicht vertreten, dieselbe Antwort geben, dieselben Vorlieben haben. Und diese Übereinstimmung führt mit hoher Wahrscheinlichkeit dazu, dass wir dieselbe Entscheidung treffen werden.

Nur ein anderer Arzt hat die neue Behandlungsmethode bisher angewandt? Vielleicht hat ihn ein Handelsvertreter dazu überredet oder er hatte einen ganz bestimmten Fall, auf den die Methode passte. Aber was, wenn schon mehrere Kolleginnen die Methode anwenden? Dann lohnt es sich vielleicht doch, sie sich einmal genauer anzusehen.

Wenn viele Menschen dasselbe tun, ist es schwerer, Argumente dafür zu finden, dass sie womöglich falschliegen. Dass das, was sie vorschlagen oder empfehlen, keinen Nutzen hat.

Bei mehreren Quellen wird die Empfehlung außerdem glaubwürdiger und erscheint legitimer. Dadurch steigt die Erwartung, dass andere ihnen zustimmen werden, und sinkt das Risiko, dass sie das Gesicht verziehen oder gar dagegen angehen.

Eine Person mag ja vielleicht einen seltsamen Geschmack haben, aber zwei, fünf oder gar zehn Menschen? Je mehr Quellen dasselbe sagen, umso mehr Beweise liegen vor. Umso unwahrscheinlicher ist es, dass ihre Meinung etwas über die Quellen selbst sagt, und umso wahrscheinlicher, dass es Hand und Fuß hat, was sie tun oder empfehlen. Und umso wahrscheinlicher wird es auch Ihnen gefallen.[6]

Ein altes Sprichwort sagt: „Wenn dir einer sagt, du hast einen Schwanz, dann lachst du und erklärst ihn für verrückt. Aber wenn drei es dir sagen, drehst du dich um und siehst nach."

Je mehr Quellen dasselbe tun oder sagen, umso mehr Argumente und Beweise gibt es dafür. Aber es spielt auch eine große Rolle, wer diese Quellen sind und wann sie ihre Meinung sagen.

Bei unterstützendem Beweismaterial sind drei Aspekte wichtig: wer, wann und wie. (1) *wer* ist noch dieser Meinung (beziehungsweise welche Quellen sind die einflussreichsten), (2) *wann* tauchen die Beweise im Laufe der Zeit auf, (3) *wie* kann ich meine Ressourcen am besten nutzen, wenn ich in größerem Maßstab für Veränderung sorgen will.

Welche Quellen sind am einflussreichsten?

Unterstützendes Beweismaterial kann zu Veränderungen beitragen, da es wie eine soziale Bekräftigung wirkt. Aber wer trägt dazu am meisten bei? Haben alle Quellen dasselbe Gewicht oder sind manche vielleicht beweiskräftiger als andere?

Ende 2001 wurden die Studierenden der La Trobe University in Melbourne dazu aufgerufen, an einer Studie zur Wirkung von Audiopräsentationen teilzunehmen.[7] Sie sollten in ein Labor kommen, wo sie sich an einen Schreibtisch setzen und Kopfhörer aufsetzen sollten. Dann wurde ihnen gesagt, es würden ihnen mehrere Aufnahmen vorgespielt, über die sie ein Urteil abgeben sollten.

Die Forschenden interessierten sich dafür, was Menschen zum Lachen bringt, und vor allem, welche Rolle der soziale Einfluss dabei spielt.

Sie spielten den Teilnehmenden eine Aufnahme eines Stand-up-Comedians vor, die wie eine Live-Aufnahme klang. Bei einigen Zuhörern spielten sie zusätzlich Gelächter aus der Konserve ab. Was wir lustig finden, mag ganz und gar subjektiv sein, aber in jedem Fall beförderte die zugeschaltete Heiterkeit die Lachbereitschaft – tatsächlich setzen ja traditionelle Sitcoms wie *Seinfeld* oder *Friends* diese sogenannten Lachspuren ein, damit das Publikum im Studio oder vor dem Fernseher an denselben Stellen zum Lachen animiert wird.

Die Lachspur zeigte also die gewünschte Wirkung. Die Wissenschaftlerinnen beobachteten die Teilnehmenden diskret durch einen Einwegspiegel und sahen, dass die Zuhörer mehr über die Witze des Comedians lachten und schmunzelten, wenn sie noch andere Menschen lachen hörten.

Aber abgesehen vom zugeschalteten Lachen sagten die Wissenschaftler den Zuhörern auch, *wen* sie da lachen hörten.

Einer Gruppe sagten sie, es seien Leute wie sie, Studierende der La Trobe University.

Einer anderen Gruppe sagten sie, es seien Mitglieder einer politischen Partei, mit der sich die Studierenden nicht identifizierten.

Obwohl das Gelächter dasselbe war, hing die Reaktion der Studierenden davon ab, wen sie meinten lachen zu hören. Wenn sie dachten, dass das Gelächter von Menschen kommt, die anders waren als sie, hatte die Lachspur keinen Einfluss auf ihre Reaktion. Sie änderten nicht ihr Verhalten, sondern lachten genauso viel, wie wenn ihnen die Aufnahme ohne zusätzliches Gelächter vorgespielt wurde.

Aber wenn sie dachten, dass das Gelächter von Menschen wie ihnen kam, dann änderte sich ihr Verhalten und sie lachten fast viermal so lang.

Viele Studien zeigen, dass Ähnlichkeit für uns von Bedeutung ist.[8] Jemand, der so ist wie ich, findet einen Witz lustig? Dann finde ich den Witz wahrscheinlich auch lustig. Aber wenn jemand, der nicht so ist wie ich, denselben Witz lustig findet, ist es schwieriger, eine Aussage über meine vermutliche Reaktion zu treffen. Denn je ähnlicher eine Quelle mir ist, umso aussagekräftiger sind ihre Erfahrungen, Vorlieben und Meinungen als Informationsquelle.

Sie suchen auf TripAdvisor nach einem Hotel? Dann wollen Sie nicht nur wissen, wie gut die Bewertungen sind, sondern auch, ob das Hotel von Menschen *wie Ihnen* gut bewertet wurde. Wenn Sie als Familie mit zwei Kindern unterwegs sind, suchen Sie sich eher ein Hotel, das auch anderen Familien gefallen hat. Dass coole 20-Jährige ein Hotel gut fanden, ist für Sie dagegen weniger hilfreich.

Im Gegenteil: Wenn coole 20-Jährige ein Hotel gut fanden, ist das für Sie eher ein Grund, es nicht zu buchen. Und wenn Sie umgekehrt ein cooler 20-Jähriger sind, buchen Sie vermutlich kein Familienhotel.

Mit anderen Worten: Das Übersetzungsproblem ist weniger ein Problem, wenn es weniger zu übersetzen gibt. Wenn kein Genau-wie-Sie-Mensch da ist, sind zumindest ähnliche Quellen hilfreich. Die sich mit denselben Problemen oder Herausforderungen auseinandersetzen. Menschen mit denselben Bedürfnissen wie Sie. Unternehmen mit derselben Ausrichtung. Je ähnlicher sie uns sind, umso mehr unterstützendes Beweismaterial bieten sie uns und umso größer ist ihre Wirkmacht auf uns.

Wenn Sie Ashton sind, ein College-Absolvent, der ein Alkoholproblem hat, fällt es Ihnen leicht, zu denken, dass Sie kein Alkoholiker sind. Denn in Ihrem Weltbild sieht ein „Alkoholiker" anders aus als Sie. Ein „Alkoholiker" ist jemand, der wegen seiner Sucht alles verloren hat. Ein „Alkoholiker" ist obdachlos, hat keinen Job und keine Freunde.

Ihr Leben sieht jedoch vermutlich völlig anders aus. Vielleicht haben Sie eine Familie, viele gute Freunde und eine vielversprechende Zukunft. Sie sind kein „Alkoholiker", wie Sie ihn sich vorstellen – auch wenn Sie vor Kurzem eine Strafe wegen Trunkenheit am Steuer zahlen mussten, regelmäßig einen Filmriss haben oder gereizt sind, wenn Sie nicht trinken. Denn wer ist in diesem Leben nicht gereizt?

Sie denken also, dass es Zeitverschwendung wäre, zu einer Hilfsorganisation wie den Anonymen Alkoholikern zu gehen, weil Sie ja kein Alkoholiker sind. Weil Sie mit den Leuten, die dort hingehen, nichts gemeinsam haben.

Und wenn Sie dann doch einmal zu einem solchen Treffen gehen, einfach nur, um Ihre Eltern zu beruhigen, dann sehen Sie sich wahrscheinlich erst einmal in Ihrer Ansicht bestätigt. Einer der Teilnehmer sieht aus wie ein Obdachloser, ein anderer hat einen Tatterich. *Mit solchen Leuten habe ich nichts zu tun,* denken Sie. *Die Probleme, die diese Leute haben, habe ich nicht.*

Aber Moment mal: Der Mann da ist Arzt? Was macht der denn hier? Und da sitzt ein Richter? Ach, du Scheiße. Plötzlich sehen Sie Menschen, die „Erfolg" haben. Menschen mit Uniabschluss und hoch dotierten Jobs. Menschen, die auf einer Karrierestufe stehen, auf die Sie auch kommen wollen. Menschen, die Ihnen ähneln.

Und wenn Sie Menschen sehen, die Ihnen ähneln – oder denen Sie gern ähnlich wären – und die ein Alkoholproblem haben, dann ist es schon schwerer, zu ignorieren, was sie sagen. Und damit schwerer, nicht auch selbst an Ihrer Situation etwas zu ändern.

Aber abgesehen von dieser Ähnlichkeit spielt auch noch ein anderer Aspekt eine Rolle.

Vor Kurzem hat ein Forscher aus den Niederlanden untersucht, welchen Einfluss soziale Bindungen auf politische Spenden haben.[9] Spenden sind ein wichtiger Teil des politischen Prozesses. Die Kandidaten brauchen Geld, um Werbung zu schalten, ihre Angestellten zu bezahlen und die Fahrten ihrer Werbekampagne zu organisieren. Aber Spenden zu sammeln ist oft schwierig. Keiner hat Zeit dafür und die Leute zögern, Geld für einen Kandidaten zu geben, der die Wahl am Ende vielleicht nicht gewinnt. Wie kann man nun mehr Menschen dazu bringen, zu spenden?

Der Forscher untersuchte bei über 50.000 potenziellen Spendern, inwiefern die Spendenbereitschaft davon abhing, ob Freunde, Bekannte oder Kollegen von ihnen auch etwas gespendet hatten. Ob sie also eher bereit waren, einem Präsidentschaftskandidaten Geld zu geben, wenn das schon jemand aus ihrem Umfeld getan hatte.

Es war kaum verwunderlich, dass der soziale Einfluss Auswirkungen auf die Spendenbereitschaft hat. Die Menschen waren eher bereit, zu spenden, wenn sie wussten, dass jemand anderes schon etwas gegeben hatte.

Außerdem spielte auch die Anzahl an Menschen, die aus dem sozialen Umfeld gespendet hatten, eine Rolle, ganz wie wir es bei unterstützendem Beweismaterial erwarten würden. Je mehr Spender eine Person kannte, umso eher gab auch sie Geld. Hatten schon zwei Bekannte gespendet, gab sie mit höherer Wahrscheinlichkeit Geld, als wenn es nur einer gewesen war, und so weiter.

Aber neben der reinen *Anzahl* an Spenderinnen spielte auch die Art der Verbindung zwischen ihnen eine Rolle.

Stellen Sie sich vor, Sie überlegen, Geld zu spenden, und finden heraus, dass schon zwei Ihrer Freunde etwas gespendet haben. Wodurch würde Ihre Spendenbereitschaft eher steigen: wenn die Freunde einander kennen und zur selben sozialen Gruppe gehören oder wenn sie sich nicht kennen und nichts miteinander zu tun haben?

Wie wir wissen, ist Ähnlichkeit wichtig, um Veränderungen herbeizuführen, aber Vielfalt ist es ebenfalls. Die Menschen spendeten eher, wenn die anderen Spender, die sie kannten, aus verschiedenen, voneinander unabhängigen Gruppen kamen. Wenn der eine ein Familienmitglied war und die andere eine Kollegin, lag die Wahrscheinlichkeit doppelt so hoch, dass jemand spendete. Waren es aber zwei Familienmitglieder oder zwei Kolleginnen, dann wirkte sich das weniger stark aus.[10]

Entscheidend ist nämlich nicht nur, *wie viele* andere Menschen etwas getan haben, sondern auch, ob sie uns dadurch *zusätzliche Informationen* liefern.

Wenn mehr Quellen etwas tun oder unterstützen, erhalten wir dadurch mehr unterstützendes Beweismaterial, aber wenn das Signal immer wieder aus ein und derselben Gruppe kommt, wird es irgendwann redundant. Wenn zwei Menschen, die beide Komödien mögen, einen Film gut finden, dann können Sie sich leicht sagen, der Film ist halt für eine bestimmte Gruppe von Menschen interessant. Dasselbe gilt, wenn die beiden Menschen gute Freunde von Ihnen sind. Dann können Sie denken, der eine hat vielleicht dem anderen davon erzählt, sodass die zweite Empfehlung keinen großen Mehrwert für Sie hat.

Aber wenn der Geschmack der beiden Personen unterschiedlich ist oder Sie sie aus unterschiedlichen Kontexten in Ihrem Leben kennen, dann liefert die zweite Quelle wertvolles zusätzliches Beweismaterial.

Tatsächlich ist es sogar so, dass mehrere Quellen, die redundant sind, oft als eine einzige Quelle wahrgenommen werden. Wenn zum Beispiel zwei Angestellte aus der Buchhaltung ein und denselben Lieferanten empfehlen, kann man sie als „Empfehlung aus der Buchhaltung" zusammenfassen, anstatt sie als zwei Einzelpersonen anzusehen, die beide dieselbe Empfehlung abgeben.

Je weiter die Quellen voneinander entfernt sind, umso aussagekräftiger ist das Beweismaterial, das sie liefern.

Oberflächlich betrachtet könnte man meinen, dass Ähnlichkeit und Vielfalt Gegensätze sind. Und das sind sie ja auch in vielerlei Hinsicht. Wenn mehrere Quellen einem Individuum oder einer Organisation, die sich darauf beruft, ähnlich sind, dann sind sie meist auch weniger vielfältig.

Das muss aber nicht so sein.

Denken Sie zum Beispiel an Ihre Freunde. Sie alle sind Ihnen in bestimmten Bereichen ähnlich, das heißt aber nicht, dass sich diese Bereiche überschneiden müssen. Ein Freund hat vielleicht denselben Musikgeschmack, ein anderer hat dieselben politischen Ansichten. Beide sind Ihnen ähnlich, aber auf unterschiedliche Weise.

Gleiches gilt für Unternehmen. Ein Unternehmen hat vielleicht die gleiche Größe wie Ihres, ein anderes ist in derselben Branche tätig. Beide sind Ihrem Unternehmen ähnlich, aber aus unterschiedlichen Gründen.

Das heißt, Ähnlichkeit und Vielfalt können Hand in Hand gehen.

Wenn ein Unternehmen geschickt vorgeht, drängt es seine Interessenten nicht, sondern lässt seine Bestandskunden die Überzeugungsarbeit leisten. Es veranstaltet zum Beispiel ein Abendessen, bei dem es eine Präsentation zeigt und progressive Angestellte zu Wort kommen lässt, aber den potenziellen Kunden auch die Gelegenheit gibt, sich mit Bestandskunden auszutauschen, um die Perspektive eines Außenstehenden zu sehen. Einen unparteiischen Blick, wie die Zusammenarbeit mit diesem Unternehmen tatsächlich aussieht.

Bei der Überlegung, auf welchen Platz Sie einen Interessenten bei diesem Abendessen setzen oder wie Sie ihn überzeugen können, ist es wichtig, eine gute Mischung aus Ähnlichkeit und Vielfalt zu finden. Setzen Sie den Interessenten zwischen einen Kunden aus derselben Branche und einen Kunden aus einer anderen Branche, dessen Unternehmen die gleiche Größe hat. Bringen Sie ihn mit einem Kunden in Kontakt, der ähnliche technische Anforderungen hat, und mit einem Kunden, der aus derselben Region kommt.

Quellen, die dem Interessenten ähnlich sind, sich aber voneinander unterscheiden, sind die ideale Kombination. Die Ähnlichkeit sorgt dafür, dass ihm das Feedback aussagekräftig und relevant erscheint. Durch die Unterschiedlichkeit wird die Wahrscheinlichkeit erhöht, dass jede Quelle einen Mehrwert für ihn hat und er sie nicht als redundant ansieht.

Das „Wann" als Wissenschaft

Die richtige Mischung der Quellen kann dafür sorgen, dass das Beweismaterial als besonders aussagekräftig angesehen wird. Aber es ist auch wichtig zu verstehen, *wann* der Kontakt zu den Quellen stattfinden muss, um möglichst große Wirkung zu entfalten.

Eine psychologische Beratung kann dazu beitragen, dass ein Drogensüchtiger damit beginnt, umzudenken. Dass er einen Entzug macht und mit den Drogen aufhört. Aber dieser Punkt führt uns auch zu einer interessanten Frage.

In den allermeisten Fällen haben nicht zum ersten Mal Menschen mit dem Süchtigen über seine Sucht gesprochen. Verschiedene Freunde und Familienmitglieder haben ihm immer wieder ihre Sorgen ausgedrückt, ihn gebeten oder gar aufgefordert, etwas zu ändern. Vielleicht sagen sie im Rahmen der psychologischen Beratung noch etwas Neues, aber es ist nicht so, als wüsste der Suchtkranke nicht, was sie über ihn denken.

Wenn er also diesen verschiedenen Quellen schon ausgesetzt war, warum hat er dann nicht schon etwas geändert? Anders gesagt: Was ist an der psychologischen Beratung anders? Warum ist sie so wirkungsvoll?

Das kann zum einen an der Person des Beraters liegen. Psychologische Beraterinnen sind dazu ausgebildet worden, dass die Beratung möglichst effektiv ist. Sie erstellen mithilfe ihres Fachwissens einen

Plan, suchen die wichtigsten Personen und helfen den Freunden und Familienmitgliedern des Suchtkranken bei der Ausarbeitung ihrer Stellungnahmen, die sie oft schriftlich verfassen.

Es kann auch an der Art und Weise liegen, wie die Beteiligten ihre Gefühle formulieren. Vielleicht erschienen ihre Gedanken dem Süchtigen bisher eher abstrakt oder sie waren in dem Moment wütend und haben ihm nur Vorwürfe gemacht. Der psychologische Berater hilft ihnen dabei, die Realität so darzustellen, dass der Suchtkranke damit etwas anfangen kann. Statt ihn anzuschreien oder ihn zu bestrafen, sollen sie wertfrei sprechen, mit Liebe und Mitgefühl, ihm zeigen, dass er ihnen etwas bedeutet.

Diese beiden Aspekte sind sicher wichtig. Aber es ist noch ein dritter Punkt erwähnenswert. Bei einer Sitzung mit einem psychologischen Berater zerfasert die Auseinandersetzung nicht in unzählige Gespräche, die über Monate oder gar Jahre gehen, sondern alles verdichtet sich in diesem einen Moment. Mehrere Quellen kommen zur selben Zeit zusammen. Sie alle sprechen gleichzeitig zum Suchtkranken und nicht vereinzelt über einen langen Zeitraum hinweg.

Vor ein paar Jahren habe ich zusammen mit meinem Kollegen Raghu Iyengar untersucht, wie sich die Nutzerzahl einer neuen Website entwickelt.[11] Wie viele andere neue Webseiten hatte auch diese nicht viel Geld für Werbung, weshalb man vor allem daraufsetzte, dass schon bestehende Nutzer sie weiterempfahlen. Die Nutzer konnten dazu auf Facebook Einladungen verschicken. Wir haben analysiert, inwiefern diese Einladungen dazu beitrugen, dass potenzielle neue Nutzer die Seite besuchten.

Wie bei unterstützendem Beweismaterial zu erwarten, besuchten Leute eher die Website, wenn sie mehrere Einladungen bekamen. Im Vergleich zu jemandem, der nur eine Einladung bekam, war die Wahrscheinlichkeit bei potenziellen Nutzern mit zwei Einladungen fast doppelt so hoch.

Aber nicht nur die reine *Anzahl* an Einladungen spielte eine Rolle, sondern auch *wann* sie verschickt wurden. Je näher sie zeitlich beieinanderlagen, umso größere Wirkung zeigten sie.

Um den Grund dafür zu verstehen, ist es hilfreich, noch einmal zu dem Beispiel mit dem Kollegen zurückzugehen, der die Fernsehserie empfohlen hat. Wenn er Ihnen sagt, wie gut er die Serie fand, und ein anderer Kollege am nächsten Tag etwas Ähnliches sagt, dann werden Sie wahrscheinlich zumindest mal in die Serie reinschauen. Sie scheint ein großes Thema zu sein, weil viele Leute darüber reden, und daraus schließen Sie, dass sie gut sein muss.

Finden solche Gespräche allerdings über einen längeren Zeitraum statt, verpufft der Effekt.

Wenn Ihnen der erste Kollege heute etwas über die Serie erzählt und ein anderer erwähnt sie drei Wochen später, dann wird Sie das wahrscheinlich nicht dazu bringen, sich die Serie anzuschauen. Es ist zu lange her, dass Sie davon gehört haben, weshalb Sie zu dem Schluss kommen, dass sie offenbar nicht sonderlich beliebt ist. Vielleicht haben Sie auch in der Zwischenzeit von allen möglichen anderen Serien gehört. Und wenn genügend Zeit vergangen ist, können Sie sich womöglich gar nicht mehr erinnern, dass Ihnen ein anderer Kollege die Serie schon einmal empfohlen hat.

Suchtforscher sagen, selbst wenn mehrere Freunde und Familienmitglieder den Suchtkranken dazu bringen wollen, mit den Drogen aufzuhören, liegen ihre Bemühungen meist zeitlich weit auseinander. Vielleicht ist einem Freund einmal aufgefallen, dass sich der Süchtige seltsam verhalten hat, wozu er eine flapsige Bemerkung gemacht hat. Zwei Monate später sagt ein anderer Freund etwas anderes dazu. Aber erst wenn etwas Ernsthaftes passiert, wenn der Suchtkranke einen Unfall hat oder festgenommen wird, spricht ihn jemand direkt darauf an.

Dass diese Bemerkungen zeitlich weit auseinanderliegen, schwächt ihre Wirkung. Wenn zwei Menschen zu verschiedenen Zeitpunkten verschiedene Dinge sagen, dann lässt sich das leichter als zufällige

Begebenheiten abtun, die nichts miteinander zu tun haben. Dann kann ich sie als Suchtkranker in eine andere Schublade stecken. Ich kann vergessen, dass sie überhaupt stattgefunden haben, oder die letzte Bemerkung schon verdrängt haben, wenn die nächste Situation eintritt.

Bei unserer Analyse der Entwicklung der Nutzerzahlen fanden wir etwas Ähnliches heraus. Jede Einladung war ein Beweis dafür, dass die Website gut war und es sich lohnte, sie sich anzusehen. Im Laufe der Zeit schienen die einzelnen Beweise jedoch zu verblassen. Wie Wasser, das auf dem heißen Asphalt verdampft. Je mehr Zeit zwischen der ersten und zweiten Einladung verging, umso weniger galt die erste Einladung noch als aussagekräftiges Beweismaterial. Nach einem Monat hatte die Einladung nur noch 20 Prozent ihrer ursprünglichen Wirkung. Nach zwei Monaten fast gar keine mehr. So als hätte der Empfänger sie nie bekommen.*

Aber wenn mehrere Einladungen nacheinander kamen, war dieser Verpuffungseffekt deutlich geringer. Wenn Ihnen mehrere Familienmitglieder zur selben Zeit dasselbe sagen, bewegt Sie das eher zum Handeln. Dieselbe Beobachtung machten wir bei den Einladungen.

Sehen wir uns zwei Personen an: Die erste hat zwei Einladungen kurz nacheinander bekommen, bei der anderen lagen die Einladungen einen oder zwei Monate auseinander. Bei der ersten Person lag die Wahrscheinlichkeit über 50 Prozent höher, dass sie sich die Website ansah.

Wenn wir andere dazu bringen wollen, ihre Haltung zu ändern, ist also Beweis nicht gleich Beweis. Kommen die Beweise kurz nacheinander, erzielen sie eine deutlich höhere Wirkung.

Sie wollen Menschen auf eine neue Dienstleistung oder eine gute Sache aufmerksam machen? Dann achten Sie darauf, dass Sie die

* Mit anderen Worten: Die Wirkung der Einladung verflog schnell. In jedem Monat verlor sie 80 Prozent an Wert. Im zweiten Monat hatte sie nur noch 20 Prozent der ursprünglichen Wirkung, im dritten nur noch vier Prozent.

potenziellen Unterstützerinnen auf verschiedenen Kanälen kurz nacheinander auf Ihr Anliegen hinweisen, damit sie mehrmals in kurzer Zeit davon erfahren.

In einer anderen Studie fanden wir übrigens heraus, dass Menschen eher reagierten, wenn sie in schneller Folge mehrere Artikel zu einem drängenden sozialen Problem wie sexueller Gewalt lasen. Dann unterzeichneten mehr Menschen eine Petition, um Opfern sexueller Gewalt zu helfen, und spendeten auch mehr Geld. Die Dichte an Artikeln führte zu deutlich größerer Unterstützung.

Sie wollen Ihre Chefin dazu bringen, in einer Sache ihre Haltung zu ändern? Ein Katalysator würde ihr sein Anliegen vortragen und gleich danach Kollegen bitten, ihr jetzt sofort ähnliche Vorschläge zu unterbreiten. Denn die Dichte erhöht die Wirkung.[12]

Dichte und breitere Verteilung seltener Ressourcen

Das oben beschriebene Phänomen lässt sich nicht nur bei Einzelpersonen, sondern auch bei größeren Veränderungen anwenden: wenn Sie ein Unternehmen umstrukturieren, eine soziale Bewegung zünden, ein Produkt, eine Dienstleistung oder Idee an den Mann bringen wollen.

Sehen wir uns zum Beispiel ein neu gegründetes Unternehmen für Haushaltswaren an, das an Zugkraft gewinnen möchte. Die Ressourcen sind in solchen Fällen meistens knapp, seien es Zeit, Geld oder Personal. Es geht also immer um die Balance zwischen Breite und Tiefe. Für Werbung steht nur eine bestimmte Menge an Geld zur Verfügung, deshalb muss genau überlegt werden, wie es eingesetzt wird.

Sollen die Ressourcen möglichst breit verteilt und Anzeigen in zehn verschiedenen Absatzmärkten geschaltet werden, die aber jeweils nur eine kleine Zahl potenzieller Kunden ansprechen? Oder sollen die Ressourcen gebündelt werden, um in einem Absatzmarkt eine größere Zahl potenzieller Kunden anzusprechen und auf dieser Basis dann in andere Märkte vorzustoßen?

Dasselbe gilt für soziale Bewegungen. Sie haben meist nicht genügend Ressourcen, um gleich in jeder Stadt Kundgebungen oder Veranstaltungen abzuhalten. Also muss auch hier abgewogen werden. Soll man lieber in einer Stadt mehrere Veranstaltungen machen oder die Aktivitäten auf mehrere Städte verteilen, in denen jeweils nur eine Veranstaltung stattfindet?

Man könnte diese beiden Ansätze als Sprinkler- beziehungsweise Schlauch-Strategie bezeichnen.

Sprinkler verteilen das Wasser. Sie spritzen ein wenig hierhin und ein wenig dorthin, sodass in ziemlich kurzer Zeit eine ziemlich große Rasenfläche benetzt wird. Es sind nirgendwo größere Mengen gelandet, sondern das Wasser wurde breit gestreut. All das Gras, das sich in der Reichweite des Sprinklers befindet, ist zumindest ein bisschen nass geworden.

Mit einem Schlauch zielen Sie eher punktuell. Das Wasser wird nicht weit verteilt, sondern es wird nur ein kleines Gebiet getränkt. Das wiederum bedeutet, dass die Flächen, die Sie bespritzen, nicht gleichzeitig, sondern nacheinander versorgt werden. Erst wird eine Fläche besprüht, dann die nächste.

Nun ist die gängige Meinung, dass die Sprinkler-Strategie besser ist. Mehr Menschen werden dadurch auf etwas aufmerksam, das Risiko wird gestreut und die Wahrscheinlichkeit eines Erstanbietervorteils wird erhöht.

Wenn das Unternehmen für Haushaltswaren in zehn verschiedenen Absatzmärkten einen Kundenstamm aufbauen will, ist es also offenbar besser, die Ressourcen möglichst breit zu verteilen. Denn wenn es sich am Anfang nur auf New York konzentriert, dauert es eine ganze Weile, bis auch die Menschen in Boston oder Washington davon erfahren, und noch viel länger, bis die Produkte in Los Angeles bekannt sind. Unsere Freundschaften und sozialen Beziehungen sind meist auf einen Ort beschränkt, sodass das Unternehmen sehr lange braucht, wenn es sich durch Mundpropaganda in andere Absatzmärkte tragen lassen will.

Aber stimmt das wirklich? Ist die Sprinkler-Strategie tatsächlich effektiver?

Es kommt darauf an. Das Ganze hängt davon ab, ob das, was Sie ändern wollen, eine starke oder eine schwache Haltung ist. Ein Kieselstein oder ein Findling.

Sehen wir uns zwei verschiedene Städte an, New York und Los Angeles, und nehmen wir der Einfachheit halber an, beide Städte haben nur vier Einwohner. In New York wohnen die Personen A, B, C und D, in Los Angeles die Personen E, F, G und H. Im realen Leben haben wir meist mehr Kontakt zu Menschen, die in unserer Nähe wohnen, deshalb soll in diesem Beispiel dasselbe gelten. In den beiden Städten kennen sich die Menschen untereinander gut, während sie zu den Einwohnern der anderen Stadt keine so gute Beziehung haben. Und da wir unseren Freunden vieles mitteilen, berichten die Menschen ihren Nachbarn davon, wenn sie etwas Neues erfahren.

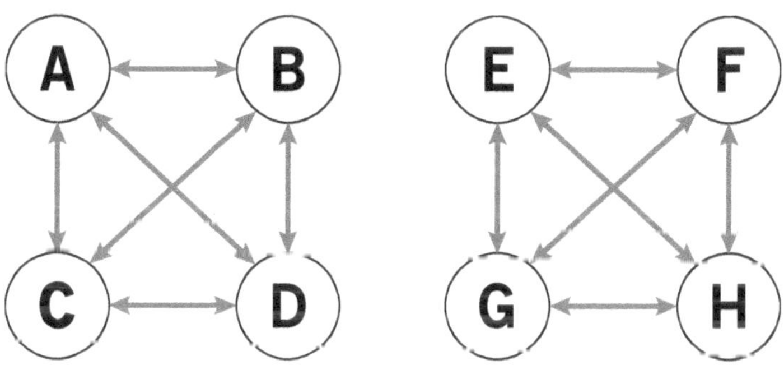

New York City *Los Angeles*

Wenn jetzt die Ressourcen nur ausreichen, um zwei Menschen anzusprechen, was ist dann besser? Die Sprinkler-Strategie, bei der in jedem Absatzmarkt eine Person angesprochen wird? Oder die Schlauch-Strategie, die auf zwei Menschen am selben Ort zielt?

Bei schwächeren Haltungen, also Kieselsteinen – oder in Fällen, wo nur wenige Beweise eine Änderung bewirken können –, funktioniert die Sprinkler-Strategie besser. Die Menschen teilen ihren Freunden die Neuigkeit mit: Mit dem Ansprechen einer Person in jedem Absatzmarkt erreiche ich am Ende alle. Wenn ich in New York Person A anspreche, teilt sie es den Personen B, C und D mit. Wenn ich in Los Angeles Person E anspreche, erzählt sie es anschließend allen anderen.

Und wenn ein kleiner Beweis genügt, damit jemand reagiert, dann reicht es, wenn Person A allen anderen davon erzählt. In diesem Fall ist es also sinnvoll, die Sprinkler-Strategie anzuwenden und in jedem Absatzmarkt nur eine Person anzusprechen.

Die Konzentration auf ein Gebiet wäre hier tatsächlich eine Verschwendung von Ressourcen. Denn die Personen würden von der Sache öfter hören als notwendig. Die Ressourcen wären also anderswo besser aufgehoben gewesen.

Der Schlauch würde das Gebiet so gründlich durchnässen, dass das Wasser überlauft und einfach irgendwo versickert.

Die Wirksamkeit der Sprinkler-Strategie bei schwachen Haltungen („Kieselsteine")

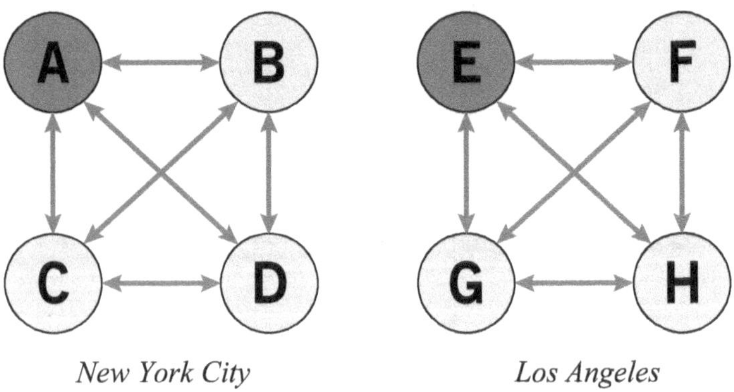

Zahl der Werbeerfüller = 8

Aber was ist, wenn unterstützendes Beweismaterial nötig ist? Was, wenn die Personen erst dann reagieren, wenn sie aus mehreren Quellen von dem Unternehmen gehört haben?

Bei stärkeren Haltungen – „Findlingen" oder Fällen, in denen mehr Beweise notwendig sind – ist die Sprinkler-Strategie weniger wirkungsvoll. Sie sprechen Person A in New York an, die es B, C und D mitteilt. Aber weil sich die Einwohner erst für das Unternehmen interessieren, wenn sie davon aus mehreren Quellen erfahren, genügt der eine Hinweis von Person A nicht. Dann haben Sie zwar in jedem Absatzmarkt eine Person angesprochen, die es allen anderen weitererzählt, aber für Ihr Unternehmen interessiert sich danach trotzdem niemand.

Die Wirksamkeit der Sprinkler-Strategie bei starken Haltungen („Findlinge")

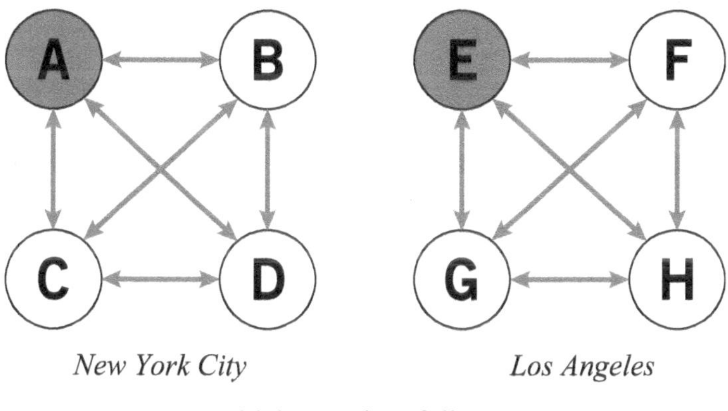

Zahl der Werbeerfüller = 2

Wenn also mehr unterstützendes Beweismaterial nötig ist, erweist sich die Schlauch-Strategie als effektiver. Anstatt je eine Person in zwei Absatzmärkten anzusprechen (Person A und Person E), bündeln Sie Ihre Anstrengungen an einem Ort (Person A und Person B). Die beiden erzählen ihren Freunden davon und weil dann jeder potenzielle Kunde von zwei anderen Menschen von Ihrem Unternehmen gehört hat, springen alle auf die Werbung an. Es braucht dann zwar mehr Zeit, um auch den zweiten Absatzmarkt zu erreichen, aber durch die Schlauch-Strategie können Sie zumindest die ersten Adressaten überzeugen.

Die Wirksamkeit der Schlauch-Strategie bei starken Haltungen („Findlinge")

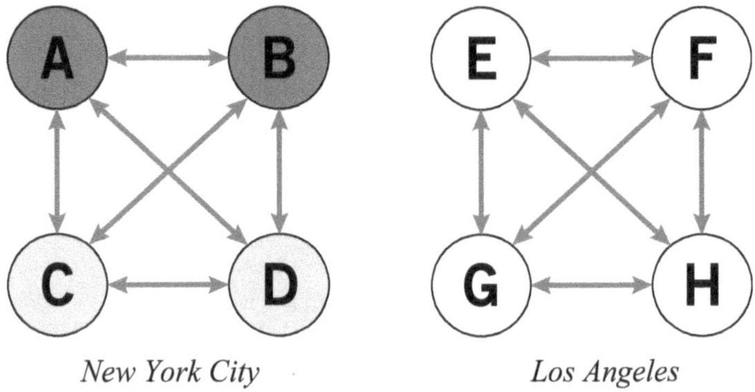

Zahl der Werbeerfüller = 4

Dasselbe gilt innerhalb einer Region.

Individuen und Organisationen lassen sich in verschiedene Segmente einteilen: Gruppen oder Typen von Menschen und Unternehmen.

Und wie bei geografischen Regionen ist die soziale Bindung innerhalb einer Gruppe stärker als zwischen zwei verschiedenen Gruppen. Teenager sind meist mit anderen Teenagern befreundet, Mütter gesellen sich gern zu Müttern. Die Leute aus der Buchhaltung reden mehr untereinander als mit den Angestellten im Marketing, und die Personalreferenten verbringen mehr Zeit miteinander als mit den Leuten aus der IT-Abteilung.

Ob es besser ist, die Ressourcen auf eine Gruppe zu konzentrieren oder sie über zwei oder mehr Gruppen zu streuen, hängt von der Schwelle ab, die überschritten werden muss, um eine Änderung anzustoßen.

Genügt ein kleiner Beweis, um die anderen zum Umdenken zu bewegen, dann ist die Sprinkler-Strategie ideal. Sie sprechen alle Gruppen gleichzeitig an, ohne dabei groß in die Tiefe zu gehen.

Aber wenn mehr unterstützendes Beweismaterial nötig ist, müssen Sie Ihre Ressourcen konzentrieren. Sie sprechen erst die Teenager an und danach die Mütter, erst die Buchhaltung, dann die Marketingabteilung. Auf diese Weise schaffen Sie soziale „Brutkästen", in denen die Personen, die Sie erreichen wollen, aus mehreren Quellen von Ihnen erfahren, sodass die Wahrscheinlichkeit steigt, dass sie Ihrer Botschaft folgen.

Kieselstein oder Findling?

Wenn Sie andere Menschen dazu bringen wollen, ihre Haltung zu ändern, ist es wichtig, zwischen Kieselsteinen und Findlingen zu unterscheiden. Zwischen Haltungen und Meinungen, Produkten und Dienstleistungen, Verhaltensweisen, Ideen und Initiativen, für die es nur einen kleinen Beweis braucht, im Gegensatz zu solchen, für die unterstützendes Beweismaterial notwendig ist.

Politische Ansichten lassen sich zum Beispiel schwerer ändern als die Vorliebe für eine bestimmte Schriftart (zumindest bei den meisten Menschen). Ein Unternehmen von einer anderen Software zu überzeugen ist schwerer als von einem anderen Papier. Selbst bei Markenpräferenzen hängt es von der Kategorie ab, wie sehr jemand an etwas festhält. Bei Limonade sind die Vorlieben ausgeprägter als bei Spülmittel. Bei Automarken sind wir stärker festgelegt als bei Küchenpapier.

Um herauszufinden, ob etwas eher wie ein Kieselstein oder wie ein Findling ist, können Sie sich ansehen, wie leicht etwas zu ändern ist. Je teurer, zeitaufwendiger, riskanter oder umstrittener etwas ist, umso wahrscheinlicher handelt es sich dabei nicht um einen Kieselstein, sondern um einen Findling. Etwas, das mehr Beweise braucht.

Nehmen wir das Beispiel Geld. Ein Tacker für neun Dollar sollte relativ leicht an den Mann zu bringen sein. Dazu genügt wahrscheinlich die Empfehlung eines Kollegen oder ein Post auf einem Blog. Aber eine digitale Transformation, die neun Millionen Dollar kostet? Da braucht es deutlich mehr Beweise.

Dasselbe gilt für Risiken. Jemanden dazu zu bringen, Lasik auszuprobieren, ein Laserverfahren zur Korrektur von Fehlsichtigkeit, das schon Millionen Mal durchgeführt wurde, erfordert eine gewisse Überzeugungsarbeit. Zwar gibt es ein gewisses Risiko, aber das Verfahren ist bewährt. Doch was, wenn Sie dieselbe Person von einem neuen, weniger gut erprobten Verfahren überzeugen wollen? Da braucht es deutlich mehr Beweise, damit sich die Person sicher genug fühlt, um es damit zu versuchen.

Je mehr für uns auf dem Spiel steht, je höher die Kosten und das Reputationsrisiko sind, umso mehr Beweise brauchen wir.

Findlinge zu bewegen ist schwer, aber nicht unmöglich. Wie ein psychologischer Berater müssen wir das Übersetzungsproblem lösen, indem wir unterstützendes Beweismaterial vorlegen. Je mehr Beweise nötig sind, umso wichtiger ist es, viele Quellen zu haben. Wir müssen ähnliche und zugleich vielfältige andere Menschen finden, die schlüssige Positionen vortragen, und zwar in möglichst kurzer Zeit, damit der Effekt nicht wieder verpufft. Und wenn wir in größerem Maßstab Veränderungen bewirken wollen, müssen wir uns überlegen, ob wir unsere Ressourcen eher streuen oder konzentrieren. Je größer der Findling, umso eher eignet sich ein Schlauch anstelle eines Sprinklers.

Seitdem Phil clean ist, hat er sein Leben in den Dienst anderer Menschen gestellt. Er wurde selbst psychologischer Berater und hat inzwischen Hunderten Menschen geholfen, von Alkohol und Drogen wegzukommen.

Denn vom Drogenmissbrauch kommt man selten allein los. Dazu braucht es Unterstützung. Phil sagt dazu:

Viele Menschen, mit denen du zu tun hast, sind Hochschulabsolventen, sehr gescheite, großartige Personen. Drogensüchtige und Alkoholiker sind oft sehr liebevoll, fürsorglich und intelligent. Und ihre Familien denken sich, sie haben in anderen Bereichen des Lebens so viel erreicht, warum schaffen sie das jetzt nicht?
Sie schaffen es nicht, wie sie auch Krebs oder Diabetes nicht besiegen könnten. Es ist eine Sucht, eine Krankheit. So etwas schafft man nicht allein.

Dasselbe könnte man auch darüber sagen, wenn wir andere Menschen zum Umdenken bewegen wollen.

FALLSTUDIE:

WIE MAN DAS KONSUMVERHALTEN ÄNDERN KANN

Sehen wir uns nun einmal an, wie sich alle fünf Hürden niederreißen lassen. Dazu möchte ich Ihnen eine der bemerkenswertesten Werbekampagnen in der amerikanischen Geschichte vorstellen. Man kann sich kaum ein Produkt denken, das weniger verlockend wäre als Innereien. Aber 1943 musste die US-Regierung ihre fleischliebende Bevölkerung dazu bringen, ihr Steak aufzugeben und stattdessen Hirn und Nieren in die Pfanne zu hauen – und dabei auch noch Stolz zu empfinden.

Im Januar 1943, gut ein Jahr nach dem Kriegseintritt der USA, sprach der ehemalige Präsident Herbert Hoover in einer Zeitschrift für Ernährung eine ernste Warnung aus. Es ging um eine einzigartige Bedrohung: die Fleischversorgung des Landes. „Fleisch und Fett sind in diesem Krieg Waffen, genau wie Panzer oder Flugzeuge“, schrieb er. „Auf unseren Bauernhöfen fehlen die Arbeitskräfte, die sich um das Vieh kümmern. Und noch dazu müssen wir den Briten und Russen Nahrung liefern.“[13]

Nahrung diente damals nicht mehr nur der Ernährung, sie war eine Frage der nationalen Sicherheit. Hoover, der im Ersten Weltkrieg die U.S. Food Administration geleitet hatte, eine Behörde zur Bewirtschaftung von Lebensmitteln, wusste, dass Kriege oft fernab der Schlachtfelder geführt werden. Um diesen Krieg zu gewinnen, mussten die Soldaten der Alliierten gut genährt sein. Und da in diesem Krieg die Lebensmittelversorgung in weiten Teilen Europas beeinträchtigt war, mussten die USA nicht nur ihre eigenen, sondern auch die alliierten Streitkräfte versorgen.

Doch wenn so viele Soldaten Essen brauchten, musste an der Heimatfront gespart werden. Rind- und Schweinefleisch wurde massenhaft nach Europa verschifft, sodass Fleisch bald wie Käse und Butter zu den rationierten Lebensmitteln gehörte.

Für die Essgewohnheiten der Amerikaner war das ein harter Schlag. Rotes Fleisch war hier die Hauptenergiequelle. Vor allem in der Arbeiterklasse galt eine Mahlzeit nur etwas, wenn eine ordentliche Portion davon auf dem Teller war.

Nun musste also jemand die Amerikaner zum Umdenken bewegen. Sie sollten anderes Fleisch konsumieren. Statt Steaks, Braten oder Schweinekoteletts weniger Erlesenes, was die Soldaten ansonsten verschmähten. Bries, Herz, Leber, Zunge und andere unbeliebte Innereien.

Mithilfe der aufkeimenden Werbeindustrie machte sich die Propagandamaschine der Regierung ans Werk. Es gab Vorträge darüber, wie günstig Innereien waren und welch hohen Nährwert sie besaßen. Farbenfrohe Poster und Pamphlete appellierten an den Patriotismus der Menschen: „Amerikaner! Gebt euer Fleisch, im Krieg tut es not“ und „Esst weniger Fleisch, damit sie genug haben.“ Jeder Amerikaner konnte dazu beitragen, dass man den Krieg gewann, indem er sich beim Essen einschränkte.

Diese Aufrufe waren gut gemacht, ästhetisch ansprechend. Bilder von lächelnden Frauen, die ein Tablett mit Leber und Sülze zu ihren sie anbetenden Gatten und Söhnen tragen. Poster in Rot, Weiß und Blau, die die Käufer fragten, ob sie wirklich alles taten, was in ihrer Macht stand.

Doch die Aufrufe verfehlten ihre Wirkung.

Das lag nicht daran, dass die Soldaten der Öffentlichkeit gleichgültig gewesen wären. Oder dass die Menschen nicht begriffen, dass Innereien nährreich sind.

Beides war nicht der Fall. Trotzdem änderten die Amerikaner ihr Verhalten nicht. Entweder aus Trägheit oder aus Überempfindlichkeit. Es wurde kaum mehr Leber, Zunge oder Bries verspeist.

Wie konnte die Regierung ihre Bürgerinnen und Bürger nun dazu bringen, ihre Haltung zu Innereien zu ändern?

Als Teil der Strategie, mit der die Regierung ihre Bürgerinnen und Bürger dazu bringen wollte, ihren Fleischkonsum zu ändern, rief das Verteidigungsministerium den Ausschuss für Ernährungsverhalten ins Leben. Und in dieses Gremium berief es den Psychologen Kurt Lewin.[14]

Lewin, der von vielen als der Begründer der Sozialpsychologie angesehen wird, studierte in Deutschland und emigrierte 1933 nach der Machtergreifung der Nationalsozialisten in die USA. Er war ein Meister darin, alltägliche Probleme in clevere psychologische Experimente umzuwandeln, und hatte erkannt, wie wertvoll psychologisches Wissen war, um die Welt zu verbessern.[15]

Vor 1942 versuchte man die öffentliche Meinung mithilfe von Bildung und Gefühlen zu ändern. „Wenn Sie die Fakten klar und korrekt darlegen, dann *muss* sich die Öffentlichkeit dafür interessieren und sich davon überzeugen lassen."[16] Sagen Sie den Menschen, was sie tun sollen, verknüpfen Sie es mit etwas, das ihnen wichtig ist – zum Beispiel Patriotismus –, und sie werden Ihrem Ansinnen Folge leisten.

Lewin sah sich die Situation genauer an und probierte es dann mit einem anderen Ansatz. Anreize wie nahrhaftes Essen oder patriotisches Verhalten waren gut und schön, aber sie waren offenbar nicht der richtige Weg, um eine Verhaltensänderung zu bewirken. Statt zu versuchen, die Menschen zu überzeugen, oder sich zu fragen: „Wie kann ich die Amerikaner davon überzeugen, Innereien zu essen?", stellte Lewin eine andere Frage. Sie ähnelte den Fragen, die wir in diesem Buch immer wieder gestellt haben: Warum aßen die Menschen keine Innereien? Was hielt sie davon ab?

Nachdem sich Lewin diverse Interviews, Beobachtungen und andere Daten angesehen hatte, konnte er ein paar Hürden feststellen, die dem Konsum von Innereien hauptsächlich im Wege standen.

Erstens lag es am Format. Bisher hatte man immer versucht, den Leuten zu sagen, was sie tun sollten. Mit der Bitte „Gebt euer Fleisch, im Krieg tut es not" appellierte man an ihre patriotische Pflicht. Aber die Menschen hatten nicht das Gefühl, die Wahl zu haben. Deshalb sträubten sie sich dagegen, ihr Verhalten zu ändern.

Zweitens lag den Amerikanern ihre Gewohnheit sehr am Herzen. Sie aßen viel zu gern Steak und Schweinekotelett und all die anderen guten Dinge, als dass sie sie einfach aufgegeben hätten.

Drittens wurde zu viel von ihnen verlangt. In den meisten Aufrufen ging es anfangs um alles oder nichts. Sie konzentrierten sich meist auf eine Innerei, die die Menschen mehrmals pro Woche essen sollten. Eine drastische Maßnahme, der sich die meisten Familien verweigerten.

Viertens war die Ungewissheit groß. Die Menschen kannten ganz einfach keine Innereien. Die Hausfrauen wussten nicht, wie Hirn schmeckt oder wie man Nieren zubereitet, und wollten es nicht riskieren, ihren Familien diese unbekannten Nahrungsmittel vorzusetzen.

Fünftens dachten die meisten Amerikaner, Innereien seien nichts, was Menschen ihres Schlags essen würden. Manche betrachteten sie als wertlosen Abfall, der in den Müll gehört. Andere meinten, nur Bauern oder Menschen aus niederen sozioökonomischen Schichten würden Innereien essen.

Auf der Grundlage dieser Erkenntnisse änderte Lewins Ausschuss die Stoßrichtung. Es beendete die alten Kampagnen, die die Menschen zu sehr bedrängten, und machte sich stattdessen daran, die Hindernisse zu beseitigen.

Um die Ungewissheit zu senken, versuchten sie Innereien bekannter zu machen. Überall, wo man sie kaufen konnte, stellten sie Rezepte und Kochtipps zur Verfügung. Sie schlugen vor, Innereien in eine Mahlzeit mit beliebten Zutaten zu integrieren, wo sie sich auf dieselbe Weise zubereiten ließen wie normales Fleisch. „Ihr Gatte wird Ihre Rindfleisch-Nieren-Pastete lieben", hieß es in einem Artikel von 1943. Leber könne man heimlich in Fleischklöße einschmuggeln, auf die sich die Kids stürzen würden.

Um die Distanz zwischen der Position auf dem Feld, an der die Menschen standen, und der Position, an der die Regierung sie haben wollte, zu verringern, verlangte Lewins Team weniger. Statt den Amerikanern zu sagen, sie sollten jeden Tag Rinderhirn essen, bat es sie, ab und zu einmal Innereien zu probieren. Um ihre Mahlzeiten abwechslungsreich zu gestalten, konnten sie es in Rinderhack oder unter die Wurst mischen. Damit sich das Festhalten der Bevölkerung am Status quo lockerte, wies Lewin sodann auf die Kosten des Nichtstuns hin: dass es den Truppen schadete, wenn alle Amerikaner weiterhin Steak und Schweinekoteletts aßen.

Und um die Abwehrhaltung zu senken, sodass der Wandel eher aus freiem Willen geschah, veranstaltete Lewin Diskussionen in kleineren Gruppen, anstatt Vorträge zu halten. Er sagte den Hausfrauen also nicht mehr, was sie tun *sollten*, sondern brachte sie zusammen und fragte sie nach ihrer Meinung. Wie „eine Hausfrau wie Sie" die Hindernisse überwinden könnte, die ihr bei diesem Thema im Wege standen.

Diese Diskussionen lieferten unterstützendes Beweismaterial. Die Hausfrauen sahen und hörten, wie andere Menschen dasselbe Problem lösten: auf welche Weise Mütter und Ehefrauen, die wie sie waren, ihre Ungewissheit überwanden und bei den Kriegsanstrengungen mithalfen.

Am Ende der Diskussionen führten die Gruppenleiter eine kurze Umfrage durch. Sie baten die Frauen, die Hand zu heben, wenn sie vor dem nächsten Treffen einmal Innereien ausprobieren wollten.

Und tatsächlich gingen die Hände hoch.

Das Ergebnis war atemberaubend. Nach Lewins Gruppendiskussionen erklärte sich ein Drittel mehr Frauen bereit, für ihre Familie Innereien zu kochen.[17] Mehr noch. Landesweit ging der Konsum genießbarer Schlachterabfälle um ein Drittel nach oben. Und Leber wurde sogar zu einer Gaumenfreude.

Lewins Ausschuss änderte nicht nur das Konsumverhalten, sondern er erreichte dieses Ziel in einer Situation, in der das fast unmöglich schien. Lewin zeigte, dass es möglich ist, sich eines der wahrscheinlich unattraktivsten Nahrungsmittel herzunehmen und es in den amerikanischen Haushalten zu einer Delikatesse zu machen. Und das gelang ihm mithilfe genau der Vorgehensweisen, die wir in diesem Buch erörtert haben.

EPILOG

Der Konflikt zwischen Israel und Palästina ist eines der verworrensten Probleme unserer Zeit. Jahrzehntelang sind Verhandlungen gescheitert und ist die Gewalt eskaliert, was zu tief sitzendem Misstrauen und Hass geführt hat. Selbstmordattentate, Raketenangriffe und andere brutale Auseinandersetzungen lassen die Einwohner um ihr Leben fürchten. Ausgangsbeschränkungen, Übergriffe durch Siedler und vernichtende Wirtschaftssanktionen haben dazu geführt, dass viele Menschen in Armut leben und das Gefühl haben, kaum Rechte oder Ansprüche zu haben.

Da scheint es unnötig zu erwähnen, dass die Feindseligkeit groß ist. Alle sehen die andere Seite als ihren Feind an. Als einen Gegner, den man mit allen Mitteln bekämpfen muss. Vertrauen oder gar Freundschaft scheint zwischen diesen verfeindeten Gruppen meistens unmöglich.

Doch eines strahlenden Morgens im Jahr 1993 keimte in Washington Hoffnung auf. US-Präsident Bill Clinton empfing auf dem Rasen vor dem Weißen Haus eine ausgewählte Gruppe von Gästen und verkündete die öffentliche Unterzeichnung der Osloer Verträge. Ein Abkommen zwischen dem israelischen Premierminister Jitzchak Rabin und dem Anführer der Palästinensischen Befreiungsorganisation PLO, Jassir Arafat.

Das war ein historischer Tag für den Mittleren Osten. Die erste direkte Vereinbarung zwischen der israelischen Regierung und der PLO. Die Palästinenser erkannten darin Israels Existenzberechtigung an und entsagten der Gewalt. Israel wiederum sagte zu, seine Truppen aus Teilen des Gazastreifens und des Westjordanlands abzuziehen, und bestätigte die Autonomie der Palästinenser. Neben Rabin und Arafat, die für ihre Bemühungen später den Friedensnobelpreis bekamen, waren auch ehemalige US-Präsidenten, Ministerinnen und Prominente zugegen, um das Abkommen zu unterstützen.

Aber eine Gruppe von Anwesenden stellte Clinton in seiner Rede besonders heraus. „Es gibt in dieser ganzen Versammlung niemanden, der wichtiger wäre“, erklärte der Präsident.

Diese Gruppe bestand nicht aus Würdenträgern oder den Anführern von Großmächten, ehemaligen Präsidenten oder Mitgliedern des Pressekorps. Tatsächlich schienen diese Menschen in ihren grünen T-Shirts und Jeans so gar nicht in das Bild all dieser Berühmtheiten zu passen.

Es waren die Teilnehmenden eines Ferienlagers.

Seeds of Peace („Samen des Friedens“), wie das Lager hieß, brachte jeden Sommer Jugendliche aus Ägypten, Israel und Palästina zusammen, sodass sie ein paar Wochen gemeinsam an einem See im Süden von Maine verbringen konnten.

Sie schliefen in Kojen, aßen in Kantinen und gaben sich dem gemächlichen Takt eines Lebens im Ferienlager hin. Aber darüber hinaus nahmen sie auch an Dialogveranstaltungen teil, um über ihre Unterschiede zu sprechen.

Vor Seeds of Peace hatten die meisten Teilnehmenden kein gutes Verhältnis zur anderen Seite. Sie waren von den jeweiligen Regierungen ausgewählt worden, um ihre Gruppe möglichst gut zu repräsentieren. Manche kamen aus den Siedlungsgebieten, andere hatten eine sehr orthodoxe Haltung oder gar einen orthodoxen Glauben. Viele waren Hardliner, deren Meinung unerschütterlich war.

„Ich ging mit sehr viel Hass in dieses Ferienlager", sagte Habeeba, eine junge Ägypterin, die an dem Programm teilnahm. „Ich wollte meine Ansichten vorbringen und dann wieder gehen. Ich hatte keine Lust, den anderen zuzuhören oder etwas von ihnen zu lernen."* Als Araberin hielt sie das für ihre patriotische Pflicht. Den Israelis zu zeigen, dass ihre Regierung im Unrecht war, dass sie in einem Land wohnten, das anderen gehörte.

Für viele Teilnehmende war das Ferienlager eine schwierige Erfahrung. Sie fühlten sich wie Betrüger. Als würden sie ihr Land betrügen, wenn sie in dieses Lager gingen. Die Araber hatten Angst, mit Israelis im selben Raum zu schlafen, sie fürchteten sich davor, was passieren würde, wenn sie die Augen zumachten. Die Israelis fanden es unerträglich, beim Essen mit Palästinenserinnen am selben Tisch zu sitzen.

Bei manchen Angeboten, wie zum Beispiel im Malkurs, konnten die Teilnehmenden sich aussuchen, mit wem sie sich austauschten. Aber bei anderen Aktivitäten, etwa beim Klettern, konnten sie den Menschen, die anderer Meinung waren als sie, nicht ausweichen. „Ich musste natürlich ihre Hand nehmen, wenn ich weiterkommen wollte", sagte ein Teilnehmer. „Die Feindschaft war dadurch nicht sofort verschwunden. Aber sie wurde dadurch herausgefordert. Das war hart und gefiel mir überhaupt nicht."

Und trotzdem geschah in den drei Wochen, die diese Erzfeinde am Ufer des Pleasant Lake verbrachten, etwas Faszinierendes.

Die Teilnehmenden änderten sich.

---

* Die israelischen Teilnehmenden brachten genau dasselbe Gefühl zum Ausdruck.

Nach ihren Klettertouren und Malkursen nahmen sie an sogenannten „Group Challenges“ teil. Sie mussten aus langen Seilen bestimmte Formen legen oder andere Aufgaben in der Gruppe meistern.

Aus einem Seil einen Kreis oder Stern zu formen klingt erst mal einfach, aber in einer Gruppe, die vorher stundenlang über Landrechte oder politische Repräsentation gestritten hat, ist selbst das eine harte Herausforderung. Die Teilnehmenden wollten mit der Gegenseite nichts zusammen machen. Viele waren lautstarke, selbstbewusste Anführer, die mit dem Gegner keine gemeinsame Sache machen wollten.

Bei einer Group Challenge mussten die Teilnehmenden in einen Hochseilgarten gehen, wo sie in Zweiergruppen eingeteilt wurden. Der Erste musste einen hohen Telefonmast hochklettern und dann einem Führungsseil folgen, das zehn Meter über dem Boden hing. Um die Sache noch schwieriger zu machen, wurden ihm die Augen verbunden, sodass er sich auf die Anweisungen seines Partners verlassen musste.

Die beiden konnten diese Challenge also nicht bewältigen, wenn sie nicht zusammenarbeiteten. In einer anderen Aufgabe wurde sogar beiden Partnern die Augen verbunden und sie mussten zusammen einen Weg finden. Sie mussten sich an der Hand halten und sich gegenseitig erklären, was sie spürten, aber nicht sahen.

Habeeba erinnerte sich daran, dass sie ein Paar mit einem sturen Israeli bilden musste. In der Dialoggruppe war er so entschieden und unnachgiebig aufgetreten, dass sie nicht eine einzige Gemeinsamkeit mit ihm hatte feststellen können. Sie vertraute ihm nicht. Und jetzt waren ihr die Augen verbunden und sie war ganz und gar von ihm abhängig, zehn Meter über dem Boden schwebend.

Sie hatte die Wahl. Entweder verließ sie sich auf jemanden, bei dem sie nicht sicher war, ob sie sich auf ihn verlassen konnte, oder sie riskierte abzustürzen.

Doch während ihr Partner sie durch den Parcours leitete und ihr jeden einzelnen Schritt erklärte, merkte sie, wie sich etwas in ihr veränderte. Plötzlich spürte sie Mitgefühl, wie sie es nie für möglich gehalten hätte. „Er ist ein Mensch wie ich", erkannte sie. „Wie ich dort oben am Seil hing, war es mir egal, dass er ein Israeli war und anderer Meinung war als ich. Für mich war nur wichtig, dass ich nicht abstürzte."

Dieser Moment führte sie zu einer noch umfassenderen Erkenntnis. „Irgendwann in den letzten zwei Wochen hatte ich aufgehört, die Leute im Ferienlager anhand ihrer Nationalität zu beurteilen, und fing an, sie als Menschen, als Individuen zu sehen."

Damit war Habeeba nicht allein. Forscher der University of Chicago beobachteten die Teilnehmenden während ihrer Zeit im Ferienlager.[1] Sie untersuchten die Beziehung zwischen den Israelis und Palästinensern und ihre Haltung gegenüber der anderen Gruppe.

Die Forscherinnen stellten fest, dass die Teilnehmenden im Ferienlager ihre Haltung geändert hatten. Am Ende hatte sich ihre Meinung über die andere Gruppe deutlich verbessert. Die Teilnehmenden mochten die anderen mehr und vertrauten ihnen mehr und stellten fest, dass ihnen die einstigen Gegner ähnlicher waren, als sie gedacht hatten. Auch waren sie optimistischer, dass es Frieden geben könnte, und eher bereit, sich dafür einzusetzen.

Jetzt könnte man sich fragen, ob diese Haltungsänderung nur vorübergehend war. Vielleicht wäre alles wieder beim Alten, wenn die Jugendlichen in ihre konfliktgeschüttelte Heimat zurückkehrten.

Aber das war nicht der Fall. Noch ein Jahr nach dem Ferienlager hatten die Teilnehmenden eine positivere Haltung gegenüber der anderen Gruppe als zuvor.

Zudem bewirkten diese Begegnungen mehr als nur eine Haltungsänderung. Für viele Teilnehmende waren sie der Auftakt für größeren Aktivismus. Follow-up-Studien[2] zeigten, dass ein großer Teil der Seeds-of-Peace-Teilnehmenden nachher weiter in der Friedensbewegung aktiv war und sich für sozialen Wandel einsetzte, oft noch zehn Jahre nach der Teilnahme.

Bill Clinton hatte recht. Die Teilnehmenden dieses Ferienlagers waren die Zukunft des Friedensprozesses.

Bei vielen Konflikten zeichnen die Medien oft nur ein grobes Bild der beteiligten Seiten. Manche porträtieren Juden als manipulative Ungeheuer, die den Arabern ihr Land und ihr Zuhause wegnehmen wollen. Andere sehen in jedem Palästinenser einen Selbstmordattentäter, der blind seinem Glauben folgt und dem man nur mit Misstrauen begegnen kann. Wie bei vielen Stereotypen und bei dieser Art von Fremdenfeindlichkeit ist es leicht, den „Feind" als unmenschlich anzusehen. Als einen gesichtslosen Gegner, irgendwo weit weg.

Aber durch das Ferienlager änderte sich diese Haltung. Die Jugendlichen begriffen plötzlich, dass sie vieles mit der Gegenseite gemeinsam hatten. Auch deren Mitglieder waren 14 Jahre alt, waren schon einmal unglücklich verliebt gewesen und gingen zur Schule, genau wie sie selbst.

„Das israelische Mädchen, das mit mir am Tisch saß, hat gern Orangen gegessen. Sie hat es aber nicht hingekriegt, sie zu schälen", erzählte Habeeba. „Da habe ich ihr geholfen. So was fällt einem nur auf, wenn man mit anderen zusammenlebt. Dann siehst du, welches Shampoo sie benutzen. Das alles sind menschliche Eigenschaften."

Seeds of Peace ist eine großartige Organisation. Sie war ein einflussreicher Katalysator für das Aufbrechen des Konflikts zwischen Israelis und Palästinensern und in diversen anderen schwierigen Situationen. Aber das Beste daran ist, auf wie vielen Gebieten dieser Ansatz angewandt werden kann.

Man könnte leicht meinen, die Situation, von der wir gerade gehört haben, sei einzigartig. Denn es gibt nicht viele Menschen, die einer größeren Organisation vorstehen und alle Mitglieder gemeinsam in ein dreiwöchiges Ferienlager einladen können. Nur wenige Verkäufer können ihre künftigen Kunden in einen Kletterparcours schicken, um zu einem Verkaufsabschluss zu kommen.

Ja, das Programm mag ungewöhnlich sein, aber die Gründe, warum es funktioniert, überschneiden sich mit vielen Dingen, die wir in diesem Buch erörtert haben.

Seeds of Peace zwingt keinen Palästinenser dazu, sich mit einem Israeli anzufreunden oder Gründe aufzuführen, warum die beiden Seiten wieder Vertrauen zueinander fassen sollten. Es werden keine endlosen Vorträge gehalten und den Teilnehmenden wird auch nicht erklärt, was „richtig" ist. Stattdessen versuchen die Organisatoren die wichtigsten Hürden auszumachen, die Veränderungen verhindern, und sie abzubauen.

Statt zu versuchen, andere von etwas zu überzeugen, reduzieren sie deren **Abwehrhaltung**, indem sie sie dazu ermutigen, sich selbst zu überzeugen. Seeds of Peace hat zwar ein Ziel vor Augen, aber es drängt die Teilnehmenden des Ferienlagers nicht dazu, sondern ermöglicht ihnen, selbst zu denken und zu handeln. Sie bieten ihnen verschiedene Übungen und Erlebnisse, anhand derer die Teilnehmenden ihren eigenen Weg zu diesem Ziel finden können.

Statt gleich große Forderungen zu stellen, versucht Seeds of Peace die **Distanz** zu verringern. Anstatt zu erwarten, dass die beiden Parteien gleich am ersten Tag Freunde werden, verlangt die Organisatoren erst einmal wenig. Im selben Raum schlafen. Am selben Tisch essen. An denselben Aktivitäten teilnehmen und in einen Dialog treten. Dadurch ändert sich das Feld und findet sich ein nicht festbetonierter Punkt.

Auf diese Weise reduziert Seeds of Peace auch die **Ungewissheit**. Es werden nicht nur die Vorlaufkosten gesenkt, sodass sich Menschen, die normalerweise Angst voreinander haben, in einer neutralen Umgebung begegnen können, in der sie sich sicher fühlen, sondern es werden auch Entdeckungen gefördert. Die Organisatorinnen lehnen sich nicht zurück und hoffen, dass die beiden Seiten irgendwie in Kontakt kommen, sondern schaffen Situationen, in denen dieser Kontakt auf ganz natürliche Weise zustande kommt. Und da das Ferienlager nur ein paar Wochen dauert, ist alles auch wieder umkehrbar. Im schlimmsten Fall kehren die Teilnehmenden nachher wieder in ihr gewohntes Leben zurück.

Zudem bietet Seeds of Peace den Teilnehmenden **unterstützendes Beweismaterial**, indem es ihnen verschiedene Aktionen mit verschiedenen Mitgliedern der anderen Seite ermöglicht. Selbst wenn sich Habeeba mit einem israelischen Mädchen anfreundet, kann sie sich leicht sagen, dieses Mädchen ist eine Ausnahme. Sie ist zwar Israelin, aber sie ist nicht wie die *anderen* Israelis. Sie ist anders. Dann ändert sich Habeebas Haltung gegenüber Israelis im Allgemeinen nicht wirklich. Aber wenn sie positive Erfahrungen mit mehreren Israelis macht, fällt es ihr schwerer, ihre Haltung gegenüber dieser Gruppe nicht zu überdenken. Was wiederum bedeutet, dass sie anderen Israelis, denen sie in Zukunft begegnet, eher Vertrauen schenken wird.

Die Wurzel finden

Der Verhaltensforscher Kurt Lewin sagte einmal: „Wenn Sie etwas wirklich verstehen wollen, dann versuchen Sie es zu ändern." Aber das Gegenteil stimmt genauso. Wenn Sie etwas wirklich verändern wollen, müssen Sie es vorher verstehen.

Allzu oft konzentrieren wir uns, wenn wir irgendwo etwas ändern wollen, auf uns selbst. Wir denken nur an das Ergebnis, das wir uns wünschen, oder an die Veränderung, die wir sehen wollen. Wir sind so geblendet von dem Glauben, dass wir recht haben, dass wir annehmen, wir müssten nur mehr Informationen, Fakten oder Gründe liefern, dann werden die anderen schon kapitulieren.

Aber in den meisten Fällen bewegen sich die anderen gar nicht. Und weil wir uns so sehr auf uns selbst und unsere eigenen Ziele konzentriert haben, vergessen wir das, was am wichtigsten ist, wenn wir Veränderungen herbeiführen wollen: Wir müssen die Menschen verstehen, die wir ansprechen.

Wir müssen verstehen, wer sie sind und inwiefern sich ihre Bedürfnisse von unseren unterscheiden. Und wie wir im Buch immer wieder gesehen haben, müssen wir verstehen, warum sie sich bis jetzt noch nicht geändert haben. Welche Hürden oder Hindernisse halten sie davon ab? Welche Handbremse ist gerade noch angezogen?

Je mehr wir darüber erfahren, was jemand anderen davon abhält, sich zu ändern, umso leichter fällt es uns, ihm dabei zu helfen. Und zu begreifen, dass das Ganze kein Nullsummenspiel ist.

Wir denken oft, dass irgendwer verliert, wenn es darum geht, Dinge zu ändern. Entweder der andere ändert sich oder ich leide. Ein Schwarz-Weiß-Denken, bei dem es nur zwei Möglichkeiten gibt.

Aber die Wahrheit ist oft komplexer.

Einmal stritten zwei Küchenchefs in einem Restaurant, wer die letzte Orange nehmen darf. Es war schon spät am Abend und beide brauchten die Orange für ihr Gericht. Also stritten sie darum, wer jetzt das Recht hat, diese Orange zu nehmen.

Irgendwann wurde es Zeit, die Teller an den Tisch zu bringen, weshalb sie sich ein großes Küchenmesser nahmen und die Orange in der Mitte durchschnitten. Damit hatten beide nur die Hälfte von dem, was sie für ihr Gericht gebraucht hätten.

Dabei wäre es für beide besser gewesen, das Motiv des anderen zu verstehen. *Weshalb* er die Orange brauchte. Denn der eine brauchte den Saft für eine Sauce, der andere die Schale für einen Kuchen.

Ob Sie ein Gericht kochen, im Hinterhof Unkraut jäten oder Israelis und Palästinenser an einen Tisch bringen wollen: Suchen Sie immer nach der Wurzel, allein dadurch erreichen Sie schon ein besseres Ergebnis.

Finden Sie die Hürden, die Handbremse, dann geht alles wie von selbst.

Einen hilfreichen Ansatz, um Hürden und Hindernisse zu identifizieren, finden Sie im Anhang „Kraftfeldanalyse".

Die Wirkmacht des Katalysators

Die Geschichte von Seeds of Peace zeigt uns mehrere wichtige Aspekte.

Erstens können Sie jedermanns Meinung ändern. Ob es darum geht, etwas zu kaufen (siehe die Aktion von Acura), eine Partei zu wählen (Deep Canvassing) oder mit dem Rauchen aufzuhören. Ob Landwirte neue Erfindungen ausprobieren (Hybridmais), Kunden neue Dienste nutzen (Dropbox) oder Kinder Gemüse essen sollen. Ja, es ist selbst in den unwahrscheinlichsten Situationen möglich. Sie können Suchtkranke dazu bringen, auf Entzug zu gehen, Bankräuber, mit erhobenen Händen herauszukommen, und Konservative, die Rechte von Transgendermenschen zu unterstützen. Sie können Israelis und Araber dazu bringen, Freunde zu werden, Fleischesser zu Vegetariern machen und in Ihrem Unternehmen eine neue Unternehmenskultur einführen.

Das heißt nicht, dass es immer einfach wäre, Veränderungen herbeizuführen, oder dass es von einem Tag auf den anderen passieren würde. Wenn Sie sich große Umwälzungen ansehen, erkennen Sie, dass sie selten derart abrupt geschehen.

Der Grand Canyon ist eine der spektakulärsten Schluchten der Welt. Er ist so lang wie die Strecke von Washington bis Raleigh in North Carolina und so tief, dass es über vier Stunden dauert, um an den untersten Punkt zu gelangen. Er ist so groß, dass er den gesamten Staat Rhode Island in sich aufnehmen könnte und sein eigenes Wetter produziert.

Wie ist diese Schlucht entstanden? Wer es nicht weiß, denkt vielleicht: durch ein großes Erdbeben oder ein ähnlich erschütterndes Ereignis. Aber nein, es war kein plötzliches, einmaliges Ereignis, sondern Wasser. Wasser, das im Laufe von Jahrmillionen langsam den Fels abgetragen hat. Erst ein kleines Rinnsal, das nach und nach zu einem stetig fließenden Wasserlauf wurde, der sich schließlich zum Colorado River entwickelte.

Reden Sie mit jemandem, der die Partei gewechselt hat. Sie werden sehen, dass es nicht den einen Moment der Erleuchtung gab, als ihm plötzlich ein Licht aufging. So etwas gibt es nur im Film oder im Roman. Im echten Leben passiert es dagegen nur selten.

Große Veränderungen sind meist wie der Grand Canyon: eine langsame, stetige Veränderung mit vielen Zwischenstufen. Ein Gespräch mit einem Professor an der Uni, eine lange Diskussion mit einer Mitbewohnerin. Eine überraschende Krankheit, die jemanden dazu bringt, das Gesundheitssystem mit anderen Augen zu sehen, oder die Auseinandersetzung mit der Ausrichtung Ihrer Partei, die der neue Parteivorsitzende vorgegeben hat. Veränderungen, die im Laufe mehrerer Jahre geschehen, nicht binnen weniger Stunden.

Gerade bei größeren Umwälzungen braucht es oft Wochen, Monate oder gar Jahre. Aber Katalysatoren können die Wahrscheinlichkeit erhöhen, dass eine solche Veränderung stattfindet, indem sie herausfinden, warum sich Menschen ändern und warum nicht.

Zweitens gibt es immer einen besseren Weg, wenn Sie etwas ändern wollen. Nicht durch Zwang oder Druck, nicht durch zusätzliche Bemühungen, sondern indem Sie die Hürden senken, die Veränderungen verhindern. Hindernisse abbauen. Als Katalysator versuchte Nafeez Amin die Teilnehmenden seines Kurses nicht davon zu überzeugen, mehr zu lernen, sondern er senkte ihre Abwehrhaltung und brachte sie dazu, sich selbst davon zu überzeugen, dass es gut wäre, mehr zu lernen. Dave Fleischer setzte niemanden unter Druck, um die Rechte von Transgendermenschen zu unterstützen, sondern er verringerte die Distanz und regte sein Gegenüber dazu an, selbst in diese Richtung aktiv zu werden. Greg Vecchi sagte den Bankräubern nicht: „Kommen Sie mit erhobenen Händen heraus oder wir schießen“, sondern er setzte bei ihnen und ihren Bedürfnissen an, versuchte sie zu verstehen und dann eine Möglichkeit zu finden, dass sie am Ende das Gefühl hatten, es sei ihre eigene Idee gewesen, aufzugeben.

Ganz gleich, ob Sie bei jemandem eine Änderung seines Verhaltens oder seiner Haltung bewirken oder ihn zum Handeln bewegen wollen, für einen Katalysator geht es immer darum, Hindernisse abzubauen.

ABWEHRHALTUNG	Wenn Menschen zu etwas gedrängt werden, schießen sie zurück. Deshalb sagt ein Katalysator ihnen nicht, was sie tun sollen, oder versucht sie von etwas zu überzeugen, sondern ermöglicht ihnen, eigenverantwortlich zu handeln und sich selbst zu überzeugen.
FESTHALTEN AM STATUS QUO	Allen Menschen liegt etwas daran, ihren Status quo beizubehalten. Um dieses Festhalten am Status quo zu lockern, führt ihnen der Katalysator die Kosten ihres Nichtstuns vor Augen und hilft ihnen zu begreifen, dass Nichtstun für sie gar nicht so günstig ist, wie sie denken.
DISTANZ	Menschen blenden alles aus, was zu weit von ihrem eigenen Umfeld entfernt ist. Ansichten, die zu weit von ihren entfernt sind, fallen in den Ablehnungsbereich und werden diskreditiert. Deshalb versucht ein Katalysator, die Distanz zu verringern, weniger zu verlangen und einen nicht festbetonierten Punkt zu finden.

UNGEWISSHEIT	Zweifel nehmen dem Wind der Veränderung seine Fahrt. Damit Menschen ihre Zurückhaltung überwinden, versucht der Katalysator, ihre Ungewissheit zu verringern. Was sie leichter ausprobieren können, werden sie am Ende auch eher annehmen.
UNTERSTÜTZENDES BEWEISMATERIAL	Manche Dinge brauchen mehr Beweise. Katalysatoren suchen nach unterstützendem Beweismaterial und nutzen mehrere Quellen, um das Übersetzungsproblem zu lösen.

Ob Sie einen Kunden von etwas überzeugen, eine Unternehmensstruktur ändern oder eine ganze Branche umkrempeln wollen: Überlegen Sie immer, welche Hindernisse Veränderungen verhindern und wie Sie sie abbauen können.

Hier finden Sie eine Checkliste, mit der Sie einige häufig vorkommende Barrieren abbauen können.

ABWEHRHALTUNG SENKEN	• Wie können Sie eigenverantwortliches Handeln fördern? Wie können Sie – ähnlich wie in der Wahrheitskampagne – Menschen dazu bringen, ihren eigenen Weg zu Ihrem gewünschten Ziel zu finden? • Können Sie ihnen ein Menü anbieten? Können Sie ihre Wahl leiten, so wie Sie es bei Ihren Kindern tun, wenn Sie sie fragen, ob sie erst den Brokkoli oder erst das Hühnchen essen wollen? • Gibt es wie in der „Smoking Kid“-Kampagne eine Diskrepanz

	zwischen Haltung und Verhalten? Und wenn ja, wie können Sie Ihr Gegenüber darauf hinweisen? • Haben Sie versucht, den anderen erst einmal zu verstehen, anstatt sofort zu versuchen, ihn zu beeinflussen? Haben Sie die Wurzel gefunden? Haben Sie wie Greg Vecchi Vertrauen aufgebaut und erst dann versucht, eine Veränderung herbeizuführen?
DAS FESTHALTEN AM STATUS QUO LOCKERN	• Was ist der Status quo und aus welchen Gründen ist er attraktiv? • Gibt es versteckte Kosten, die die Menschen nicht sehen, wenn sie an ihrem Status quo festhalten? • Wie können Sie dem anderen – ähnlich wie die Finanzberaterin Gloria Barrett – die Kosten seines Nichtstuns vor Augen führen? • Wie können Sie die Schiffe verbrennen – wie es Cortés oder der IT-Experte Sam Michaels gemacht hat –, um dem anderen klarzumachen, dass es kein Zurück gibt? • Können Sie wie Dominic Cummings beim Brexit das Neue auf eine Weise präsentieren, dass es wirkt, als könne damit ein Verlust wiedergutgemacht werden?
DISTANZ VERRINGERN	• Wie können Sie außerhalb des Ablehnungsbereiches bleiben, um den Bestätigungsfehler zu vermeiden? • Können Sie weniger verlangen? Können Sie die gewünschte Veränderung in kleine Abschnitte

einteilen, wie die Ärztin, die den Lkw-Fahrer dazu brachte, weniger Limonade zu trinken, um dann nach und nach mehr zu verlangen?

- Welche Personen fallen in die verrückbare Mitte und wie können Sie sie dazu bringen, andere zu überzeugen?
- Was wäre ein guter nicht festbetonierter Punkt und wie können Sie diesen nutzen, um das Feld zu verschieben? Können Sie wie beim Deep Canvassing eine Ebene finden, auf der es schon einen gemeinsamen Nenner gibt, um dem anderen näherzukommen?

UNGEWISSHEIT MINDERN

- Wie können Sie die Ungewissheit mindern und die Menschen dazu bringen, ihre Passivität zu überwinden? Können Sie die Hürden senken, damit sie etwas ausprobieren?
- Können Sie wie Dropbox ein Freemium-Angebot machen?
- Können Sie wie Zappos die Vorlaufkosten senken, etwa durch Probefahrten, Vermietung, Proben oder andere Angebote, um es den Menschen leichter zu machen, Ihr Angebot selbst zu erleben?
- Können Sie den Menschen Entdeckungen ermöglichen, anstatt darauf zu warten, dass sie zu Ihnen kommen? Können Sie sie wie Acura dazu bringen, etwas auszuprobieren, von dem sie vorher gar nicht wussten, ob es sie überhaupt interessiert?
- Können Sie die Friktionen am Ende des Prozesses verringern, sodass

	Entscheidungen auch wieder rückgängig gemacht werden können? Können Sie wie Street Tails Animal Rescue mit seiner zweiwöchigen Probezeit nachgiebige Rückgabebedingungen anbieten?
UNTERSTÜTZENDES BEWEISMATERIAL FINDEN	• Haben Sie es mit einem Kieselstein oder einem Findling zu tun? Wie teuer, riskant, zeitaufwendig oder umstritten ist die Veränderung, die Sie von Ihrem Gegenüber verlangen? • Wie können Sie zusätzliche Beweise sammeln? Können Sie wie der psychologische Berater dafür sorgen, dass Ihr Gegenüber aus mehreren Quellen ähnliche Dinge hört? • Welche einander ähnlichen, aber voneinander unabhängigen Quellen können Sie nutzen, um zusätzliche Beweise vorzubringen? • Wie können Sie diese Stimmen zeitlich konzentrieren? Können Sie dafür sorgen, dass der Betreffende kurz nacheinander von mehreren Leuten angesprochen wird? • Sollten Sie bei Veränderungen in größerem Maßstab eher einen Schlauch oder einen Sprinkler verwenden? Die raren Ressourcen konzentrieren oder verteilen?

Das allerwichtigste aber ist mein letzter Punkt: dass nämlich jeder Mensch ein Katalysator sein kann.

Sie müssen nicht gut reden können oder die perfekte PowerPoint-Präsentation erstellen. Sie brauchen kein riesiges Marketingbudget und müssen auch nicht für ein großes Unternehmen arbeiten. Und Sie brauchen keine 20 Jahre Erfahrung auf Ihrem Gebiet, müssen nicht mit den Händen reden können oder die charismatischste Person im ganzen Raum sein.

Jacek Nowak hatte Schwierigkeiten damit, für sein Vorhaben den Segen der Geschäftsleitung zu erhalten. Er arbeitete in einer Branche, dem Bankwesen, die Veränderungen skeptisch gegenübersteht. Und er versuchte seine Geschäftsleitung von einem Kundenerlebnis zu überzeugen, das in mancher Hinsicht das Gegenteil von dem darstellte, was sie gewohnt war. Aber indem er die Hürde senkte, damit sie seine Ideen ausprobieren und entdecken konnten, erlebten seine Vorgesetzten, welchen Gewinn dieser Ansatz für sie bedeutete, sodass sie ihm am Ende zustimmten.

Chuck Wolfe trat gegen eine der größten Branchen der Welt an, deren Budget seines um ein Tausendfaches überstieg. Er brachte Jugendliche dazu, mit dem Rauchen aufzuhören – was Dutzende Organisationen ohne Erfolg schon seit Jahrzehnten versucht hatten. Indem er den Teenagern einfach nur die Wahrheit sagte, statt ihnen vorzuschreiben, was sie tun sollten, konnte er sie zum Umdenken bewegen. Er machte aus passiven Zuschauern aktive Teilnehmende, wodurch sie das Gefühl bekamen, selbst bestimmen zu können. Er senkte ihre Abwehrhaltung und brachte sie dazu, sich selbst zu überzeugen.

Nick Swinmurn brauchte einen Ausweg, damit sein neu gegründetes Unternehmen wieder in Gang kam. Shoesite.com ging das Geld aus, weshalb sich das Verhalten seiner potenziellen Kunden ändern musste – und zwar schnell. Doch statt sie von etwas überzeugen zu wollen oder Geld, das er nicht besaß, für spritzige Werbung auszugeben, entfernte er die Hürden. Indem er einen kostenlosen Versand (und kostenlose Rückgabe) anbot, konnten potenzielle Kunden sein Angebot am eigenen Leib erleben. Zappos senkte die Hürde, seine Produkte auszuprobieren, und damit auch die Ungewissheit und wurde auf diese Weise ein milliardenschweres Unternehmen. Und ganz nebenbei führte es uns in die Welt des Onlineshoppings ein, die uns heute allen selbstverständlich erscheint.

Das alles waren ganz normale Menschen, die in schwierigen Situationen zum Katalysator wurden. Indem sie die Wurzel fanden und Hindernisse abbauten, konnten sie eine Veränderung bewirken.

Jeder Mensch hat etwas, das er gern ändern möchte. Politiker wollen das Wählerverhalten ändern, Vermarkter einen Kundenstamm aufbauen. Angestellte wollen, dass ihr Chef seine Ansicht ändert, Unternehmensleiter wollen ihre Organisation umwandeln. Ehepartner wollen, dass der andere seine Haltung ändert, Eltern wollen, dass ihre Kinder sich anders benehmen. Neu gegründete Unternehmen wollen ihre Branche ändern, gemeinnützige Organisationen die Welt.

Wir haben uns in diesem Buch die aktuellsten Erkenntnisse über Veränderungsmöglichkeiten angesehen. Wie, wann und warum Menschen ihre Haltung und ihr Verhalten ändern. Wenn Sie sich zum Katalysator machen und Hürden und Hindernisse abbauen, dann können auch Sie jedermanns Meinung ändern.

DANKSAGUNG

Ich danke Greg Vecchi, Dave Fleischer, Chuck Wolfe, Max Doroodian, Phil Laduca, Stefan Burford, Fred Mossler, Andy Arnold, Ned Lazarus, David Broockman, Nafeez Amin, Jacek Nowak, Kimberly Culmone, Sebastian Buck, Michael Weisser, Michael Hone, Priyanca Ford, Edward Scerbo, Brendan Bosch, Hillary Law, Carolina Hernandez, Diego Martinez, Michael Hammelburger, Silvia Branscom, Katherine Devore, Sandra Hamorsky, Matt Shapiro, Phil Kim, Deb Levy, Jiawei Li, Habeeba und allen anderen, die sich die Zeit genommen haben, mir ihre Geschichte zu erzählen. Vielen Dank an Richard Rhorer für seine E-Mail und die Anregung, die letztlich zu diesem Buch geführt hat, an Jon Cox, der das Manuskript von seinen Anfängen bis zur Vollendung begleitet hat, an Alice LaPlante, die den Text gestrafft hat, und an Jon Karp für sein hilfreiches Feedback. Dank an Nicole Beurkens, Kristen Lindquist, Kurt Gray, Jillian Dempsey, Alex Miller, Mike und Jess Christian, Alexander Berger,

Louise Stanger, Patrick Jeffs, Justin Etkin, Carey Morewedge, Juliana Schroeder, Justin Etkin, Ned Lazarus und Gabe Adams für die Beantwortung spezifischer Fragen in den verschiedensten Bereichen. Meine Anfragen kamen für Sie sicher aus heiterem Himmel, aber Sie haben sie alle geduldig und sorgfältig beantwortet. Dank an George Ferridge, Jiawei Li, Sally Shin, Theo Damiani, William Murray, Catherine Wang und die anderen wissenschaftlichen Mitarbeiterinnen und Mitarbeiter, die Informationen für die verschiedenen Kapitel des Buches eingeholt haben. Dank an Caroline und Lilly, dass sie mein Buch so gern gelesen haben, an Brittany Hull, dass sie sich so liebevoll um Jasper gekümmert hat, und an Travis und das mittägliche Basketball-Angebot der UNC, wo ich während meiner Schreibgelage Dampf ablassen konnte (was hoffentlich erklärt, warum ich mit der Abgabe immer zu spät dran war). An Nipsey Hussle für die Unterstützung in all den Jahren, sie ruhe in Frieden. Und an Bobby Francis, der mich auf der Reise mit diesem Buch durch seinen großen Überblick geleitet hat. Dank an Megan Costello, Shambavi Krishnamurthi, Jamie Joseph, Lindsay Pistor, Zachary Boven, Jason Peterson, Jill Ni, Alex Capretta, Josh March, Aston Hamilton, Amanda Morrison, Margaret Souther, Falon Dominguez, Anthony Beshay und Julia Moon, dass sie sich in einem arbeitsreichen Jahr die Zeit genommen haben, verschiedene Entwürfe meines Buches zu lesen und mir wertvolles Feedback zu geben. Sie haben mich immer wieder auf Beispiele hingewiesen, wie die Ideen praktisch angewandt werden können, was mir eine große Hilfe war. Dank an Jim Levine: Ohne Sie hätte ich dieses Buch niemals zustande gebracht und ich werde Ihnen für Ihre Beratung immer dankbar sein. (Ich hoffe, dass ich eines Tages mit derselben Gelassenheit wie Sie auf die Dinge sehen kann.) Und an meine Eltern für die vielen Artikel und Gedanken und die moralische Unterstützung.

ANHANG: AKTIVES ZUHÖREN

Es ist hilfreich, wenn Sie zuerst einmal versuchen, den anderen zu verstehen, um an die Wurzel zu gelangen, und zu begreifen, warum er sich bislang noch nicht geändert hat. Aktives Zuhören ist dafür eine gute Methode. Zum einen ist es wichtig, zuzuhören, aber oft ist es ebenso wichtig, die richtigen Fragen zu stellen und Ihrem Gegenüber zu zeigen, dass Sie ihm zuhören. Ihm zu signalisieren, dass Sie ihm Ihre Aufmerksamkeit schenken und über das nachdenken, was es Ihnen sagt. Hier einige zentrale Aspekte beim aktiven Zuhören:

Kleine Ermutigungen aussprechen

Eine Möglichkeit, dem anderen zu zeigen, dass Sie ihm zuhören, besteht darin, durch Ihre Körpersprache und kurze Antworten auszudrücken, dass Sie seinen Worten folgen. Sie können mit dem Kopf nicken, sich nach vorn lehnen oder Ihrem Gegenüber in die Augen sehen. Oder Sie machen Bemerkungen wie „Ja“, „Mhm“ oder „Okay, ich verstehe.“ Solche Wörter oder Einschübe mögen belanglos klingen, tatsächlich sind sie jedoch der Klebstoff, der das Gespräch zusammenhält. Wenn jemand eine Präsentation abhält und dabei keine Reaktion und kein Feedback von den Anwesenden erhält, macht es ihm nicht nur weniger Spaß, sondern es sinkt auch die Qualität seiner Präsentation.[1]

Offene Fragen stellen

Durch Fragen wird die Diskussion am Laufen gehalten und Vertrauen aufgebaut. Sehen Sie sich einmal verschiedene Situationen an, zum Beispiel ein Gespräch, in denen Ihnen jemand Fremdes vorgestellt wird, oder ein Speeddating. Dann wirken Menschen, die viele Fragen stellen, sympathischer.[2] Durch Fragen können Sie auch hilfreiche Informationen erhalten und dadurch Ihren Gesprächspartner wiederum besser verstehen.

Aber nicht alle Fragen sind gleich gut. Warum-Fragen („Warum hast du den Müll nicht rausgebracht?“) können den anderen in die Defensive bringen oder ihm das Gefühl vermitteln, sich in einem Verhör zu befinden. Ja-/Nein-Fragen oder Fragen, bei denen die Antwort aus nur einem Wort besteht („Besitzen Sie eine Waffe?“), sind ebenfalls wenig förderlich, weil sie das Gespräch nicht voranbringen.

Offene Fragen („Können Sie mir mehr darüber erzählen?“ oder „Wow, wie ist das denn passiert?“) zeigen dem anderen nicht nur, dass Sie ihm zuhören, sondern befördern auch Einzelheiten und Informationen ans Licht, die Ihnen später noch nützlich sein können.

Pausen einsetzen

Wenn Sie eine Pause machen, nutzen Sie die Macht des Schweigens. Stille kann unangenehm sein, deshalb versuchen wir meistens, entstehende Gesprächslücken zu füllen. Verhandlungsführer setzen bei Geiselnahmen oftmals Sprechpausen ein, um den Geiselnehmer dazu zu bringen, weiterzureden und ihnen vielleicht zusätzliche Informationen zu liefern, vor allem wenn sie denken, durch eine weitere Frage ihrerseits könnte die Situation eskalieren. Statt eine Anschlussfrage zu stellen, schweigen sie und lassen den Geiselnehmer die Funkstille füllen.

Pausen können auch die Aufmerksamkeit erhöhen. Wenn Sie vor oder nach einer wichtigen Bemerkung eine Pause machen, steigern Sie damit die Spannung und sorgen dafür, dass sich Ihre Zuhörer auf das Gesagte besonders konzentrieren. US-Präsident Barack Obama war berühmt dafür. In seiner Wahlkampfparole „Yes, we can" machte er oft zwischen „Yes" und „we can" eine Pause. Der ergreifendste Satz seiner Rede in der Wahlnacht 2008 enthielt gleich zehn solcher Pausen: „Wenn es irgendjemanden gibt ... der noch Zweifel daran hat ... dass Amerika ein Land ist ... in dem alles möglich ist ... der sich noch fragt ... ob der Traum unserer Staatsgründer ... heute noch lebendig ist ... der noch infrage stellt ... ob unsere Demokratie noch lebendig ist ... für den ist dieser Abend ... die Antwort." Strategische Pausen können Argumente untermauern und für Aufmerksamkeit sorgen.

Denken Sie über das nach, was Sie gehört haben

Zeigen Sie Ihrem Gegenüber, dass Sie ihm zuhören, indem Sie spiegeln, was es gesagt hat, das heißt, indem Sie seine letzten Worte wiederholen. Vor allem wenn jemand emotional wird, können Sie ihn dadurch dazu bewegen, weiterzusprechen, und bieten ihm zugleich die Möglichkeit, kurz Luft zu holen. Wenn Ihr Gegenüber sagt: „Ich bin so wütend darüber, dass unser Lieferant immer ein, zwei Tage zu spät kommt", dann könnten Sie zum Beispiel erwidern: „Er kommt immer ein, zwei Tage zu spät?" Das Spiegeln führt zu Verbundenheit und hält das Gespräch am Laufen.

Wenn Sie etwas paraphrasieren, dann wiederholen Sie nicht einfach, was der andere gesagt hat, sondern formulieren es noch einmal in Ihren eigenen Worten. Dadurch zeigen Sie ihm nicht nur, dass Sie ihm zuhören, sondern dass Sie tatsächlich verstanden haben, was er Ihnen vermitteln wollte.

Gefühle benennen

Wenn Sie versuchen, bei jemand anderem eine Veränderung zu bewirken, geht es dabei oft ebenso sehr um Gefühle wie um Informationen. Zahlen und Fakten sind wichtig, aber wenn Sie nicht verstehen, welche emotionalen Blockaden Ihr Gegenüber bei dem Thema hat, dann wird es schwer, etwas bei ihm zu bewegen. Durch das Benennen von Gefühlen können Sie herausfinden, wodurch das Verhalten Ihres Gegenübers angetrieben wird. Aussagen wie „Sie klingen wütend" oder „Sie wirken frustriert" zeigen ihm, dass Sie ihm zuhören und versuchen, es zu verstehen. Und selbst wenn Sie seine Gefühle nicht richtig gedeutet haben, ist Ihre Reaktion eine gute Grundlage, um herauszufinden, wo die Wurzel des Problems liegt.

ANHANG: FREEMIUM

Freemium kann ein gutes Geschäftsmodell sein, um neue Nutzer anzulocken und sie dann womöglich auch zu zahlenden Nutzern zu machen. Aber der Erfolg dieses Modells hängt davon ab, wie viel Sie dem Nutzer kostenlos zur Verfügung stellen.

Nehmen wir zum Beispiel an, Dropbox hätte den Nutzern nur sehr wenig Speicherplatz kostenlos angeboten. Sobald der aufgebraucht war, wäre eine Nachricht erschienen, dass sie zahlen müssen, wenn sie mehr Speicherplatz wollen. Das hätten die meisten Nutzer wahrscheinlich ärgerlich gefunden. Denn sie hätten gerade erst angefangen, den Dienst zu nutzen, und sollten jetzt schon dafür bezahlen. Das heißt, sie hätten vermutlich nicht genug Zeit gehabt, ihn auszuprobieren, und hätten das Angebot dann auch nicht seinen Preis wert gefunden. Sie wären abgewandert.

Umgekehrt kann es auch gefährlich sein, zu viel zu verschenken. Die Website der *New York Times* stellte ihren Lesern ursprünglich

20 Artikel pro Monat kostenlos zur Verfügung. Der Umfang war zu groß, weshalb nicht genügend Nutzer zur Premiumversion wechselten. Nur wenige Menschen lesen so viele Artikel im Monat, weshalb die meisten Leserinnen keinen Grund hatten, Geld für mehr Artikel auszugeben.

Es gilt also, einen Mittelweg zu finden und gerade so viel zu verschenken, dass die Nutzer das Produkt ausprobieren können, um zu beurteilen, ob es sich für sie lohnt, dafür Geld auszugeben, aber nicht zu viel, sodass niemand das Upgrade braucht.

Tatsächlich hat die *New York Times* nach einer Analyse der Nutzungsfrequenz die Anzahl der kostenlosen Artikel im Monat auf zehn gesenkt. Das ist immer noch viel, aber wenig genug, um Vielleser dazu zu bringen, zum Premiumangebot zu wechseln.

Letztlich kommt es darauf an, (1) wie viele neue Nutzer den Dienst ausprobieren, sowie (2) auf die Umwandlungsrate, das heißt den Prozentsatz der Nutzer, die zur Bezahlversion wechseln. Wenn die Nutzerzahl stagniert, ist das Angebot nicht reizvoll genug, sodass in der kostenlosen Version mehr oder bessere Inhalte enthalten sein müssen. Wenn die Nutzer in Strömen kommen, aber nur wenige zur Bezahlversion wechseln, gilt vermutlich das Gegenteil: Die kostenlose Version ist zu umfangreich oder die Premiumversion hebt sich nicht genug davon ab, um einen Wechsel lohnenswert erscheinen zu lassen.

Aber nicht nur die Frage, wie viel man verschenkt, ist wichtig, sondern auch, auf welcher Ebene die Beschränkung stattfindet.

Bei der *New York Times* und bei Dropbox ist das der Umfang. Es wird eine bestimmte Anzahl an Artikeln im Monat oder eine bestimmte Menge an Speicherplatz kostenlos zur Verfügung gestellt. Bei Fitnessstudios oder Kursen ist es die Zeit. So gibt es zum Beispiel eine 30-tägige kostenlose Probezeit oder die erste Stunde ist umsonst. Bei Videochats wie Pandora und Spielen wie Candy Crush sind bestimmte Funktionen eingeschränkt (zum Beispiel wer eine Präsentation durchführen kann, das Anzeigen von Werbung oder die

Level, die der Nutzer kostenlos spielen kann). Der Nutzer kann also bestimmte Funktionen ausprobieren, ihm stehen aber nicht von Anfang an alle Möglichkeiten zur Verfügung.

Bei der Entscheidung, auf welcher Ebene die Beschränkung erfolgt, ist der entscheidende Aspekt die Ungewissheit. Wodurch erlangt der Nutzer genügend Gewissheit, um sicher zu sein, dass es sich lohnt, zur Bezahlversion zu wechseln?

Wenn die Nutzerin nicht gleich den Wert bestimmter Aspekte oder Ebenen erkennt, ist es am sinnvollsten, die Funktionen einzuschränken. Oder falls man am besten einen Eindruck von dem Produkt erhält, indem man alle Funktionen einmal ausprobiert, sollten die Zeit oder der Umfang beschränkt werden.

ANHANG: KRAFTFELDANALYSE

Handbremsen oder Barrieren können die verschiedensten Formen annehmen. Aber eine der größten Herausforderungen beim Abbau von Hindernissen besteht darin, sie überhaupt erst einmal zu erkennen.

Nehmen wir als Beispiel eine neue Reise-App, die verspricht, Zeit und Geld zu sparen. Um Kunden von der App zu überzeugen, würde der Anbieter normalerweise versuchen, diesen zu zeigen, wie toll die App ist. Dass sie damit die Zeit für ihre Reiseplanung halbieren oder 25 Prozent bei den Kosten für Hotels und Flüge sparen können.

Aber es gibt verschiedene Hürden, die verhindern können, dass sich die Kunden zum Kauf der App entscheiden. Manchen ist vielleicht gar nicht klar, dass sie ein Problem haben. Andere verstehen vielleicht die Lösung nicht (das heißt, wie sie dadurch Geld sparen), wieder andere glauben nicht, dass es stimmt, was darüber gesagt wird (dass die App hält, was sie verspricht). Manche befürchten vielleicht auch, dass die App nur wenige Möglichkeiten bietet oder schwer zu bedienen ist.

Wie ein Arzt, der ein Medikament verschreibt, ohne die Ursache für die Krankheit zu kennen, ist es schwer, in diesem Fall eine Lösung vorzuschlagen. Wenn die Leute nicht verstehen, inwiefern sie durch die App Geld sparen können, dann sollte sich die Präsentation darauf konzentrieren. Aber wenn die Hürde darin besteht, dass die Leute glauben, die App habe nur wenige Funktionen oder sei schwer zu bedienen, dann braucht es eine andere Herangehensweise. Wenn Sie einfach nur behaupten, die Kunden würden durch die App Geld sparen, zerstreuen Sie damit nicht ihre Bedenken. Das ist, als würden Sie jemandem, der Zahnschmerzen hat, eine Fingerschiene anlegen.

Ist es einfacher, allen potenziellen Kunden ein und dieselbe E-Mail zu schicken? Natürlich. Geht es schneller, wenn Sie ein und dieselbe Präsentation verwenden, um Ihr Anliegen in verschiedenen Abteilungen eines Unternehmens vorzubringen? Zweifellos.

Vielleicht sparen Sie mit einem solchen Standardansatz Zeit, aber dafür ist er nicht besonders effektiv. Das heißt, Sie müssen immer und immer wieder mit einer neuen Ansprache ankommen.

Stattdessen ist es besser, nach der Wurzel zu suchen. Das Hauptproblem oder die Barriere zu finden, die den anderen davon abhält, aktiv zu werden.

Eine Technik, die Experten oft anwenden, ist die sogenannte Kraftfeldanalyse. Sie dient als Rahmen für die Analyse der verschiedenen Faktoren – oder Kräfte –, die in einer bestimmten Situation wirken. Auf der Grundlage dieser Analyse lassen sich dann leichter Veränderungen bewirken.

Der erste Schritt bei einer Kraftfeldanalyse besteht darin, die Veränderung zu definieren. Das Ziel, das gewünschte Ergebnis, die erhoffte Handlung zu formulieren: Der Kunde unterschreibt einen langfristigen Vertrag. Die Geschäftsführung finanziert Ihre Initiative. Ihre Frau hört auf, sich über ihre angeheiratete Verwandtschaft zu beschweren.

Anschließend bestimmen Sie die Kräfte oder Faktoren, die zu einer Veränderung führen könnten. Es gibt interne Kräfte, die in einer Person oder einem Unternehmen liegen: Dem Kunden hat unsere Arbeit bisher immer gefallen oder das Projekt passt zur Zukunftsvision der Geschäftsführung. Und es gibt externe Kräfte, die außerhalb der Person oder des Unternehmens liegen: Das Unternehmen des Kunden schließt gern langfristige Verträge ab oder die Projektidee kann, wenn es gut läuft, im gesamten Unternehmen umgesetzt werden.

Zuletzt noch der wichtigste Punkt: Finden Sie die Hindernisse. Die Barrieren oder Hürden, die die Veränderung verhindern. Diese Kräfte können wie die Treiber intern und extern sein.

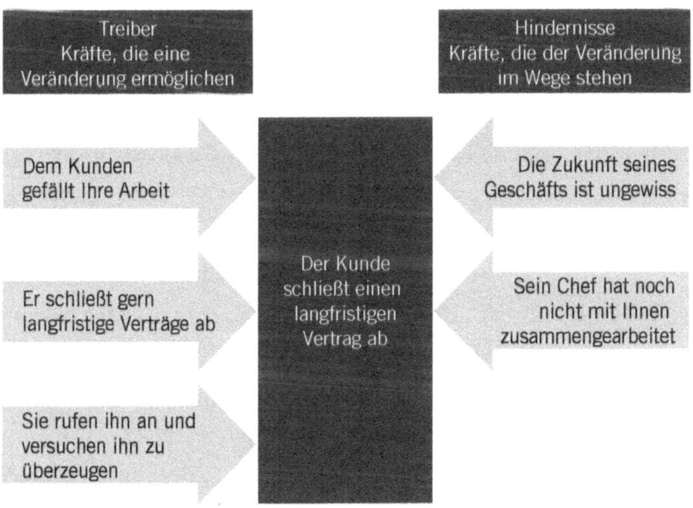

Auf der Seite des Kunden kann Ungewissheit darüber bestehen, wie sich sein Geschäft in den nächsten Jahren entwickelt. Bei einer neuen Initiative könnte die Frage aufkommen, welche Angestellten sie denn eigentlich umsetzen sollen.*

* Ein möglicher Zwischenschritt könnte darin bestehen, Gewichtungen vorzunehmen. Überlegen Sie bei jeder Kraft, die Sie ermittelt haben – ob Treiber oder Hindernis –, wie stark oder schwach sie ist. Einer Kraft, die größeren Einfluss hat, wird eine höhere Zahl zugeordnet, einer Kraft mit weniger Einfluss eine niedrigere Zahl.

Eine Möglichkeit, Barrieren aufzuspüren, besteht darin, sich eher die Vergangenheit und Gegenwart anzuschauen als die Zukunft. Wie wir gesehen haben, sollten Sie nicht fragen, *wodurch* sich eine Veränderung bewirken ließe, sondern warum sich etwas *noch nicht* geändert hat. Warum ist die gewünschte Veränderung noch nicht eingetreten? Wodurch wurde sie verhindert? Welche Faktoren verhindern, dass die Veränderung jetzt umgesetzt wird?

Hilfreich ist auch, Fragen zu stellen wie „Wer ist gegen die Veränderung?“ und die Kosten und Risiken der Veränderung einzuschätzen. Was bereitet dem Kunden Sorgen? Welche Bedenken oder Beweggründe könnten die Geschäftsleitung davon abhalten, die neue Initiative zu unterstützen?

Stellen Sie sich vor, Sie wollen Ihren pubertierenden Sohn dazu bringen, sich gesünder zu ernähren. Anstatt nur herumzumeckern oder ihm zu sagen, er solle die Chips weglegen und mehr Gemüse essen, könnte Ihnen eine Kraftfeldanalyse einige effektivere Lösungen eröffnen.

Die gewünschte Veränderung ist klar: Er soll sich gesünder ernähren. Neben Ihren Ermahnungen, dass er mehr Gemüse essen soll (extern), könnten treibende Kräfte etwas sein wie: Er würde gern abnehmen (intern) oder er will schneller laufen können, um beim Fußball in die erste Mannschaft zu kommen (intern).

Dann sehen Sie sich die positiven Kräfte an, die eine Veränderung befördern könnten, und überlegen, warum sich Ihr Sohn nicht schon längst gesünder ernährt. Vielleicht denkt er, gesundes Essen schmeckt ihm nicht (intern). Oder er muss sich immer abhetzen, um nach der Schule zu seinen Freizeitaktivitäten zu kommen, und Fast Food geht nun mal am schnellsten (extern). Oder er versucht, Ihnen seine Unabhängigkeit zu demonstrieren, weshalb er bei allem, wozu Sie ihn bitten, das Gegenteil macht.

Angesichts dieser Hindernisse ist es kaum verwunderlich, dass Sie bei ihm mit Nörgeln nicht weiterkommen. Oder dass die Ermahnung, er solle die Chips weglegen, die gegenteilige Reaktion auslöst. Wenn Sie nun noch mehr Druck ausüben, werden Sie diese Hürden nicht verringern oder gar beiseiteschieben können.

Aus dieser Perspektive betrachtet, können Sie in dieser Situation leichter eine Veränderung bewirken. Denn Sie sehen dadurch andere Wege, die zum selben Ziel führen können. Nicht, indem Sie versuchen, möglichst überzeugend zu sein, sondern indem Sie Hindernisse abbauen. Sie können die Geschmackshürde senken, indem Sie die überbackenen Makkaroni mit Blumenkohl garnieren. Oder das Zeitproblem lösen, indem Sie Tüten mit Babykarotten und Ähnlichem in den Kühlschrank stellen, die er sich morgens rasch mitnehmen kann.

Wenn Sie die Hindernisse aufgespürt haben, können Sie auch die Wurzel(n) finden. Und die Handbremse lösen. Und damit die Veränderung beschleunigen.

ANMERKUNGEN

Einleitung

1. Carol A. Ireland und Gregory M. Vecchi (2009), „The Behavioral Influence Stairway Model (BISM): A Framework for Managing Terrorist Crisis Situations?“, *Behavioral Sciences of Terrorism and Political Aggression* 1, Nr. 3, S. 203–218. Gregory M. Vecchi, Vincent B. Van Hasselt und Stephen J. Romano (2005), „Crisis (Hostage) Negotiation: Current Strategies and Issues in High-Risk Conflict Resolution“, *Aggression and Violent Behavior* 10, Nr. 5, S. 533–551. Gary W. Noesner und Mike Webster (1997), „Crisis Intervention: Using Active Listening Skills in Negotiations“, *FBI Law Enforcement Bulletin* 66, S. 13.
2. Um Anonymität zu gewährleisten, habe ich einigen Personen ein Pseudonym gegeben.

1. Abwehrhaltung

1. J. L. Fellows, A. Trosclair, E. K. Adams und C. C. Rivera (2002), „Annual Smoking-Attributable Mortality, Years of Potential Life

Lost, and Economic Cost—United States 1995–1999“, Centers for Disease Control and Prevention (abgerufen am 17. August 2019), abrufbar unter https://www.cdc.gov/mmwr/preview/mmWrhtml/mm5114a2.htm.

2. Centers for Disease Control and Prevention (9. Juli 2010), „Cigarette Use Among High School Students—United States, 1991–2009“, *Morbidity and Mortality Weekly Report* 1, Nr. 26, S. 797–801.
3. Glen Hanson, Peter Venturelli und Annette Fleckenstein (2011), *Drugs and Society* (Burlington, MA: Jones & Bartlett).
4. Es scheint mir wichtig, darauf hinzuweisen, dass einige Personen, die an der Tide Pod Challenge „teilnahmen“, es nicht ernst meinten, sondern es nur aus Spaß machten. Youtuber steigerten damit ihre Klickzahlen oder machten sich über die Challenge lustig. Eine Pizzeria in Brooklyn brachte eine „Tide Pod Pizza“ heraus, deren Käse sie so färbte, dass er aussah wie ein Pod. Aber einige der jüngeren Leute, die das sahen, verstanden möglicherweise nicht, dass es ein Witz sein sollte, und landeten im Krankenhaus.
5. Jahrzehntelange Forschungen über Abwehrverhalten haben ergeben, dass Menschen Dinge suchen oder meiden, um ihre bedrohte Freiheit zu behaupten. Hier nur ein paar Beispiele: Lillian Southwick Bensley und Rui Wu (1991), „The Role of Psychological Reactance in Drinking Following Alcohol Prevention Messages“, *Journal of Applied Social Psychology* 21, Nr. 13, S. 1111–1124. Sharon Wolf und David A. Montgomery (1977), „Effects of Inadmissible Evidence and Level of Judicial Admonishment to Disregard on the Judgments of Mock Jurors“, *Journal of Applied Social Psychology* 7, Nr. 3, S. 205–219. Norman C. H. Wong, Kylie J. Harrison und Lindsey Harvell-Bowman (2015), „When the Death Makes You Smoke: A Terror Management Perspective on the Effectiveness of Cigarette On-Pack Warnings“, Studies in Media and Communication (abgerufen am 17. August 2019), abrufbar unter https://www .researchgate.net/publication/282519431_Reactance_and_Public_Health_Messages_The_Unintended_Dangers_of_Anti-tobacco_PSAs.
6. Judith Rodin und Ellen J. Langer (1977), „Long-Term Effects of a Control-Relevant Intervention with the Institutionalized Aged“, *Journal of Personality and Social Psychology* 35, Nr. 12, S. 897. Ellen J. Langer und Judith Rodin, „The Effects of Choice and Enhanced Personal Responsibility for the Aged: A Field Experiment in an In-

stitutional Setting", *Journal of Personality and Social Psychology* 34, Nr. 2, S. 191. Bei der Frage der Sterblichkeitsrate wurde nur eine relativ kleine Gruppe untersucht, weshalb das Ergebnis mit Vorsicht zu betrachten ist. Die anderen Forschungsergebnisse wurden aber in verschiedenen anderen Bereichen repliziert.

7. Simona Botti, Kristina Orfali und Sheena S. Iyengar (2009), „Tragic Choices: Autonomy and Emotional Responses to Medical Decisions", *Journal of Consumer Research* 36, Nr. 3, S. 337–352.
8. Brehm (1966) ist einer der ersten Autoren, die über Abwehrhaltung geforscht haben. Worchel und Brehm (1970) zeigen, dass es bei bestimmten Aussagen, die den anderen überzeugen sollen, einen Bumerangeffekt gibt. Jack W. Brehm (1966), *A Theory of Psychological Reactance* (Oxford, UK: Academic Press). Stephen Worchel und Jack W. Brehm (1970), „Effect of Threats to Attitudinal Freedom as a Function of Agreement with the Communicator", *Journal of Personality and Social Psychology*, 14, Nr. 1, S. 18.
9. Dutzende Studien haben gezeigt, dass die Abwehrhaltung in den verschiedensten Bereichen dazu führt, dass Menschen weniger gern einer Bitte nachkommen. Kinder, die dachten, eine Werbung wolle sie von etwas überzeugen, vertrauten ihr weniger und mochten das Produkt auch weniger gern (Robertson und Rossiter, 1974). Wenn Ärzte einen allzu herrischen Ton anschlugen – indem sie zum Beispiel ihren Patienten sagten, sie müssten ihren Rat befolgen, sonst würde die Krankheit noch viel schlimmer, anstatt die Beziehung wie eine Partnerschaft zu betrachten, indem sie zum Beispiel sagten: „Wir kriegen es schon gemeinsam hin, dass es Ihnen bald wieder besser geht" –, kamen die Patienten der Aufforderung später nach, ließen die Einnahme ihrer Medikamente aus oder nahmen sie gar nicht (Fogarty und Youngs, 2000). Jemand anderem eine Empfehlung auszusprechen (Fitzsimons und Lehmann, 2004) kann auch dazu führen, dass er das Gegenteil empfindet. Thomas S. Robertson und John R. Rossiter (1974), „Children and Commercial Persuasion: An Attribution Theory Analysis", *Journal of Consumer Research* 1, Nr. 1, S. 13–20. Jeanne S. Fogarty und George A. Youngs Jr. (2000), „Psychological Reactance as a Factor in Patient Noncompliance with Medication Taking: A Field Experiment", *Journal of Applied Social Psychology* 30, Nr. 11, S. 2365–2391. Gavan J. Fitzsimons und Donald R. Lehmann (2004), „Reactance to Recommendations: When Un-

solicited Advice Yields Contrary Responses", *Marketing Science* 23, Nr. 1, S. 82–94.

10. Marieke L. Fransen, Edith G. Smit und Peeter W. J. Verlegh (2015), „Strategies and Motives for Resistance to Persuasion: An Integrative Framework", *Frontiers in Psychology* 6, S. 1201.
11. Michael S. Givel und Stanton A. Glantz (1999), „Tobacco Industry Political Power and Influence in Florida from 1979 to 1999", Arbeitspapier, University of California, San Francisco: Center for Tobacco Control Research and Education.
12. Ein weiterer Grund, warum die Wahrheitskampagne so wirkungsvoll war, lag darin, dass sie die Entscheidung, zu rauchen, auf geschickte Weise uminterpretierte. Wurde Rauchen bis dahin als ein Akt der Rebellion angesehen (zum Beispiel: *Wen interessieren solche Warnungen über Gesundheitsgefährdungen? Ich bin ein tougher Typ*), zeigte die Wahrheitskampagne sie als einen Akt der Konformität: Der Raucher folgte willfährig den Wünschen der mächtigen Tabakindustrie. Anstatt zu versuchen, die Abwehrhaltung durch Druck oder Ignorieren zu durchlöchern, machte sich die Wahrheitskampagne diese Abwehrhaltung zunutze und lenkte sie in eine andere Richtung. Du willst gegen etwas sein? Dann sei gegen die *Zigarettenindustrie. Die will nämlich dein Verhalten beeinflussen.* Indem sie den Jugendlichen die Manipulationen, die Hinterlist und Macht der großen Tabakfirmen vor Augen führte, nahm die Kampagne der Raucherwerbung den Wind aus den Segeln.
13. Eine Anwendung geleiteter Wahl, die ich sehr überzeugend finde, stammt aus dem Kinderbuch *Night-Night, Little Pookie* von Sandra Boynton. Die Mutter will Pookie bettfertig machen und gibt ihm die Wahl zwischen zwei Schlafanzügen: „Willst du heute Abend den Schlafanzug mit den Autos anziehen? Oder lieber den mit den Sternen?" Pookie, das gerissene Schweinchen, nimmt das Oberteil mit den Sternen und das Unterteil mit den Autos und sagt: „Sterne UND Autos."
14. Dadurch wird übrigens auch die sogenannte Pareto-Effizienz erreicht: Bewerber zwischen Möglichkeiten wählen lassen, die der Chef allesamt akzeptabel findet, und ihnen zugleich ermöglichen, das Ergebnis selbst zu verbessern.
15. Schon das Anerkennen des Widerstands kann hilfreich sein. Als ein Forscher zufällig ausgewählte Passanten bat, ihm Geld für den Park-

automaten zu geben, tat es die Hälfte der Personen. Aber als er noch den Hinweis hinzufügte, dass sie vielleicht nicht dazu bereit seien („Ich weiß, dass Sie vielleicht keine Lust dazu haben, aber könnten Sie mir vielleicht mit ein paar Münzen für den Parkautomaten aushelfen?"), dann waren fast alle angesprochenen Personen dazu bereit. Wenn Sie anerkennen, dass der andere etwas möglicherweise nicht tun möchte, zeigen Sie ihm damit, dass Sie seine Autonomie anerkennen. Sie zwingen ihn nicht zu etwas, sondern er hat die freie Wahl. Das Anerkennen dieses Widerstands führt dazu, dass der andere eher dazu bereit ist, sich zu ändern.

16. Eine Finanzberaterin hatte einen schwierigen Kunden, der nicht genug Geld für die Rente zurücklegte. Sie konnte dem Mann noch so oft sagen, er solle etwas dafür sparen, er tat es einfach nicht. Sie schickte ihm Artikel, die darlegten, wie sehr sich Zinseszinsen summieren können, und diverse Tabellen, die ihm zeigten, welche Vorteile er hatte, wenn er gleich etwas unternahm. Aber nichts schien den Kunden davon zu überzeugen, dass es gut wäre, mehr Geld anzusparen. Schließlich sagte sie geradeheraus zu ihm: „Vielleicht wollen Sie ja gar nicht in Rente gehen." Worauf er erwiderte: „Doch, natürlich." „Und in welchem Alter?" „Etwa mit 65", antwortete er. „Okay, und wie stellen Sie sich Ihre Rente vor?" Der Kunde sagte, er wolle gern Golf spielen und reisen, die Beine hochlegen und entspannen. „Wissen Sie, welche Summe Sie bis dahin angespart haben müssen, um ein solches Leben zu führen?", fragte sie ihn. Er meinte, nein, das wisse er nicht. Da sahen sie sich die Zahlen einmal genauer an und kamen zu dem Schluss, dass er etwa 1,5 Millionen Dollar brauchte. Doch dabei beließ die Beraterin es nicht, sondern sie ging noch einen Schritt weiter. Sie öffnete einen Rentenrechner und begann rückwärts zu rechnen. Angesichts des Einkommens ihres Kunden und der Summe, die er sparen könnte, musste er mit 60 Jahren eine Million Dollar auf dem Konto haben. Das hieß, mit 55 Jahren mussten es 500.000 Dollar sein. Und schon in einigen Jahren mussten es mindestens 100.000 Dollar mehr sein, als es derzeit waren. Er schluckte. Aber nach dem Termin verdoppelte er die Summe, die er jeden Monat zurücklegte. Indem die Beraterin ihm die Lücke aufzeigte zwischen dem, wo er stand, und dem, wo er hinwollte, half sie ihm, aktiv zu werden.

17. Chris Ann Dickerson, Ruth Thibodeau, Elliot Aronson und Dayna Miller (1992), „Using Cognitive Dissonance to Encourage Water

Conservation“, *Journal of Applied Social Psychology* 22, Nr. 11, S. 841–854.
18. Mehr über die Geschichte der Weissers erfahren Sie in Kathryn Watterson (2012), *Not by the Sword: How a Cantor and His Family Transformed a Klansman* (Lincoln, NE: University of Nebraska Press).

2. Festhalten am Status quo

1. R. S. Hartman, M. J. Doane und C.-K. Woo (1991), „Consumer Rationality and the Status Quo“, *Quarterly Journal of Economics* 106, Nr. 1, S. 141–162.
2. Zum Festhalten am Status quo siehe W. Samuelson und R. Zeckhauser (1988), „Status Quo Bias in Decision Making“, *Journal of Risk and Uncertainty* 1, Nr. 1, S. 7–59. Daniel Kahneman, Jack L. Knetsch und Richard H. Thaler (1991), „Anomalies: The Endowment Effect, Loss Aversion, and Status Quo Bias“, *Journal of Economic Perspectives* 5, Nr. 1, S. 193–206.
3. Jon R. Katzenbach, Ilona Steffen und Caroline Kronley (2012), „Cultural Change That Sticks“, *Harvard Business Review*, Juli–August.
4. Carey K. Morewedge und Colleen E. Giblin (2015), „Explanations of the Endowment Effect: An Integrative Review“, *Trends in Cognitive Sciences* 19, Nr. 6, S. 339–348.
5. Michal A. Strahilevitz und George Loewenstein (1998), „The Effect of Ownership History on the Valuation of Objects“, *Journal of Consumer Research* 25, Nr. 3, S. 276–289. Jochen Reb und Terry Connolly (2007), „Possession, Feelings of Ownership, and the Endowment Effect“, *Judgment and Decision Making* 2, Nr. 2, S. 107.
6. Wenn man nur zeigt, dass Verkäufer etwas mehr wertschätzen als Käufer, wird dadurch nicht gesagt, ob die Verkäufer überbewerten, was sie haben, oder die Käufer unterbewerten, was sie nicht haben. Aber es gibt einige Studien, die diese beiden Möglichkeiten auf geschickte Weise voneinander unterschieden. In einer Studie wurde zum Beispiel zu den Käufern und Verkäufern der Tasse eine dritte Gruppe hinzugenommen, der man eine Kaffeetasse gab und die man dann fragte, wie viel sie bereit wären, für eine identische zweite Tasse zu bezahlen. Wenn Menschen einfach nur unterbewerten, was sie nicht haben, würden die Personen aus dieser dritten Gruppe die Tasse wie normale Käufer bewerten. Denn sie besaßen die zwei-

te Tasse ja noch nicht, sondern gaben nur ein Angebot ab. Die Forschenden fanden jedoch heraus, dass diese Personen die Tasse genauso wertschätzten wie die Verkäufer. Das ist ein Hinweis darauf, dass Menschen nicht nur Dinge abwerten, die sie nicht besitzen, sondern dass sie auch überbewerten, was sie schon haben (oder Dinge, die dem, was sie haben, ähnlich sind).

7. Diana Britton (2015), „The Loss Aversion Coefficient", WealthManagement.com, 10. Februar http://www.wealthmanagement.com/equities/loss-aversion-coefficient. Verschiedene Studien sind beim Koeffizienten der Verlustaversion zu verschiedenen Ergebnissen gekommen. Novemsky und Kahneman (2005) nennen einen Wert von etwa 2. Nach der Durchsicht früherer Arbeiten nennen Abdellaoui, Bleichrodt und L'Haridon (2008) Werte zwischen 1,43 und 4,99. Einen Überblick finden Sie in Simon Gachter, Eric J. Johnson und Andreas Herrmann (2007), „Individual-Level Loss Aversion in Riskless and Risky Choices", Arbeitspapier der IZA 2961.
8. Harvard Business School Case #2069, „Mountain Man Brewing Company: Bringing the Brand to Light."
9. Wenn Menschen vor einer schwierigen Entscheidung stehen, zum Beispiel ob sie sich einer Operation unterziehen sollen oder nicht, haben Studien gezeigt, dass sie schlechte Neuigkeiten paradoxerweise lieber hören und sich damit sogar besser fühlen, zum Beispiel wenn ihnen gesagt wird: „Sie haben eine schwere Verletzung" statt „Sie haben eine mittelschwere Verletzung". Das hilft ihnen nämlich, herauszufinden, was sie tun sollen. Wenn sie wissen, dass sie eine schwere Verletzung haben, gibt es weniger Zweifel, ob sie etwas dagegen unternehmen sollen oder nicht.
10. Sehr schön erörtert wird dieser Aspekt in D. T. Gilbert, M. D. Lieberman, C. K. Morewedge und T. D. Wilson (2004), „The Peculiar Longevity of Things Not So Bad", *Psychological Science* 15, S. 14–19.
11. J. C. Collins (2020), *Der Weg zu den Besten: Die sieben Management-Prinzipien für dauerhaften Unternehmenserfolg*, deutsch von Martin Baltes und Fritz Böhler (Frankfurt am Main: Campus Verlag).
12. Manche sagen, er habe die Schiffe verbrannt, andere, er habe sie versenkt.
13. Manche sagen, diese Zahl könnte irreführend sein, weil sie keine Rückzahlungen mit einbezieht. Aber selbst dann beträgt die Summe immer noch 234 Millionen Pfund pro Woche. Dieses Geld wird für

Subventionen in der Landwirtschaft, für Forschung und Unterstützung für ärmere Regionen verwendet. Ein Teil davon fließt ins Land zurück. Aber selbst wenn man diesen Rücklauf einbezieht, belaufen sich die Zahlungen noch auf circa 160 Millionen Pfund pro Woche.

3. Distanz

1. David Fleischer (2018), „How to fight prejudice through policy conversations", TEDxMidAtlantic, https://www.ted.com/talks/david_fleischer_how_to_fight_prejudice_ through_policy_conversations.
2. Christopher Bail, Lisa Argyle, Taylor Brown, John Bumpus, Haohan Chen, M. B. Hunzaker, Jaemin Lee, Marcus Mann, Friedolin Merhout und Alexander Volfovsky (2018), „Exposure to Opposing Views on Social Media Can Increase Political Polarization", *Proceedings of the National Academy of Sciences* 115, Nr. 37, S. 9216–9221.
3. Brendan Nyhan, Jason Reifler, Sean Richey und Gary L. Freed (2014), „Effective Messages in Vaccine Promotion: A Randomized Trial", *Pediatrics* 133, Nr. 4 (April).
4. Anstatt die Fehleinschätzung zu korrigieren, führten die Beweise, dass der Irak keine Massenvernichtungswaffen besaß, bei manchen Menschen dazu, dass sie noch eher daran glaubten. Wenn Konservativen Beweise dafür erbracht wurden, dass Steuersenkungen nicht dazu führen, dass die Staatseinnahmen steigen, glaubten sie noch fester daran. Und negative Informationen über einen politischen Kandidaten führten nicht dazu, dass sich Menschen, die ihn unterstützten, von ihm abwandten, sondern sie steigerten im Gegenteil noch ihre Unterstützung. David P. Redlawsk (2002), „Hot Cognition or Cool Consideration? Testing the Effects of Motivated Reasoning on Political Decision Making", *Journal of Politics* 64, Nr. 4, S. 1021–1044.
5. Carl I. Hovland, O. J. Harvey und Muzafer Sherif (1957), „Assimilation and Contrast Effects in Reactions to Communication and Attitude Change", *Journal of Abnormal and Social Psychology* 55, Nr. 2, S. 244–252.
6. In den darauffolgenden Jahrzehnten haben Dutzende Studien ähnliche Ergebnisse erbracht. Die Studierenden ließen sich von Studentenverbindungen überzeugen, die in ihren Indifferenzbereich fielen. Aber wenn der Appell außerhalb ihres Bereichs lag, führte er zu

Abwehrverhalten und sie änderten ihre Haltung in die entgegengesetzte Richtung. A. L. Atkins, Kay K. Deaux und James Bieri (1967), „Latitude of Acceptance and Attitude Change: Empirical Evidence for a Reformulation", *Journal of Personality and Social Psychology* 6, Nr. 1 (Mai), S. 47–54. Politische Appelle, die Menschen dazu bringen sollen, entweder den demokratischen oder den republikanischen Kandidaten zu unterstützen, funktionierten gut bei Personen, die ähnliche Ansichten vertraten, bewirkten aber das Gegenteil, wenn diese Personen die entgegengesetzte Meinung vertraten. C. W. Sherif, M. Sherif und R. E. Nebergall (1965), *Attitude and Attitude Change: The Social Judgment–Involvement Approach* (Philadelphia: W. B. Saunders).

7. Albert H. Hastorf und Hadley Cantril (1954), „They Saw a Game: A Case Study", *Journal of Abnormal and Social Psychology* 49, Nr. 1, S. 129.
8. In einer aktuelleren Fassung (Kahan, Hoffman, Braman, Peterman und Rachlinski [2012]. „‚They Saw a Protest': Cognitive Illiberalism and the Speech-Conduct Distinction", *Stanford Law Review*, Bd. 64) zeigten Juraprofessoren Menschen ein Video von einem Protest und fragten sie nach dem Verhalten der Polizisten und Demonstranten. Ob die Polizei die Rechte der Demonstranten verletzt habe und ob die Demonstranten Passanten den Weg versperrt hätten. Verschiedenen Gruppen von Zuschauern wurden verschiedene Dinge über den Protest gesagt. Manchen wurde gesagt, die Demonstranten würden vor einer Abtreibungsklinik protestieren; anderen, die Demonstranten würden vor einer Kaserne gegen die Leitlinie des Militärs „Don't ask, don't tell" protestieren („Nichts fragen, nichts sagen"). Durch dieses Detail änderte sich vollständig, wie die Zuschauer interpretierten, was sie sahen. Wenn sie dachten, sie würden einen Protest gegen Abtreibung sehen, fanden diejenigen, die selbst gegen Abtreibung waren, das Verhalten der Demonstranten ganz in Ordnung. Aber wenn Menschen, die dem Militär wohlgesinnt gegenüberstanden, dasselbe Video sahen und dachten, sie würden eine Demonstration gegen das Militär sehen, meinten sie über dieselben Demonstranten, sie würden den Passanten ins Gesicht schreien und sich unangemessen verhalten.
9. Charles G. Lord, Lee Ross und Mark R. Lepper (1979), „Biased Assimilation and Attitude Polarization: The Effects of Prior Theories

on Subsequently Considered Evidence“, *Journal of Personality and Social Psychology* 37, Nr. 11 (November), S. 2098–2109.

10. Raymond S. Nickerson (1998), „Confirmation Bias: A Ubiquitous Phenomenon in Many Guises“, *Review of General Psychology* 2, Nr. 2, S. 175. Siehe auch T. C. Brock und J. L. Balloun (1967), „Behavioral Receptivity to Dissonant Information“, *Journal of Personality and Social Psychology* 6, Nr. 4, S. 413–428.
11. Sherif, Sherif und Nebergall (1965), *Attitude and Attitude Change: The Social Judgment-Involvement Approach.*
12. Joshua L. Kalla und David E. Broockman (2017), „The Minimal Persuasive Effects of Campaign Contact in General Elections: Evidence from 49 Field Experiments“, *American Political Science Review* (28. September). In dieser Arbeit wurde kein allgemeiner Effekt ausgemacht, dass Menschen überzeugt wurden, aber zumindest wurde der Einfluss erkannt, den Werbung und Kontaktaufnahme auf die Wahlbeteiligung haben, was ja ebenfalls Wahlen beeinflussen kann.
13. Alice H. Eagly und Kathleen Telaak (1972), „Width of the Latitude of Acceptance as a Determinant of Attitude Change“, *Journal of Personality and Social Psychology* 23, Nr. 3, S. 388.
14. Todd Rogers und David Nickerson (2013), „Can Inaccurate Beliefs About Incumbents Be Changed? And Can Reframing Change Votes?“, Arbeitspapier, Harvard University.
15. Jonathan L. Freedman und Scott C. Fraser (1966), „Compliance Without Pressure: The Foot-in-the-Door Technique“, *Journal of Personality and Social Psychology* 4, Nr. 2, S. 195.
16. Unsere Hündin verfolgt ihre eigene Version des Prinzips „Weniger verlangen“. Wir haben ihr nie erlaubt, auf dem Sofa zu sitzen, und wenn sie als Welpe darauf sprang, haben wir sie behutsam hinuntergeschubst und „Nein“ gesagt. Daraufhin fing sie damit an, erst einmal eine Pfote aufs Sofa zu legen, anstatt hinaufzuspringen. Wenn sie niemand zurückwies, legte sie anschließend die zweite Pfote darauf, dann eine Hinterpfote und so weiter, bis sie schließlich ganz oben war.
17. Bob Greene (2004), *Get with the Program* (New York: Simon & Schuster).
18. David E. Broockman und Joshua L. Kalla (2016), „Durably Reducing Transphobia: A Field Experiment on Door-to-door Canvassing“, *Science* 352, Nr. 6282 (April), S. 220–224.

19. David Fleischer (2018), „How to fight prejudice through policy conversations", TEDxMidAtlantic, https://www.ted.com/talks/david_fleischer_how_to_fight_prejudice_ through_policy_conversations.
20. Deep Canvassing regt die Menschen auch zu „aktivem Lernen" an, wie Psychologen es nennen. Die Wahlberechtigten sind nicht nur passive Zuhörer, sondern es wird ihnen der größere Redeanteil zugestanden. Virginia fragte Gustavo nicht nur nach seiner Meinung, sondern bat ihn auch, ihr zu erklären, warum er dieser Ansicht war, wobei sie ihn nicht beurteilte, sondern die Frage vortrug wie eine Freundin, die verstehen möchte, was seine Beweggründe sind. Dadurch fühlte er sich ermutigt, genauer darüber nachzudenken und sich mit der Komplexität des Themas auseinanderzusetzen. Dann sagt man sich nicht nur: „Ja, ja, Vorurteile sind schlecht, ich hab's begriffen", sondern macht sich wirklich Gedanken über das Problem.
21. Die Perspektive eines anderen einzunehmen schlägt oft fehl (das heißt, es fehlt die Genauigkeit, wenn wir die Gedanken, Gefühle oder Haltungen einer anderen Person vorhersagen wollen). Siehe T. Eyal, M. Steffel und N. Epley (2018), „Perspective mistaking: Accurately understanding the mind of another requires getting perspective, not taking perspective", *Journal of Personality and Social Psychology* 114, S. 547–571.

4. Ungewissheit

1. Uri Gneezy, John A. List und George Wu (2006), „The Uncertainty Effect: When a Risky Prospect Is Valued Less Than Its Worst Possible Outcome", *Quarterly Journal of Economics* 121, Nr. 4, S. 1283–1309.
2. Umgangssprachlich werden „Risiko" und „Ungewissheit" zwar oft synonym gebraucht, sie bezeichnen aber genau genommen unterschiedliche Dinge. Wissenschaftler benutzen den Begriff „Risiko", um Situationen zu beschreiben, in denen das Ergebnis selbst unbekannt ist, aber die Wahrscheinlichkeit verschiedener Ergebnisse bekannt. Wenn Sie eine Münze werfen, liegt die Wahrscheinlichkeit für Kopf oder Zahl bei jeweils 50 Prozent. Sie wissen nicht, ob die Münze beim nächsten Wurf Kopf oder Zahl zeigen wird, aber Sie wissen, dass die Wahrscheinlichkeit 50 Prozent beträgt. Der Begriff „Ungewissheit" wird dagegen angewandt, um Situationen zu beschreiben, in denen auch die Wahrscheinlichkeit der einzelnen Ergebnisse unbekannt ist. Was ist meine Lieblingsfarbe? Sie kennen

nicht nur die Antwort nicht, sondern wissen auch nichts darüber, ob es womöglich verschiedene Antwortmöglichkeiten gibt.

3. Dieses Beispiel bezieht sich zwar auf die Frage nach der Trägheit, über die wir in der Einleitung gesprochen haben, weist aber einige wichtige Unterschiede auf. Anstatt den erwarteten Wert eines Verlusts mit dem erwarteten Wert des Gewinns zu vergleichen, sind in diesem Fall beide Geschenkgutscheine ein Gewinn. Sie können nur nicht wissen, welchen Gewinn Sie bekommen.
4. Verschiedene Arbeiten haben die Kosten der Ungewissheit bereits aufgezeigt (Andreoni und Sprenger [2011]; Gneezy et al. [2006]; Newman und Mochon [2012]; Simonsohn [2009]; Wang et al. [2013]; Yang et al. [2013]. Aber es gibt noch aktuellere Arbeiten (Mislavsky und Simonsohn [2018]), die nahelegen, dass sich zumindest ein Teil des Effekts daraus ergeben könnte, dass diese Studien Ungewissheit und fehlende Erklärung des Vorgangs verwechseln. Dennoch sieht auch diese Studie Belege dafür, dass Ungewissheit zu Abwertung führen kann, selbst wenn der Effekt vielleicht nicht so groß ist, wie er in vorangegangenen Studien beobachtet wurde. James Andreoni und Charles Sprenger (2011), „Uncertainty Equivalents: Testing the Limits of the Independence Axiom", Arbeitspapier, National Bureau of Economic Research, Nr. w17342. George E. Newman und Daniel Mochon (2012), „Why Are Lotteries Valued Less? Multiple Tests of a Direct Risk-Aversion Mechanism", *Judgment and Decision Making* 7, Nr. 1, S. 19. Uri Simonsohn (2009), „Direct Risk Aversion: Evidence from Risky Prospects Valued Below Their Worst Outcome", *Psychological Science* 20, Nr. 6, S. 686–692. Y. Wang, T. Feng und L. R. Keller (2013), „A Further Exploration of the Uncertainty Effect", *Journal of Risk and Uncertainty* 47, Nr. 3, S. 291–310. Y. Yang, J. Vosgerau, und G. Loewenstein (2013), „Framing Influences Willingness to Pay but Not Willingness to Accept", *Journal of Marketing Research* 50, Nr. 6, S. 725–738. Robert Mislavsky und Uri Simonsohn (2017), „When Risk Is Weird: Unexplained Transaction Features Lower Valuations", *Management Science* 64, Nr. 11.
5. Amos Tversky und Eldar Shafir (1992), „The Disjunction Effect in Choice Under Uncertainty", *Psychological Science* 3, Nr. 5, S. 305–310.
6. Hier ist es wichtig, im Auge zu behalten, dass es bei Ungewissheit nicht nur um Wahrscheinlichkeiten geht. Bei einem neuen Produkt

stehen die Chancen vielleicht 50:50, dass es besser ist als das alte, aber abgesehen von der tatsächlichen Wahrscheinlichkeit gibt es auch immer die gefühlte Wahrnehmung. Nehmen wir als Beispiel eine Wahl: Die Wähler meinen vielleicht, sich sicher zu sein, dass ihr Kandidat gewinnen wird, auch wenn die Prognosen gerade nicht unbedingt dafürsprechen. Umgekehrt bewirkt der Ungewissheitszins – selbst wenn die Wahrscheinlichkeit hoch ist, dass ein neues Produkt oder eine Dienstleistung besser ist –, dass Menschen weiterhin unsicher sind, ob sie wechseln sollen. Es genügt also nicht, einfach nur die tatsächliche Wahrscheinlichkeit zu erhöhen. Natürlich hilft es, wenn das neue Produkt oder die Dienstleistung tatsächlich besser ist, aber um jemanden dazu zu bewegen, es auch zu benutzen, müssen Sie ihn dazu bringen, dass er sich unabhängig von der tatsächlichen Wahrscheinlichkeit möglichst sicher ist.

7. L. J. Ducharme, H. K. Knudsen, P. M. Roman und J. A. Johnson (2007), „Innovation Adoption in Substance Abuse Treatment: Exposure, Trialability, and the Clinical Trials Network", *Journal of Substance Abuse Treatment* 32, Nr. 4, S. 321–329. H. Mohamad Hsbollah und Kamil M. Idris (2009), „E-Learning Adoption: The Role of Relative Advantages, Trialability and Academic Specialisation", *Campus-Wide Information Systems* 26, Nr. 1, S. 54–70.
8. Während es bei der Erprobbarkeit darum geht, die Hürden zu senken, die dem Ausprobieren im Wege stehen, kann es auch hilfreich sein, die Hürden zu senken, die kontinuierlichem Handeln im Wege stehen. Nehmen wir als Beispiel das Küchenpapier im Supermarkt. Jedes Mal, wenn Ihnen das Küchenpapier ausgeht, ist das ein Entscheidungszeitpunkt. Wollen Sie dieselbe Marke wieder kaufen (selbst wenn Sie sich nicht erinnern können, wie sie hieß) oder lieber eine andere? Jetzt vergleichen Sie diese Situation mit Netflix, Fitnessstudios oder Handyverträgen, die auf einem Abomodell beruhen. Hier müssen Sie nicht jeden Monat entscheiden, ob Sie die Dienste weiter in Anspruch nehmen wollen, sondern diese werden Ihnen so lange in Rechnung gestellt, bis Sie dem Anbieter kündigen. Der Standard ist also nicht, dass der Kunde immer wieder einen gewissen Aufwand betreiben muss, um dieselbe Marke zu kaufen („Opt out"), sondern er besteht bei diesen Abomodellen darin, dass der Kunde das Produkt so lange benutzt, bis er etwas anderes sagt („Opt in"). Es ist kaum verwunderlich, dass Opt-in-

Modelle die Hürden senken, die kontinuierlichem Handeln im Wege stehen, und die Menschen dazu anregen, immer wieder dasselbe zu tun.

9. Freemium funktioniert allerdings nur, wenn das Angebot auch gut ist. Ist es fehlerbehaftet oder enttäuschend, probieren die Leute es zwar aus, kehren dann aber bald zu dem zurück, was sie vorher genutzt haben.
10. Manche Unternehmen bieten auch kostenlosen Versand unter bestimmten Bedingungen an. Zum Beispiel muss der Bestellwert über 50 Dollar liegen. Es ist nicht überraschend, dass ein solches Angebot weniger verlockend ist als ein kostenloser Versand ohne jede Bedingung. Aber es regt trotzdem zum Kauf an. Fast die Hälfte aller Kunden berichten zum Beispiel, dass sie zusätzliche Artikel in ihren Warenkorb legen, um diese Summe zu erreichen. United Parcel Service of America, Inc. (2017), *UPS Pulse of the Online Shopper: A Customer Experience Study.* In vielen Fällen übersteigen die Kosten für die zusätzlichen Artikel die Summe, die der Kunde durch den kostenlosen Versand spart.
11. Alina Tugend (2008), „'Two for One' . . . 'Free Delivery' . . . Hooked Yet?" *New York Times* (5. Juli).
12. Die Vorlaufkosten kann man in fast jeder beliebigen Situation senken. Bezahlsender bieten oft eine kostenlose 30-tägige Probezeit an. Das ist ein guter Anfang, aber noch effektiver wäre es, wenn sich die Zuschauer die ersten 15 Minuten jeder Sendung kostenlos ansehen könnten. Wenn sie einen Film oder ein Fußballspiel angefangen haben, steigt ihre Bereitschaft drastisch, für den Rest zu bezahlen. Sie wollen Ihre Hotelgäste dazu bringen, das hauseigene Restaurant auszuprobieren? Dann geben Sie ihnen für jeden Tag ihres Aufenthalts einen Gutschein über 25 Dollar. Dadurch sinken für sie nicht nur die Kosten, um das Restaurant auszuprobieren, sondern es fühlt sich für sie auch wie ein Verlust an, wenn sie es nicht tun. Dadurch steigt die Wahrscheinlichkeit, dass sie tatsächlich im Restaurant vorbeischauen werden.
13. Wenn Sie die Vorlaufkosten senken, wird auch der Zeitabstand zwischen Kosten und Nutzen geringer, über den wir im Kapitel über den Status quo gesprochen haben. Die Kosten, die eine Veränderung mit sich bringt, fallen normalerweise sofort oder zumindest sehr bald an, während der Nutzen erst später erkennbar wird beziehungs-

weise unsicher ist. Dass Kosten anfallen, ist dagegen sicher. Neue Software kostet eine bestimmte Summe und auch immer etwas Zeit, um zu lernen, wie man sie benutzt. Der Nutzen ist jedoch unsicher. Ist die neue Software besser als die alte? Wenn das nicht klar ist, warum soll ich dann wechseln? Wenn Sie nun aber die Vorlaufkosten senken, schließt sich diese Lücke zumindest ein bisschen. Das Produkt kann erst einmal ausprobiert werden und Kosten fallen erst später an, wodurch sich die Wahrscheinlichkeit erhöht, dass die Interessenten anbeißen.

14. Das Prinzip „Erst ausprobieren, dann kaufen“ eignet sich in besonderem Maße für sogenannte Erfahrungsgüter, Fälle, in denen ich etwas erst einmal erlebt haben muss, bevor ich sagen kann, ob es zu mir passt. Bei Suchgütern wie Druckerpatronen oder Büchern können die Kunden das leichter bestimmen, indem sie sich etwa die Produktspezifikationen ansehen oder eine Inhaltsangabe oder Rezension lesen. Bei Dingen wie Schuhen oder Matratzen ist dagegen das persönliche Erleben – das Ausprobieren – entscheidend.
15. Geschäftstüchtige Unternehmer haben dieses Konzept sogar in ungewöhnlicheren Situationen angewandt. Statt nur darauf zu hoffen, dass die Kunden seinen Friseurladen betreten, hat sich ein Friseur einen Campingwagen gekauft und ist damit zu den Büroparks in der Stadt gefahren, um es den vielbeschäftigten Angestellten leichter zu machen, sich die Haare schneiden zu lassen. Ähnlich funktioniert die mobile Autowäsche im Silicon Valley. Viele nehmen sich vielleicht nicht die Zeit, um zu einer Waschanlage zu fahren, aber wenn die Anlage direkt vor dem Büro auf dem Parkplatz steht, warum nicht? Indem diese Unternehmer die Kosten für die Entdeckung (und Zeit) senkten, gaben sie ihren Kunden die Möglichkeit, ihre Dienste auszuprobieren, was ihre Umsätze in die Höhe schnellen ließ. Lohnbuchhaltungsunternehmen, Finanzberater und diverse andere Dienstleister könnten Ähnliches tun.
16. J. Andrew Peterson und V. Kumar (2010), „Can Product Returns Make You Money?“ *MIT Sloan Review* (Frühjahr).
17. Für den Versand eine Gebühr zu verlangen kann aber auch Vorteile haben. Zum einen sinken die eigenen Kosten für den Versand, zum anderen werden weniger Waren zurückgeschickt. Wenn der Kunde sechs Dollar bezahlen muss, um einen Artikel zurückzusenden, dann behält er ihn womöglich lieber. Das Unternehmen profi-

tiert also in mehrerer Hinsicht. Aber diese kleinen Gewinne werden von den größeren Verlusten überschattet. Denn Menschen sind schlau. Sie wissen nämlich, dass sie einen Artikel, der ihnen möglicherweise nicht gefallen wird, wahrscheinlich nicht zurückschicken werden, wenn dabei für sie zusätzliche Kosten anfallen. Was tun sie also? Sie bestellen den Artikel erst gar nicht. Sie warten, bis sie genau wissen, was sie wollen, damit sie sich über die Rückgabe keine Gedanken mehr machen müssen. Oder noch besser: Sie bestellen den Artikel bei einem Wettbewerber, der einen kostenlosen Versand anbietet.

18. Die Umkehrbarkeit kann aber übrigens auch dazu führen, dass die Leute etwas weniger mögen. Diverse Studien haben gezeigt, dass die natürliche Neigung des Menschen, sich mit dem zufrieden zu geben, was sie haben, sinkt, wenn sie wissen, dass sie etwas später noch zurückgeben oder umtauschen können. Wenn ich etwas einfach zurückgeben kann, falls es mir nicht gefällt, dann besteht von vornherein eine geringere Notwendigkeit, es überhaupt zu mögen. In diesem Fall ist die Umkehrbarkeit oft nicht hilfreich, wenn sich die Ungewissheit auf die Qualität oder Effektivität des Produkts oder der Dienstleistung bezieht. Die Umkehrbarkeit ermöglicht es dem Kunden, zu überprüfen, ob ihm die Schuhe passen oder ob er Dropbox nützlich findet. Aber wenn die Ungewissheit individuelle Vorlieben betrifft (zum Beispiel: Bin ich jemand, der gern lindgrüne Pullover trägt?), dann ist sie eher kontraproduktiv.
19. Narayan Janakiraman, Holly A. Syrdal und Ryan Freling (2016), „The Effect of Return Policy Leniency on Consumer Purchase and Return Decisions: A Meta-Analytic Review“, *Journal of Retailing* 92, Nr. 2, S. 226–235.

5. Fehlende Beweise

1. Cornelia Pechmann und David W. Stewart (1988), „Advertising Repetition: A Critical Review of Wearin and Wearout“, *Current Issues and Research in Advertising* 11, Nr. 1–2, S. 285–329.
2. Phils Eltern blieben bei ihrer Haltung. Als Phil den Entzug abbrechen und wieder bei ihnen einziehen wollte, sagten sie Nein. Als er sie ein paar Tage später anrief und um Hilfe bat, brachte ihn sein Vater zur Suchthilfestelle und sagte zu ihm: „Du bist auf dich allein gestellt.“ Die Angestellten der Suchthilfestelle sagten ihm, sie würden ihn

wieder in die Entzugsklinik bringen, aber das sei seine allerletzte Chance – er war bereits sechs Mal dort gewesen. Phil wurde wahnsinnig wütend, aber er ließ sich hinbringen und schaffte es schließlich, clean zu werden.

3. Vernon Johnson (1986), *Intervention: How to Help Someone Who Doesn't Want Help* (Center City, MN: Hazelden Foundation), S. 41.
4. Die psychologische Beratung funktioniert dann am besten, wenn der Suchtkranke nicht gezwungen wird, sondern selbst davon überzeugt, dass er etwas ändern muss. Wie gute Verhandlungsführer, die nicht versuchen, den Geiselnehmer zu beeinflussen, sagt ein guter psychologischer Berater dem Süchtigen nicht gleich als Allererstes, er solle sich Hilfe suchen, sondern bittet ihn, einfach nur zuzuhören. Statt dem Drogenabhängigen zu sagen, was er tun soll, besteht das Ziel darin, dass er sein Leben sieht, wie es gerade ist – er soll erst einmal die Realität erkennen. Zur Besinnung kommen und sich selbst klarmachen, dass er sich ändern muss. Der Süchtige soll selbst seinen Weg zum Ziel der Beraterin finden. Vielleicht will er es immer noch nicht wahrhaben oder weigert sich, einen Entzug zu machen, aber indem der Berater ihm die Möglichkeit gibt, zu erkennen, dass er ein Problem hat, steigt die Wahrscheinlichkeit, dass am Ende doch noch eine Lösung gefunden werden kann.
5. Gerald F. Davis und Henrich R. Greve (1997), „Corporate Elite Networks and Governance Changes in the 1980s", *American Journal of Sociology* 103, Nr. 1, S. 1–37. Und Viswanath Venkatesh (2006), „Where to Go from Here? Thoughts on Future Directions for Research on Individual-Level Technology Adoption with a Focus on Decision Making", *Decision Sciences* 37, Nr. 4, S. 497–518.
6. Dieser Effekt, der bei mehreren Quellen eintritt, kann auch auf andere Aspekte ausgeweitet werden, zum Beispiel die Frage, wer die Information kommuniziert. In einer Studie wurden die Teilnehmenden gebeten, sich fünf positive Rezensionen eines Buches anzuhören. Im Vergleich zu Teilnehmenden, denen diese Rezensionen von ein und derselben computerisierten Stimme vorgelesen wurden, hielten Teilnehmende, denen die Rezensionen von fünf verschiedenen computerisierten Stimmen vorgelesen wurden, das Buch für besser und fanden es wahrscheinlicher, dass sie es kaufen würden. Kwan Min Lee (2004), „The Multiple Source Effect and Synthesized Speech", *Human Communication Research* 30, Nr. 2 (1. April), S. 182–207.

7. Michael J. Platow, S. Alexander Haslam, Amanda Both, Ivanne Chew, Michelle Cuddon, Nahal Goharpey, Jacqui Maurer, Simone Rosini, Anna Tsekouras und Diana M. Grace (2005), „‚It's Not Funny if They're Laughing': Self-Categorization, Social Influence, and Responses to Canned Laughter", *Journal of Experimental Social Psychology* 41, Nr. 5, S. 542–550.
8. Eine Ihnen unähnliche andere Personen kann in manchen Fällen auch hilfreich sein. Wenn Sie zum Beispiel ein Altersheim für Ihren Vater suchen, ist die Perspektive eines Bewohners für Sie von Nutzen, auch wenn er nicht wie Ihr Vater ist.
9. Vincent A. Traag (2016), „Complex Contagion of Campaign Donations", *PloS One* 11, Nr. 4, S. e0153539.
10. Sinan Aral und Christos Nicolaides (2017), „Exercise Contagion in a Global Social Network", *Nature Communications* 8 (Artikel Nr. 14753).
11. Jonah Berger und Raghu Iyengar (2018), „How the Quantity and Timing of Social Influence Impact Behavior Change", Arbeitspapier der Wharton School.
12. Es gibt aber sicher auch einige Situationen, in denen eine zu große Konzentration nachteilig sein kann. Wenn die Leute diese Konzentration manipulativ finden oder Zeit brauchen, um über ein komplexes Angebot nachzudenken, kann es sinnvoll sein, dass zwischen den einzelnen Ansprachen etwas mehr Zeit vergeht.
13. https://www.theatlantic.com/health/archive/2014/09/the-world-war-ii-campaign-to-bring-organ-meats-to-the-dinner-table/380737/.
14. Brian Wansink (2002), „Changing Eating Habits on the Home Front: Lost Lessons from World War II Research", *Journal of Public Policy & Marketing* 21, Nr. 1, S. 90–99. Kurt Lewin (1943), „Forces Behind Food Habits and Methods of Change", *Bulletin of the National Research Council* 108, Nr. 1043, S. 35–65. Cari Romm (2014), „The World War II Campaign to Bring Organ Meats to the Dinner Table", *Atlantic* (25. September).
15. Kurt Lewin (1951), *Field Theory in Social Science: Selected Theoretical Papers*, Dorwin Cartwright (Hg.) (New York: Harper & Brothers).
16. Brian Wansink (2002), „Changing Eating Habits on the Home Front: Lost Lessons from World War II Research", *Journal of Public Policy and Marketing* 21(1), S. 90–99. Kurt Lewin (1947), „Group Decision

and Social Change“, *Readings in Social Psychology* 3, Nr. 1, S. 197–211.

Epilog

1. J. Schroeder und J. L. Risen (2016), „Befriending the Enemy: Outgroup Friendship Longitudinally Predicts Intergroup Attitudes in a Co-existence Program for Israelis and Palestinians“, *Group Processes and Intergroup Relations* 19, S. 72–93. Karen Ross und Ned Lazarus (2015), „Tracing the Long-Term Impacts of a Generation of Israeli–Palestinian Youth Encounters“, *International Journal of Conflict Engagement and Resolution* 3, Nr. 2.

Anhang: Aktives Zuhören

1. James C. Gardiner (1971), „A Synthesis of Experimental Studies of Speech Communication Feedback“, *Journal of Communication* 21, Nr. 1 (März), S. 17–35.
2. Karen Huang, Michael Yeomans, Alison Wood Brooks, Julia Minson und Francesca Gino (2017), „It Doesn’t Hurt to Ask: Question-Asking Increases Liking“, *Journal of Personality and Social Psychology* 113, Nr. 3, S. 430–452.